SMALL CITY APARTMENTS

SMALL CITY APARTMENTS

FKG

F K G

Editorial project:
2008 © LOFT Publications
Via Laietana, 32, 4.º, Of. 92
08003 Barcelona, Spain
Tel.: +34 932 688 088
Fax: +34 932 687 073
loft@loftpublications.com
www.loftpublications.com

Art director:
Mireia Casanovas Soley

Editorial coordination:
Simone Schleifer

Texts:
LOFT Publications

Layout:
María Eugenia Castell Carballo

Translations coordination:
Equipo de Edición, Barcelona
Translations: Katrin Kügler (German),
Éditions 360 (French), Persklaar (Dutch)

ISBN 978-84-96936-90-4

Printed in China

LOFT affirms that it possesses all the necessary rights for the publication of this material and has duly paid all royalties related to the authors' and photographers' rights. LOFT also affirms that it has violated no property rights and has respected common law, all authors' rights and other rights that could be relevant. Finally, LOFT affirms that this book contains no obscene nor slanderous material.

The total or partial reproduction of this book without the authorization of the publishers violates the two rights reserved; any use must be requested in advance.

If you would like to propose works to include in our upcoming books, please email us at loft@loftpublications.com.

In some cases it has been impossible to locate copyright owners of the images published in this book. Please contact the publisher if you are the copyright owner of any of the images published here.

Introduction	006
Summer Container	008
House in Vandœuvres	014
Optibo	022
Tavola	030
Pixel House	036
Box House	044
Summerhouse in Dyngby	052
Xiangshan Apartment	058
Mp3 House	066
Lords Telephone Exchange	072
Claraboya House	080
Snowboarders Cottage	086
Lina House	094
Wee House	100
Zenzmaier House	106
2parts House	112
Boat House	120
Solar Box	128
Locher Apartment	136
Hanse Colani Rotorhaus	144
Study and Guesthouse	150
Dong Heon Residence	158
Layer House	164
Chelsea Apartment	172
Kang Duplex	180
Zig Zag Cabin	186
Natural Wedge	194

Mit immer neuen Trends, Designs und individuellen Dekorationsmöglichkeiten wird im Bereich der Innenarchitektur versucht, auf die wechselnden Lebensstile einzugehen. Das Zuhause eines Menschen ist ein Spiegel seiner Persönlichkeit. Noch das kleinste Detail beim Einrichtungsstil, der Anordnung der Möbel oder der Dekoration sagt etwas über den Bewohner aus. Jeder Mensch verleiht seinem Zuhause eine individuelle Note und macht es dadurch einzigartig. Trotz des Wunsches nach Komfort und Ästhetik sollte auch der praktische Aspekt stets berücksichtigt werden. In einer Wohnung sollten daher der persönliche Geschmack der Bewohner mit ihren alltäglichen Bedürfnissen in Übereinstimmung gebracht werden. Das vorliegende Buch greift genau diesen Gedanken auf. Dabei steht die Entwicklung praktischer Lösungen für den vorhandenen Platz – sei er noch so beschränkt – im Vordergrund. „Architektur sollte sinnlich und materiell, spirituell und spekulativ sein, aber immer nach einem Prinzip handeln – den vorhandenen Raum optimal nutzen." Mit diesem Zitat des französisch-schweizerischen Architekten Le Corbusier wird der Inhalt der folgenden Seiten treffend zusammengefasst.

New trends, new designs, new decorative lines - homes and their interior design have evolved and adapted to the changing lifestyles. A house says a lot about its owner. Looking at its style, arrangement, decoration and even tiny details, tells a lot about the person who lives there. Everybody gives his home personality, which makes it unique and different from the rest. But despite the quest for what is comfortable and aesthetically pretty, the basic characteristic all homes should have is practicality. Apart from decorating the rooms according to personal tastes a house has to serve certain purposes. That's what this book is about. The idea is to find practical solutions for the space available. "Architecture should be carnal, substantial, both spiritually and speculatively but with no other choice than to adapt to the space." This quote by the French-Swiss architect Le Corbusier, sums up best the content of the following pages.

« L'architecture doit être charnelle, substantielle autant que spirituelle et spéculative, et doit avant tout s'adapter à l'espace disponible. » Le Corbusier. Nouvelles tendances, nouvelles conceptions, nouvelles lignes décoratives : l'habitat a évolué et s'est adapté aux styles de vie actuels. Une maison est marquée par la personnalité de ses habitants et c'est ce qui la rend unique. Son apparence, son aménagement, sa décoration, jusqu'à ses moindres détails, en disent long sur eux. Mais, au-delà des considérations d'esthétique ou de confort, une maison doit être fonctionnelle. C'est le sujet de ce livre : vous proposer des solutions pratiques, quel que soit l'espace dont vous disposez, même restreint.

Nieuwe trends, nieuwe ontwerpen, nieuwe decoratieve lijnen – huizen en hun interieurontwerp zijn aangepast aan veranderende levensstijlen. Een huis zegt veel over zijn bewoner. Door naar de stijl, inrichting, decoratie en zelfs kleine details van een huis te kijken, kom je veel te weten over de bewoner(s) ervan. Iedereen maakt zijn huis persoonlijk, waardoor het anders is dan andere huizen. Maar ondanks de zoektocht naar wat comfortabel en esthetisch is, is de basiseigenschap die elk huis zou moeten bezitten praktische bruikbaarheid. Bij een huis komt meer kijken dan de kamers naar persoonlijke smaak verfraaien: het moet bepaalde doelen dienen. Daar gaat dit boek over. Het idee is om praktische oplossingen te vinden voor de beschikbare ruimte. "Architectuur moet vleselijk zijn, stoffelijk, zowel in spirituele als in speculatieve zin, maar met geen andere keus dan zich aan te passen aan de ruimte." Dit citaat van de architect Le Corbusier vat de inhoud van dit boek het best samen.

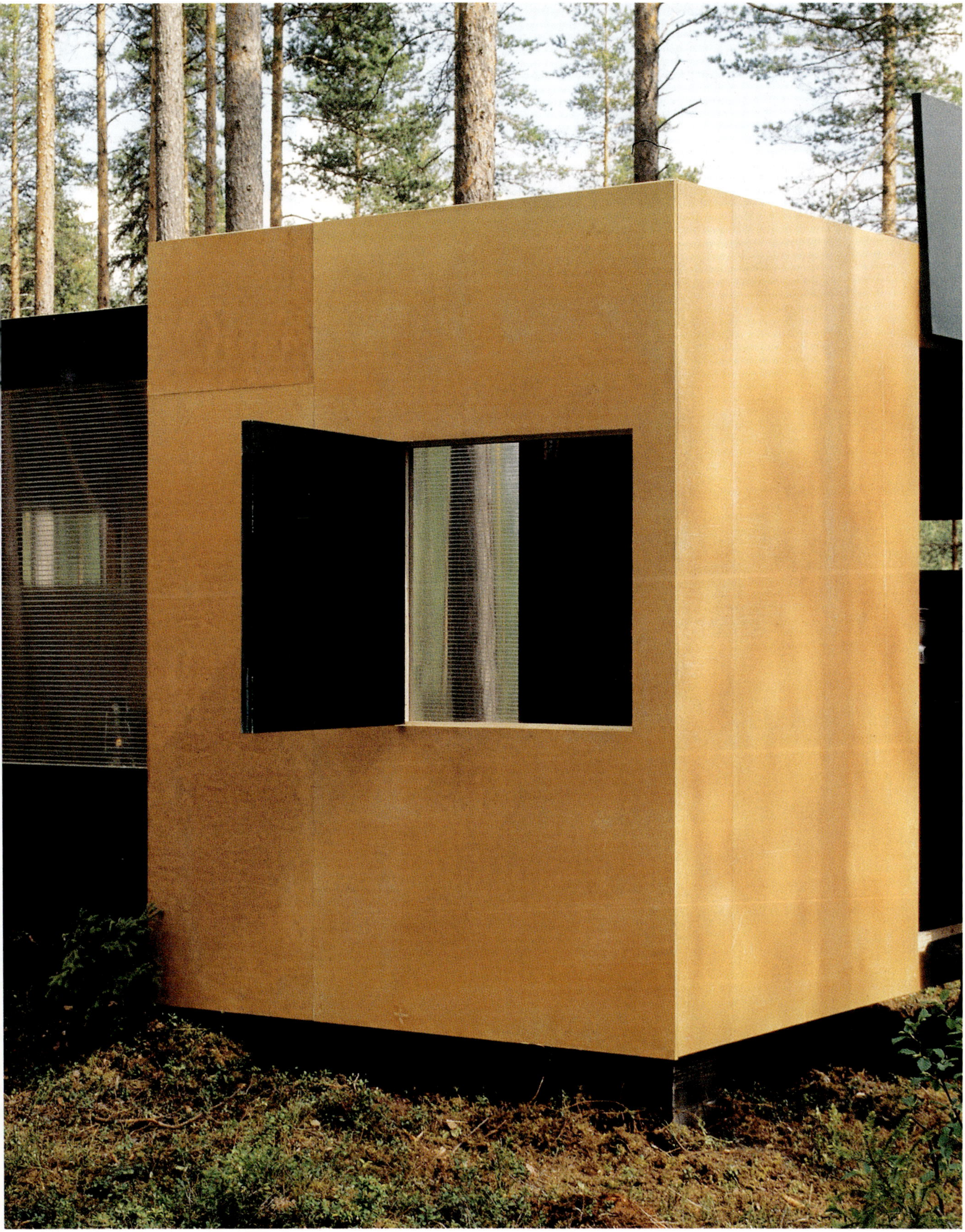

Summer Container > 388 sq. ft. / 36 m²

Markku Hedman
© Markku Hedman/Kangasala, Finland

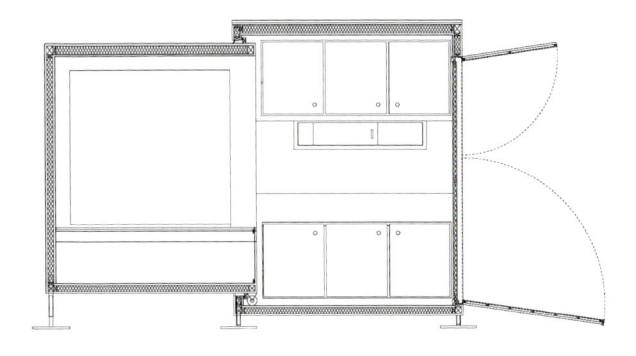

Elevations

Dieser Container dient als mobiles Zuhause, d. h. er kann räumlich verlegt werden. Obwohl es an einen Wohnwagen erinnert, ist dieses Haus nicht damit zu vergleichen. Es besteht aus einem hölzernen, leicht transportierbaren Würfel, der sich, einmal aufgestellt, nach außen hin öffnen lässt. Das kleine Zuhause ist lediglich mit dem Nötigsten ausgestattet und deshalb in schlichtem Design gehalten. Im Inneren wurde vornehmlich Holz eingesetzt, dadurch erhält der Raum ein rustikales Flair. Die Verwendung leichter Materialien vereinfacht den Transport.

This is a mobile home, a house that can be moved from one place to another. It's what is referred to as a caravan, but in this case it's not a conventional caravan. It's a wooden cube that is easy to transport and once it is installed, it opens itself to its surroundings. It is a small residence that only provides basic necessities. That's why the décor is simple. Wood predominates inside to give the room a rustic feel, with light material on the outside, it is easy to transport.

Habitation mobile, cette maison peut être déplacée d'un endroit à un autre. Bien que ressemblant à une caravane, ce n'est cependant pas un modèle conventionnel. Ce petit cube en bois facilement transportable s'intègre parfaitement à son environnement, et fournit le strict nécessaire – d'où son décor épuré. Afin de faciliter la mobilité du Summer Container, un matériau léger a été choisi pour l'extérieur, tandis qu'à l'intérieur, le bois prédomine et donne à la pièce un charme rustique.

Dit huis kan verplaatst worden. Je zou het een caravan kunnen noemen, maar het is geen conventionele caravan. Het is een houten kubus die gemakkelijk te vervoeren is en die zich, eenmaal geïnstalleerd, openstelt voor zijn omgeving. Het is een klein onderkomen dat alleen de basisbenodigdheden biedt. Daarom is de inrichting simpel. Hout overheerst binnen om de kamer een landelijke sfeer te geven. Vanwege het lichte materiaal aan de buitenkant is het geheel makkelijk te vervoeren.

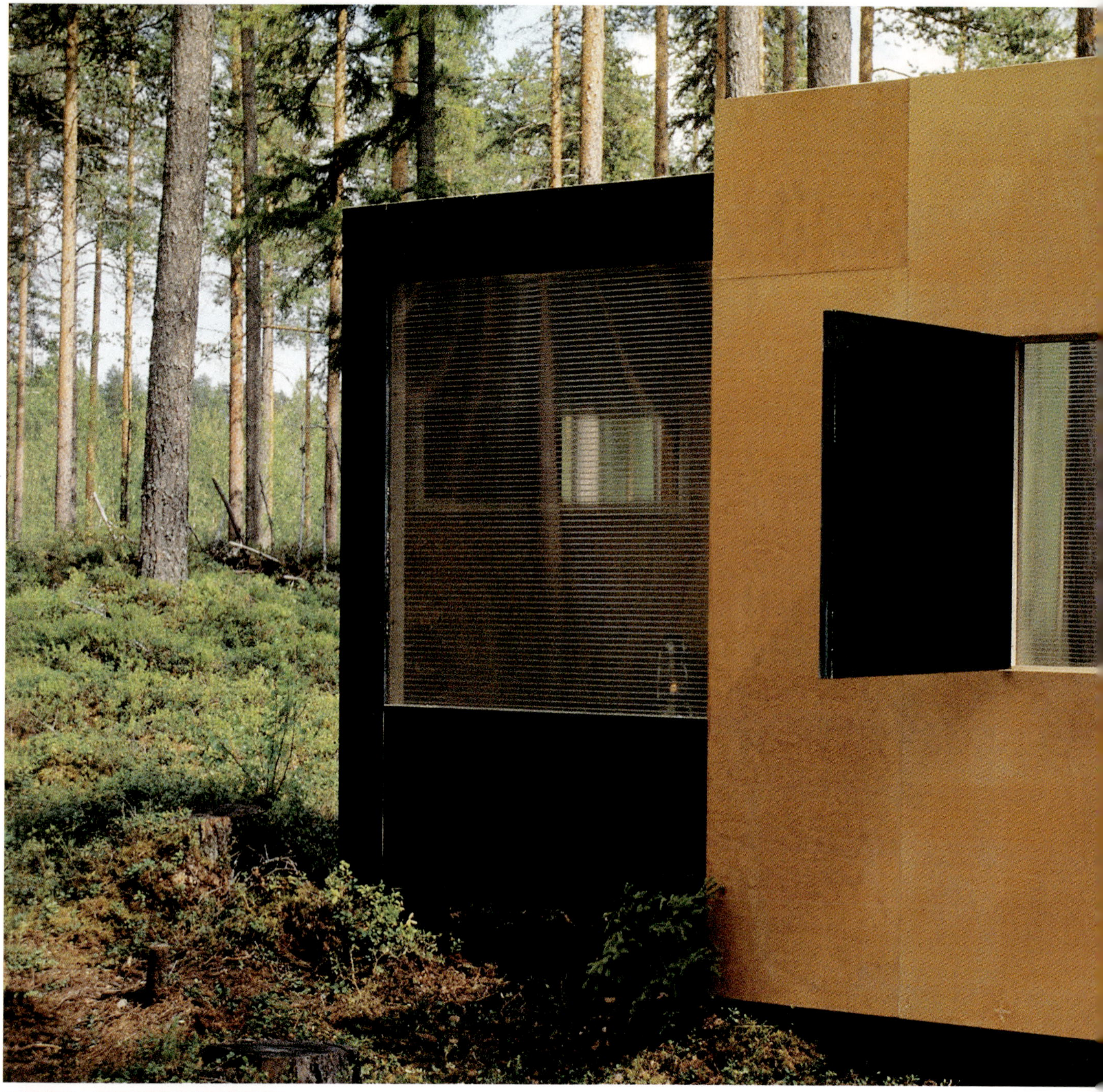

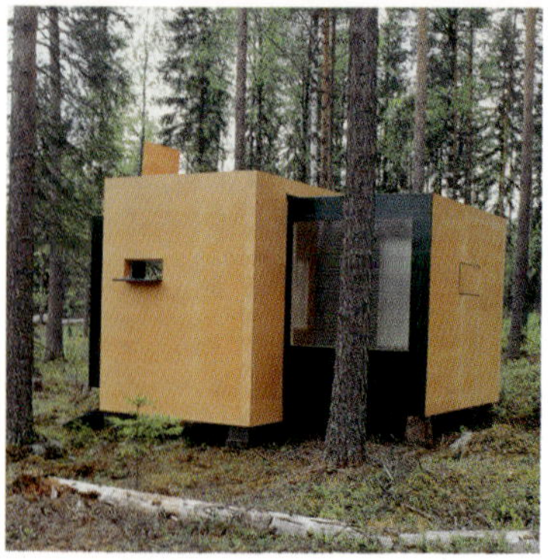

Die mit hölzernen Griffen versehenen Türen und Fenster verleihen dem „Wohnwagen" ein einheitliches Aussehen.

Les portes et les fenêtres sont agrémentées de volets en bois, qui confèrent à cette « caravane » son homogénéité.

The doors and windows close with wooden shutters, giving the caravan a touch of uniformity.

De deuren en ramen sluiten met houten luiken, waardoor het mobiele huis er meer als een eenheid uitziet.

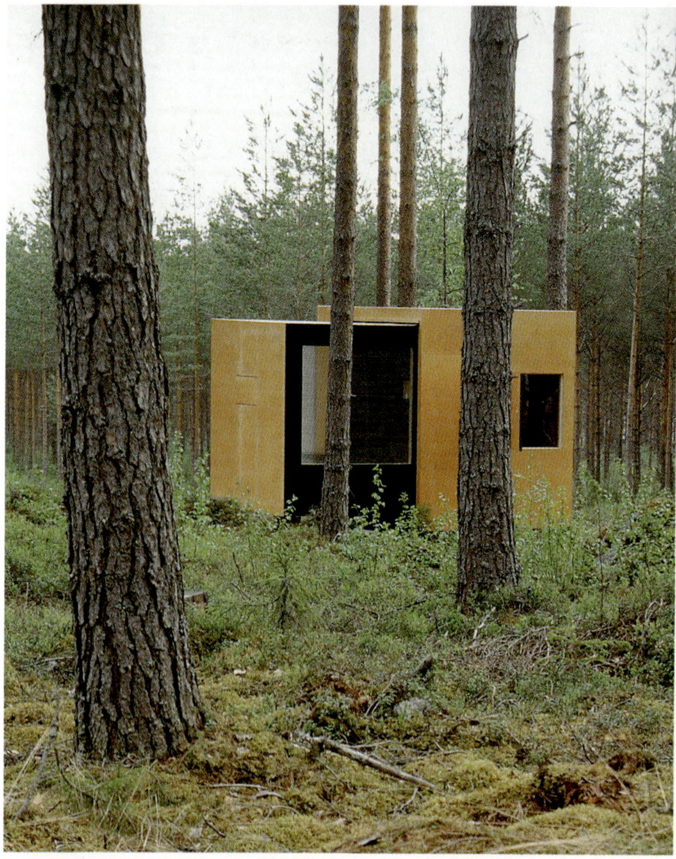

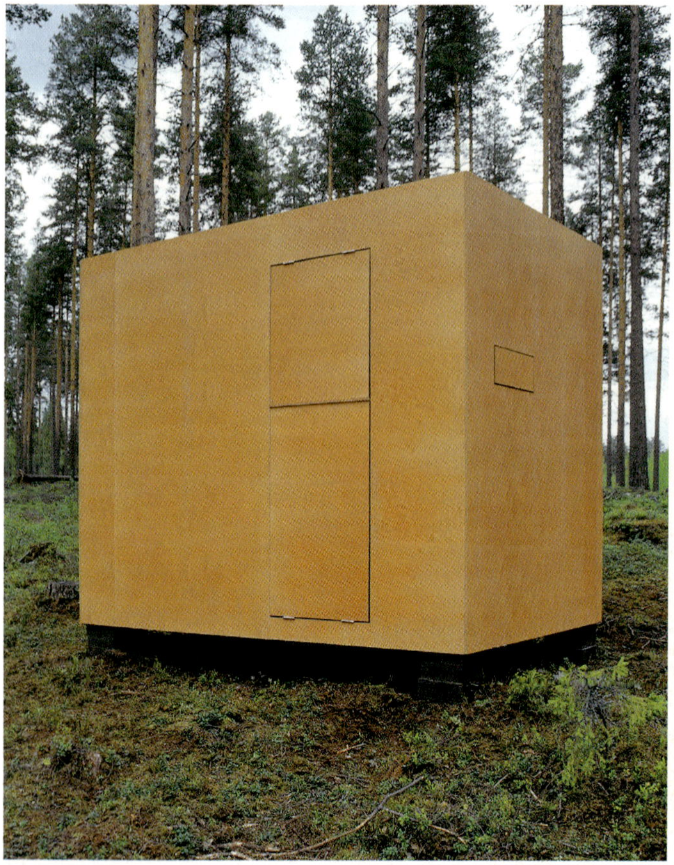

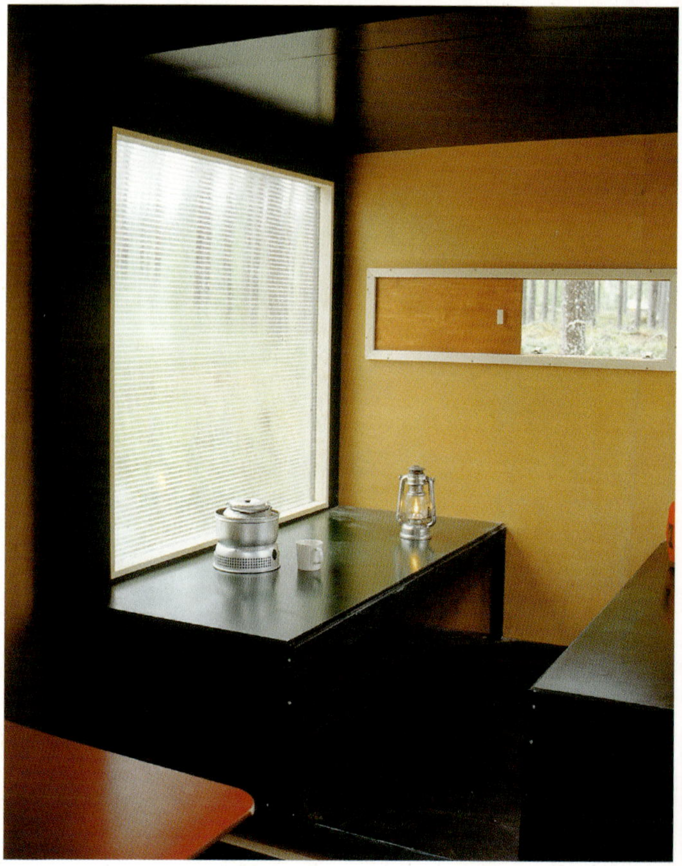

Elevations

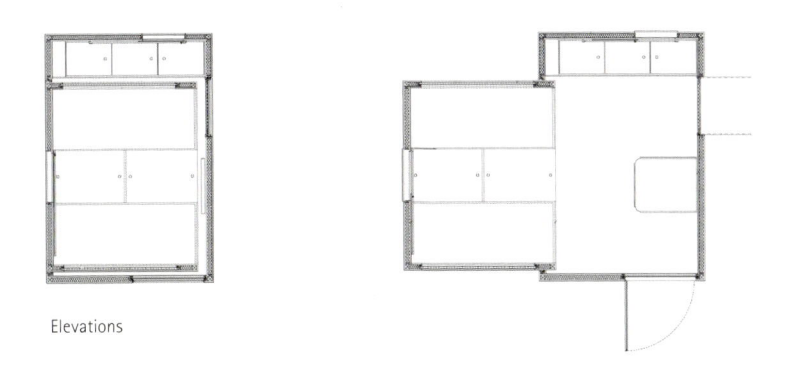

House in Vandœuvres > 248 sq. ft. / 23 m²

Charles Pictet Architecte
© *Francesca Giovanelli/Geneva, Switzerland*

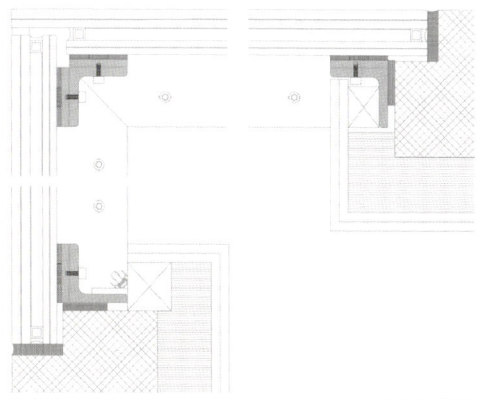

Floor plan

Gebäude oder Anbauten, die als Ergänzungen des Hauptgebäudes dienen, können sich in ihrem Stil entweder diesem anpassen oder umgekehrt einen auffälligen Kontrast bilden. Dieser riesige, mitten in den Garten platzierte Steinblock stellt keinerlei visuelle Verbindung zum Hauptgebäude her. Das eigenständige Haus beherbergt private Büroräume. Stein ist als Baumaterial widerstandsfähig und pflegeleicht. Mit dem großzügigen Einsatz von Glas wird dem Projekt eine moderne und vornehme Note verliehen.

Buildings that serve as complements to the main home sometimes follow its structure and style, or on the contrary, don't have anything in common with the main house. This giant block of stone in the middle of the yard for example is not related to the main building. It is an independent room to be used as a private office. Stone is a material that stands out for its great resistance and it is also easy to maintain. Lot's of glass gives it a touch of modernity and distinction.

Les annexes ressemblent dans certains cas à la maison principale, mais peuvent aussi s'en éloigner complètement quant à leur structure et à leur style. Ce bloc de pierre géant, posé au milieu du jardin, ne jouxte pas l'habitation. C'est une pièce indépendante qui peut être utilisée comme un bureau. Le béton s'est imposé, en raison à sa grande résistance et de son entretien facile. La prédominance du verre donne une touche de style et de modernité.

Gebouwen die een aanvulling op het eigenlijke huis vormen, volgen soms de structuur en stijl ervan, of hebben er juist niets mee gemeen. Dit enorme blok steen midden op het erf heeft bijvoorbeeld niets met het hoofdgebouw te maken. Het is een onafhankelijke ruimte, te gebruiken als privékantoor. Steen is een materiaal dat tegen veel bestand en makkelijk te onderhouden is. Veel glas geeft het geheel een modern en gedistingeerd aanzien.

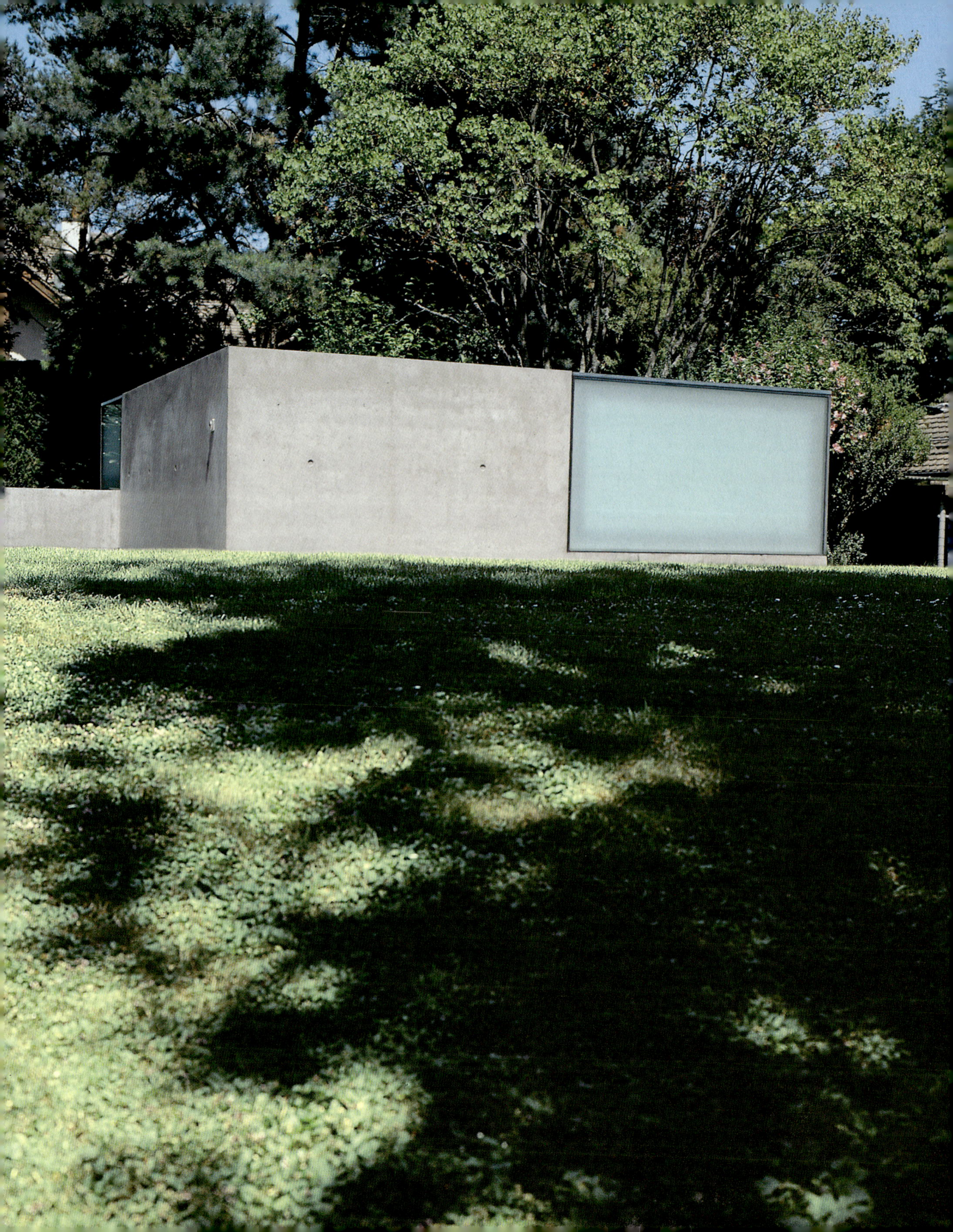

Trotz seiner massiven Form und Größe fügt sich der Steinblock – dank seiner Farbe – perfekt in die ihn umgebende Natur ein.

Grâce à sa couleur neutre, ce bloc de béton géant s'intègre parfaitement dans son cadre naturel.

Despite being a giant block of stone it complements perfectly with the nature around it thanks to its color.

Hoewel het een enorm blok steen is, past het dankzij zijn kleur uitstekend in de natuur eromheen.

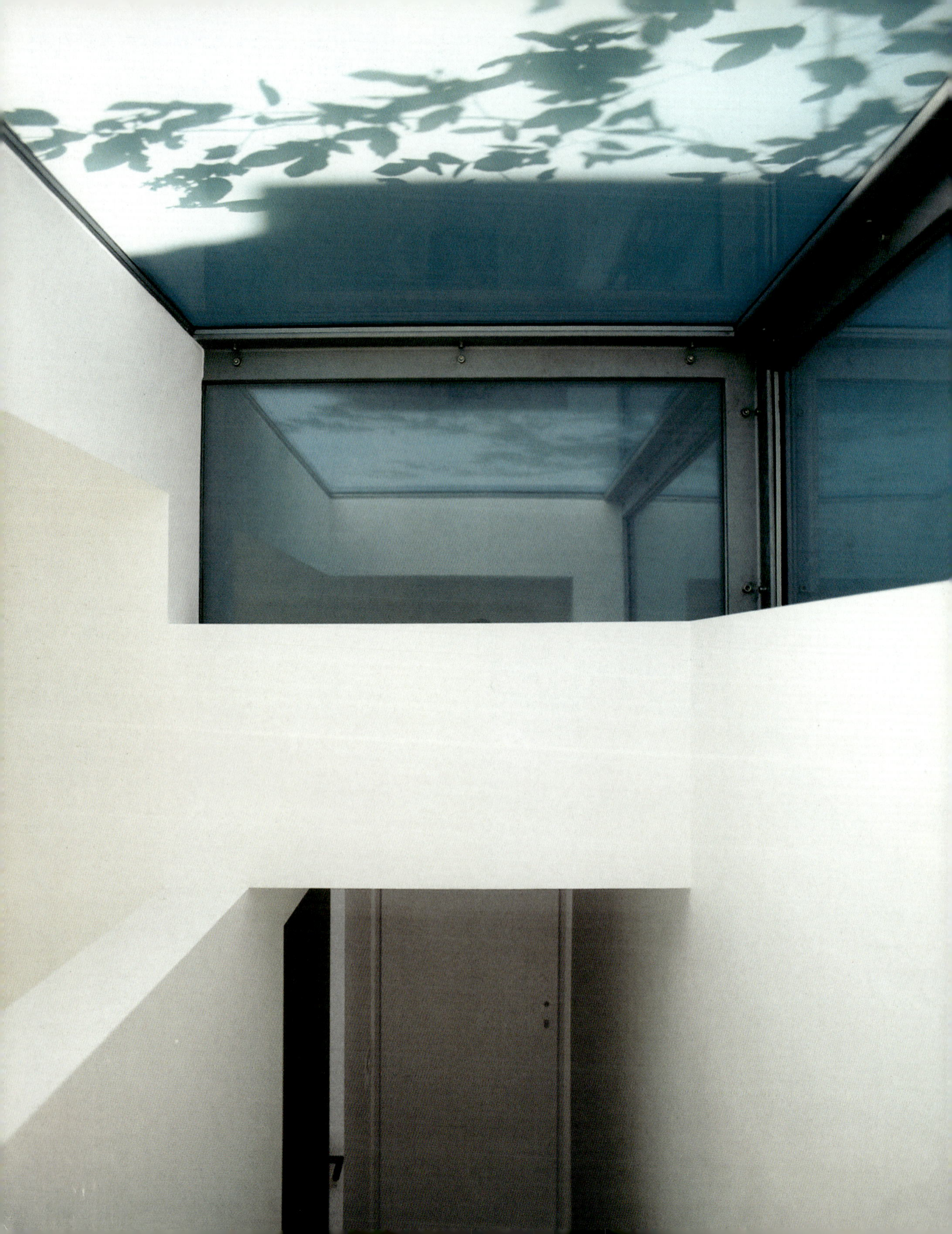

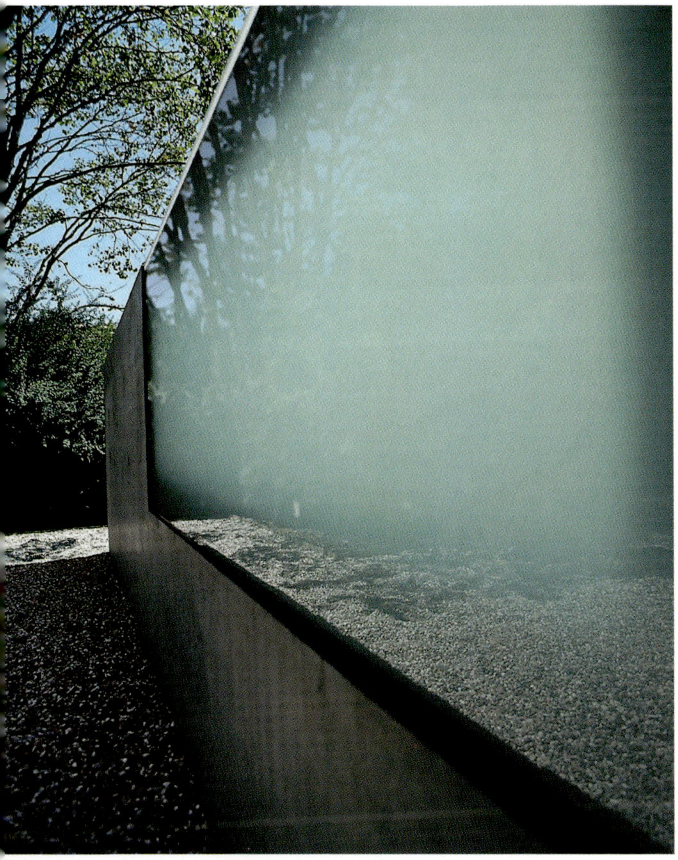
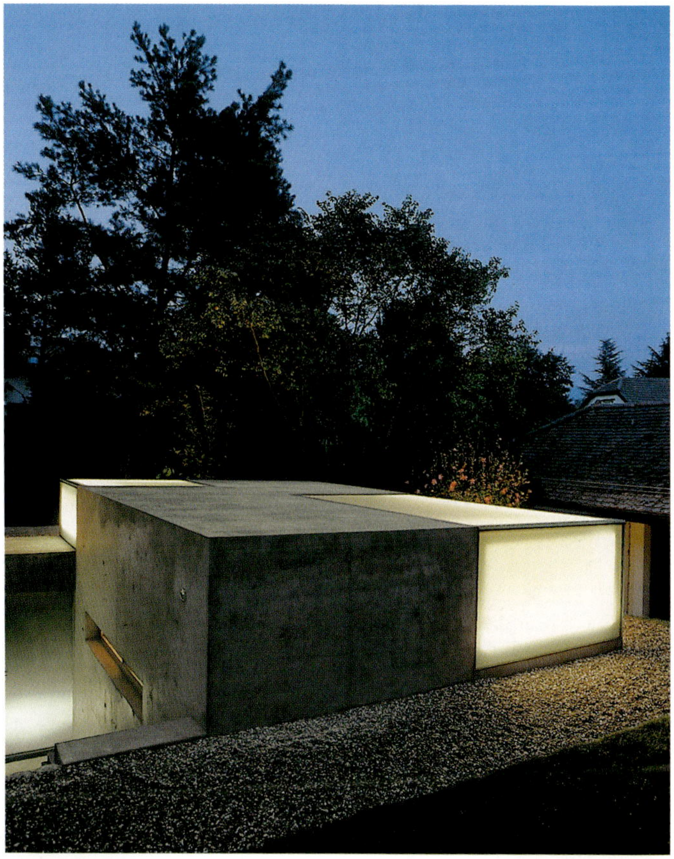
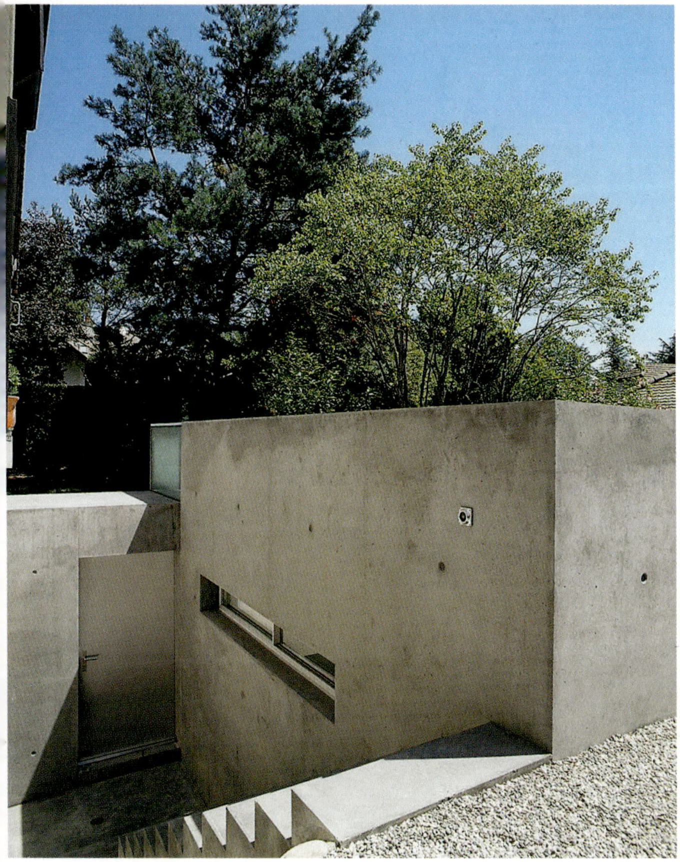
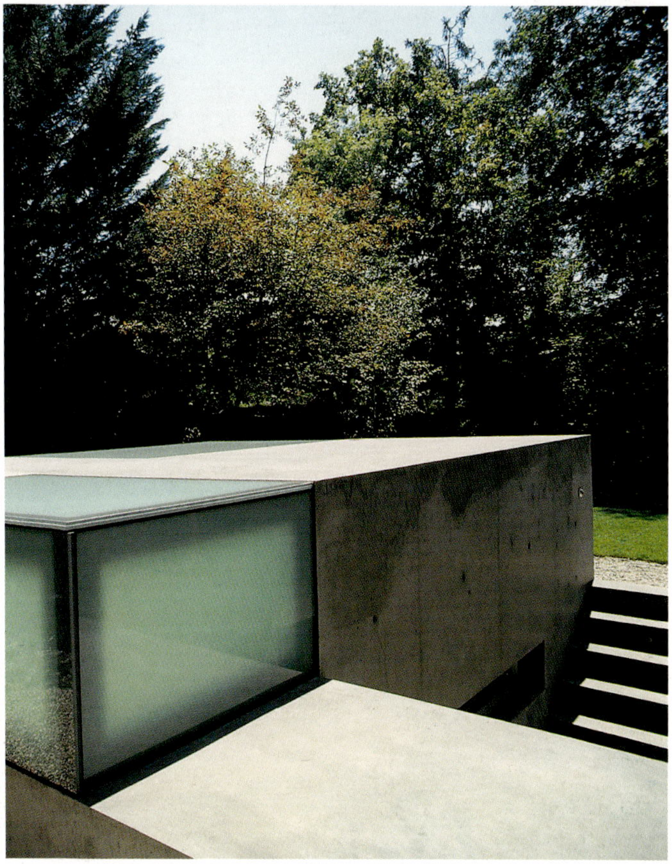

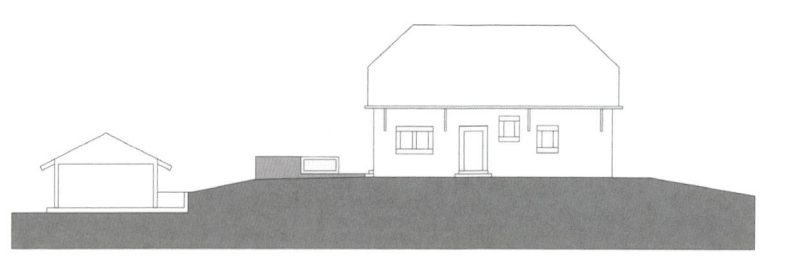

Elevation

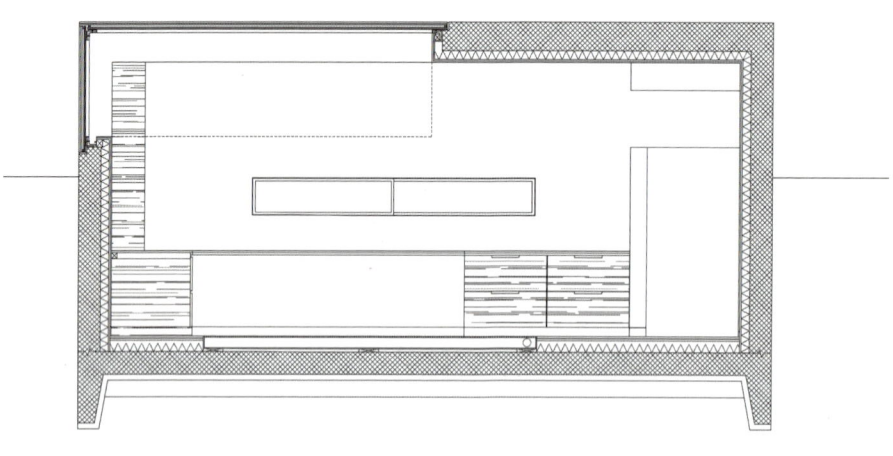

Section

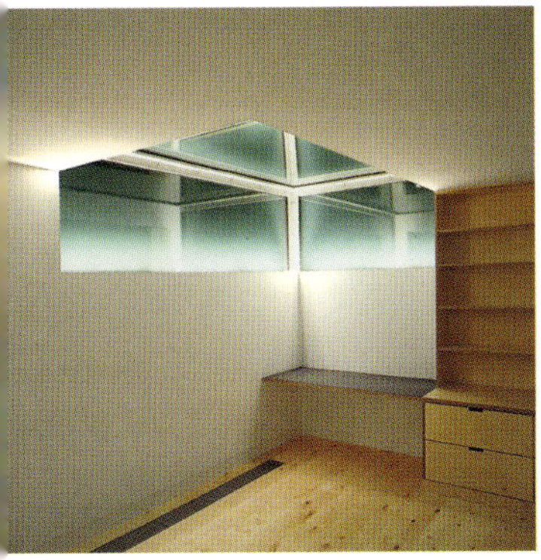

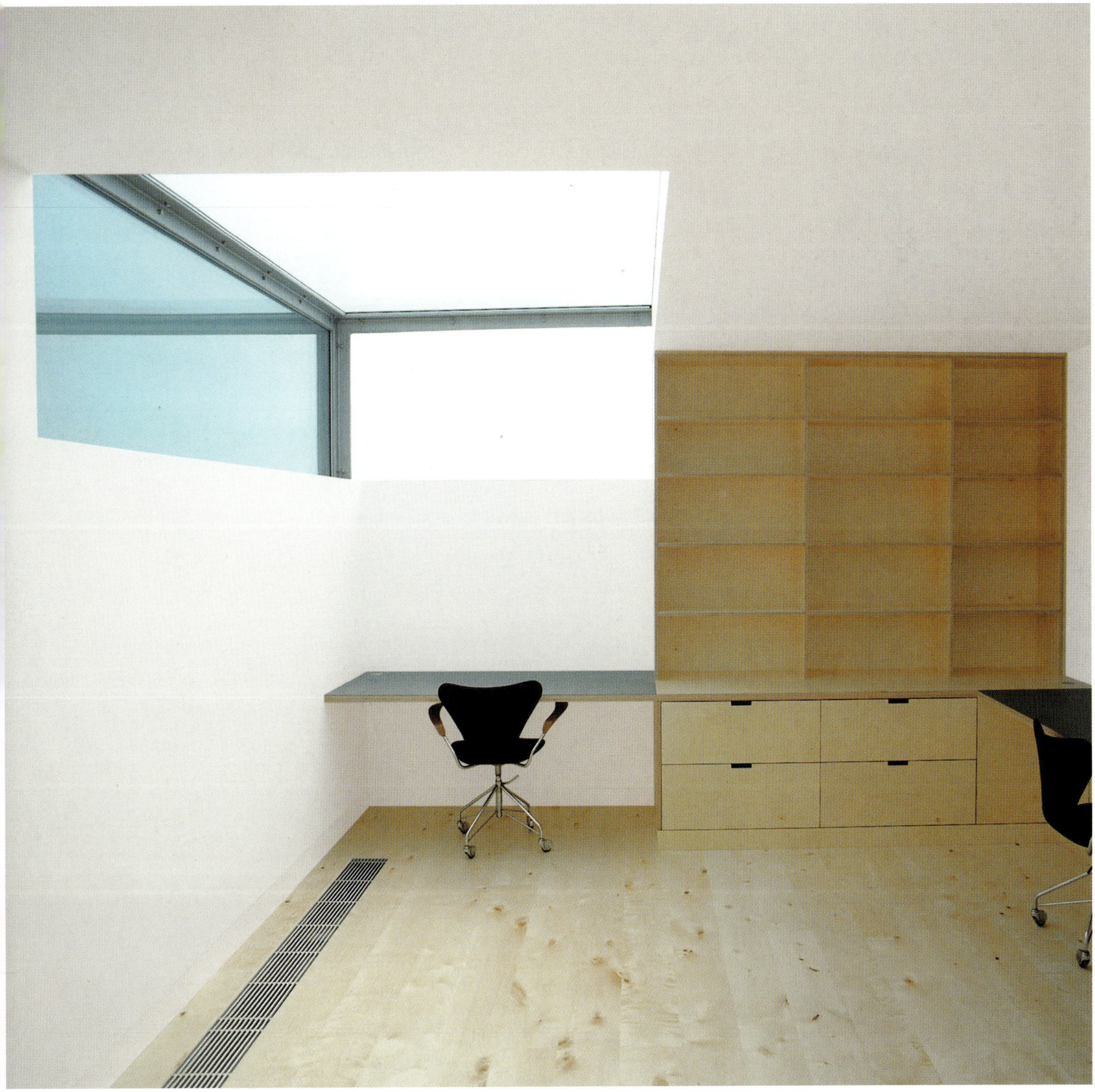

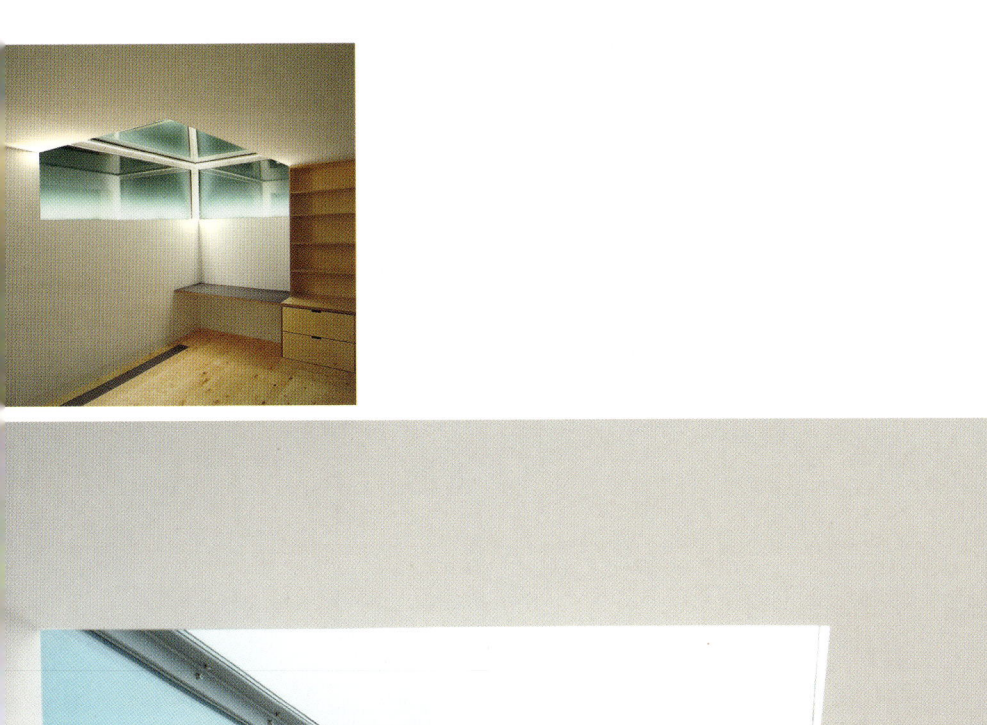

Optibo > 270 sq. ft. / 25 m²

White Design
© *Bert Leandersonn, Richard Lindor/Mobile*

Floor plan

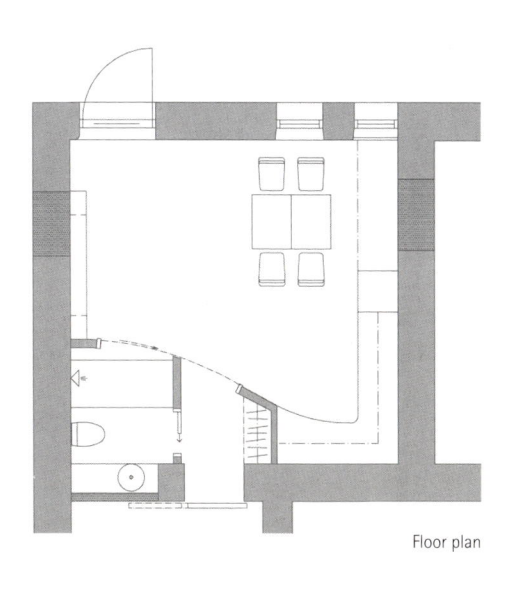

Bei Optibo geht es vor allem darum, den vorhandenen Raum flexibel an die gerade herrschenden Bedürfnisse anzupassen. Ein Teil der Einrichtung kann mittels eines hydraulischen Systems in den Boden versenkt und somit versteckt werden: Der Esstisch und das Bett verschwinden so einfach aus dem Blickfeld. Hervorzuheben ist bei diesem Projekt der Einsatz umweltschonender Technologien und Materialien, so zum Beispiel von Glasfasern und LED-Lampen bei der Beleuchtung.

Optibo is a concept, the secret of which lies in adapting the space to the use required at any particular time. Some pieces of furniture can be lowered and hidden in the floor, using an electric hydraulic system: the dining table and bed can appear or disappear as needed. One of the main assets is its use of technology and materials that respect the environment, such as fiber optics and LED for the lighting.

Optibo est un concept global, dont le secret réside dans la polyvalence de son espace. Quelques éléments du mobilier peuvent être dissimulés dans le plancher, grâce à un système hydraulique électrique : la table à manger et le lit apparaissent ou disparaissent, selon les besoins. Les technologies et matériaux utilisés respectent l'environnement, comme par exemple la fibre optique et les diodes électroluminescentes pour l'éclairage.

Het geheim van Optibo zit hem in de mogelijkheid de ruimte op elk gewenst moment aan te passen aan het vereiste gebruik. Sommige meubelstukken kunnen worden verstopt in de vloer met behulp van een elektrisch hydraulisch systeem: de eettafel en het bed kunnen naar behoefte verschijnen of verdwijnen. Een belangrijk pluspunt is het gebruik van technologie en materialen die het milieu sparen, zoals glasvezel en led voor de verlichting.

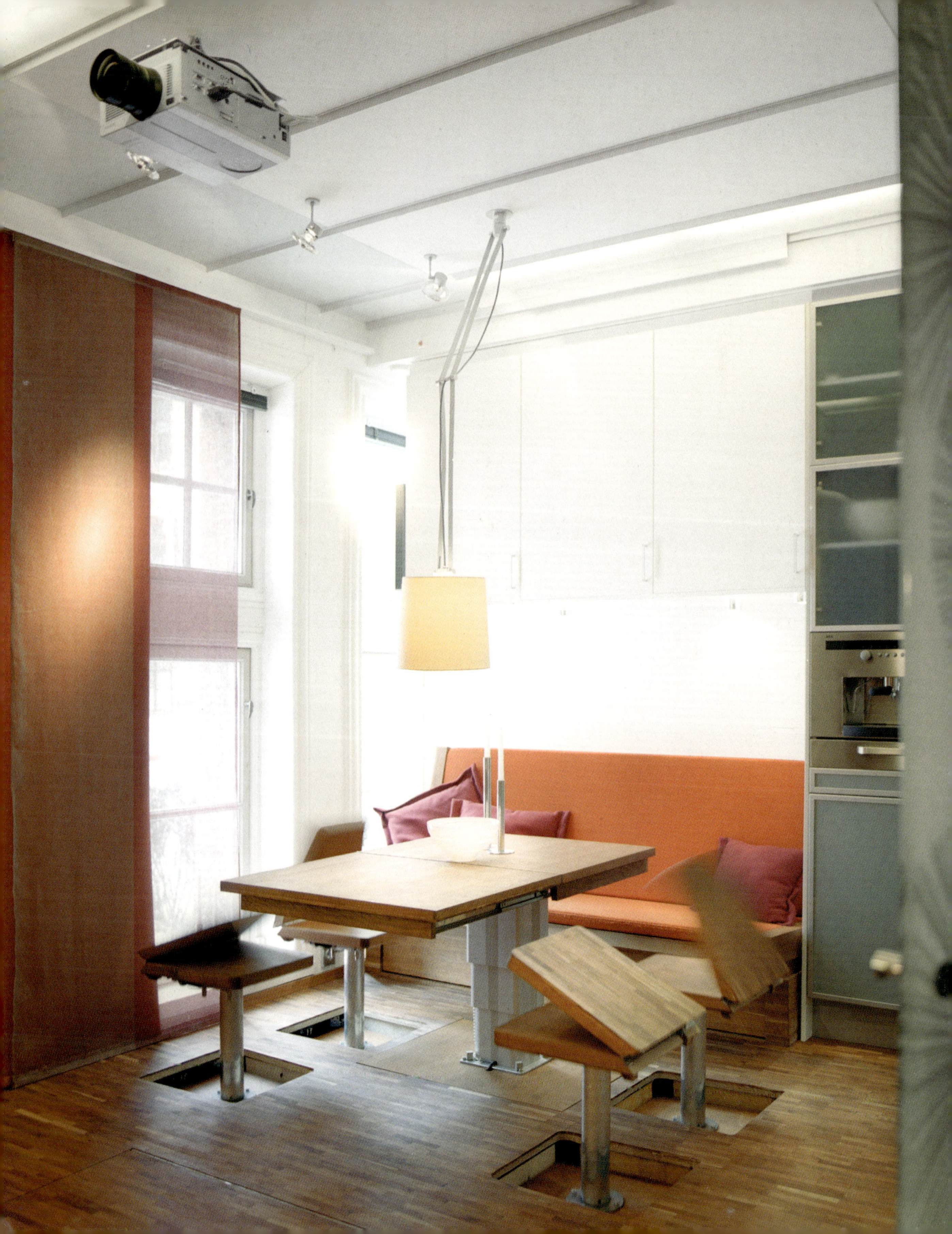

Dank der Elektrohydraulik können Bett und Tisch ohne Kraftaufwand nach oben oder unten bewegt werden.

Le système hydraulique électrique permet de faire apparaître ou disparaître le lit ou la table sans le moindre effort.

The electric hydraulic system makes it possible to effortlessly raise or lower the bed and table.

Het elektrische hydraulische systeem maakt het mogelijk het bed en de tafel te laten opkomen of zakken.

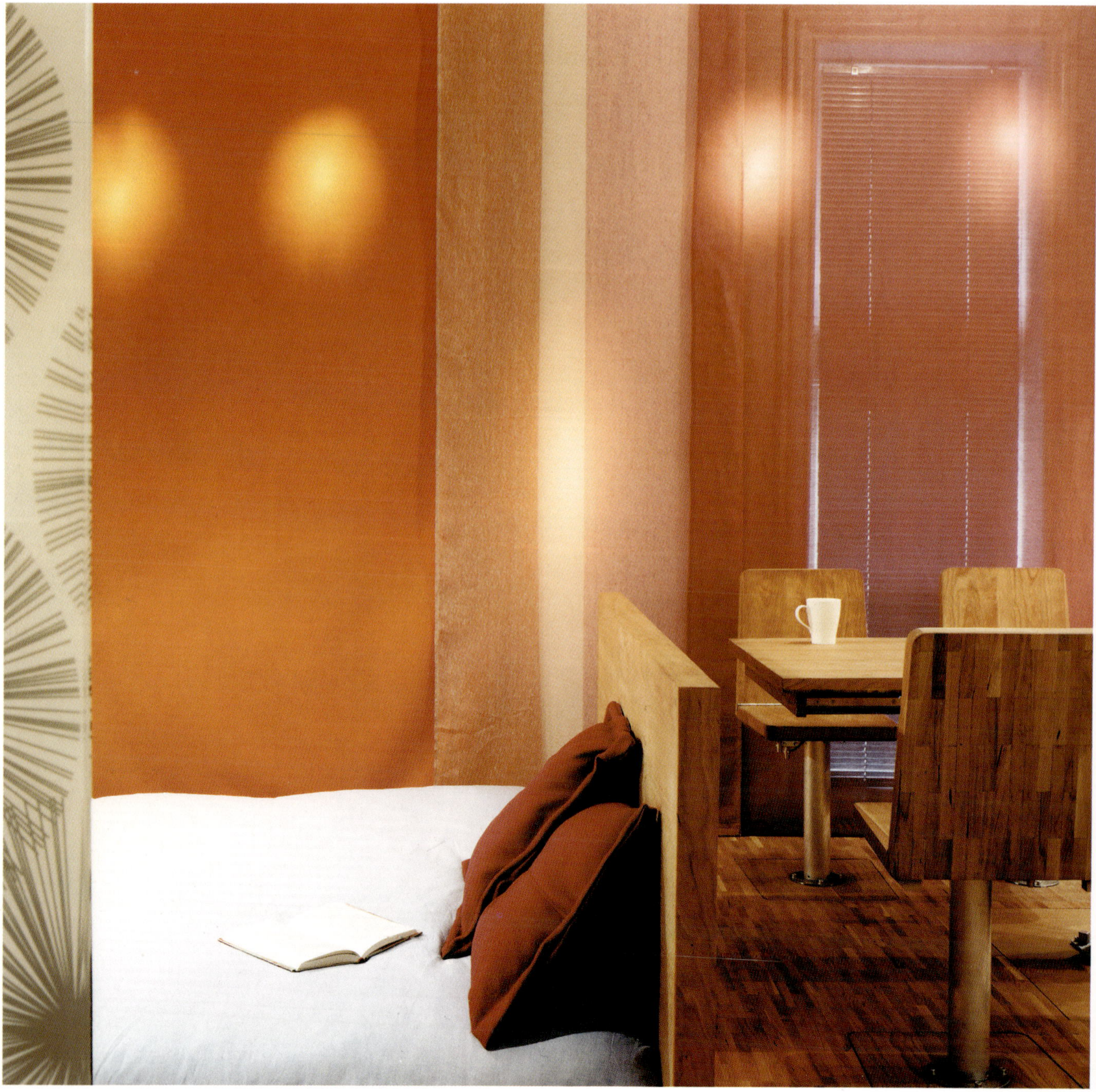

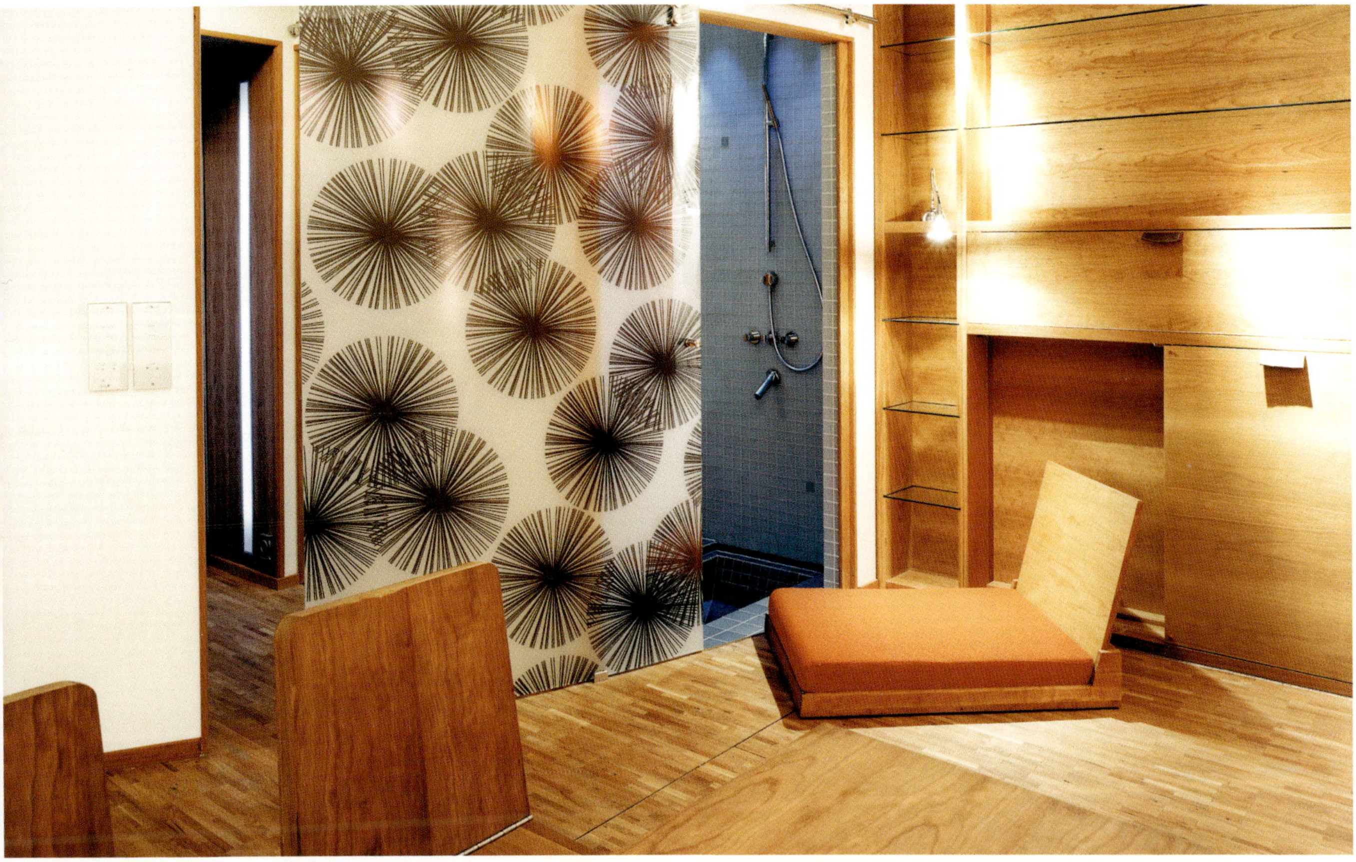

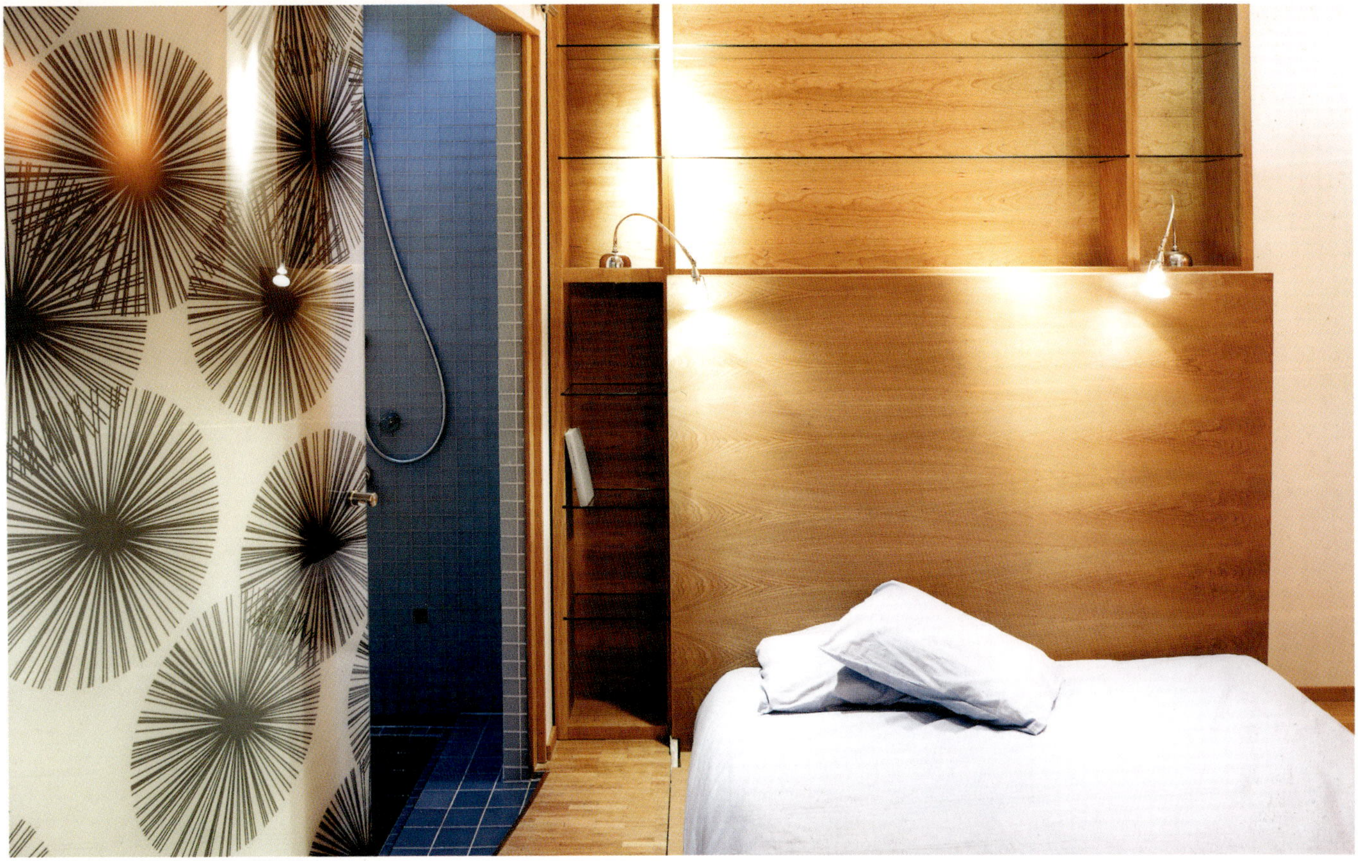

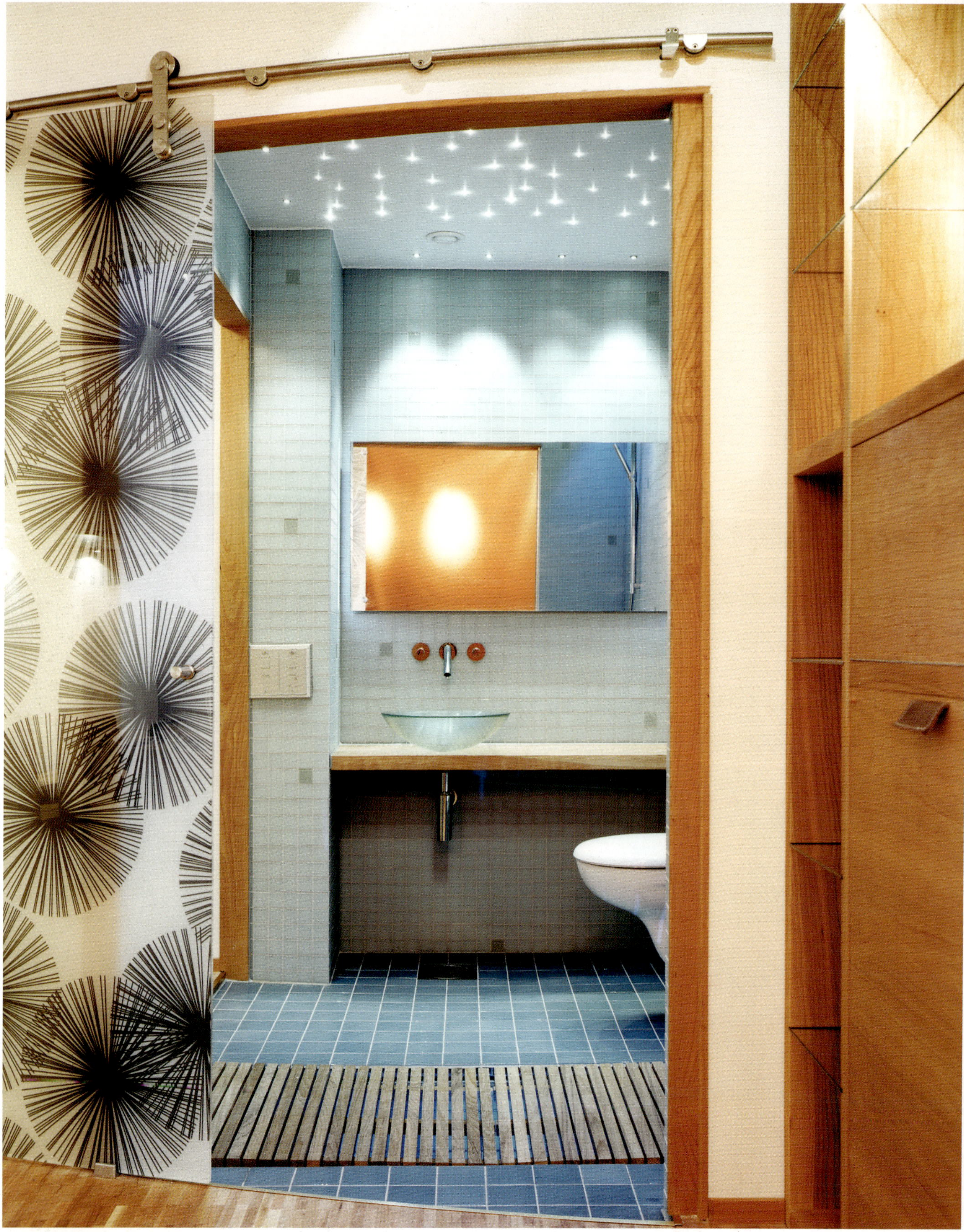

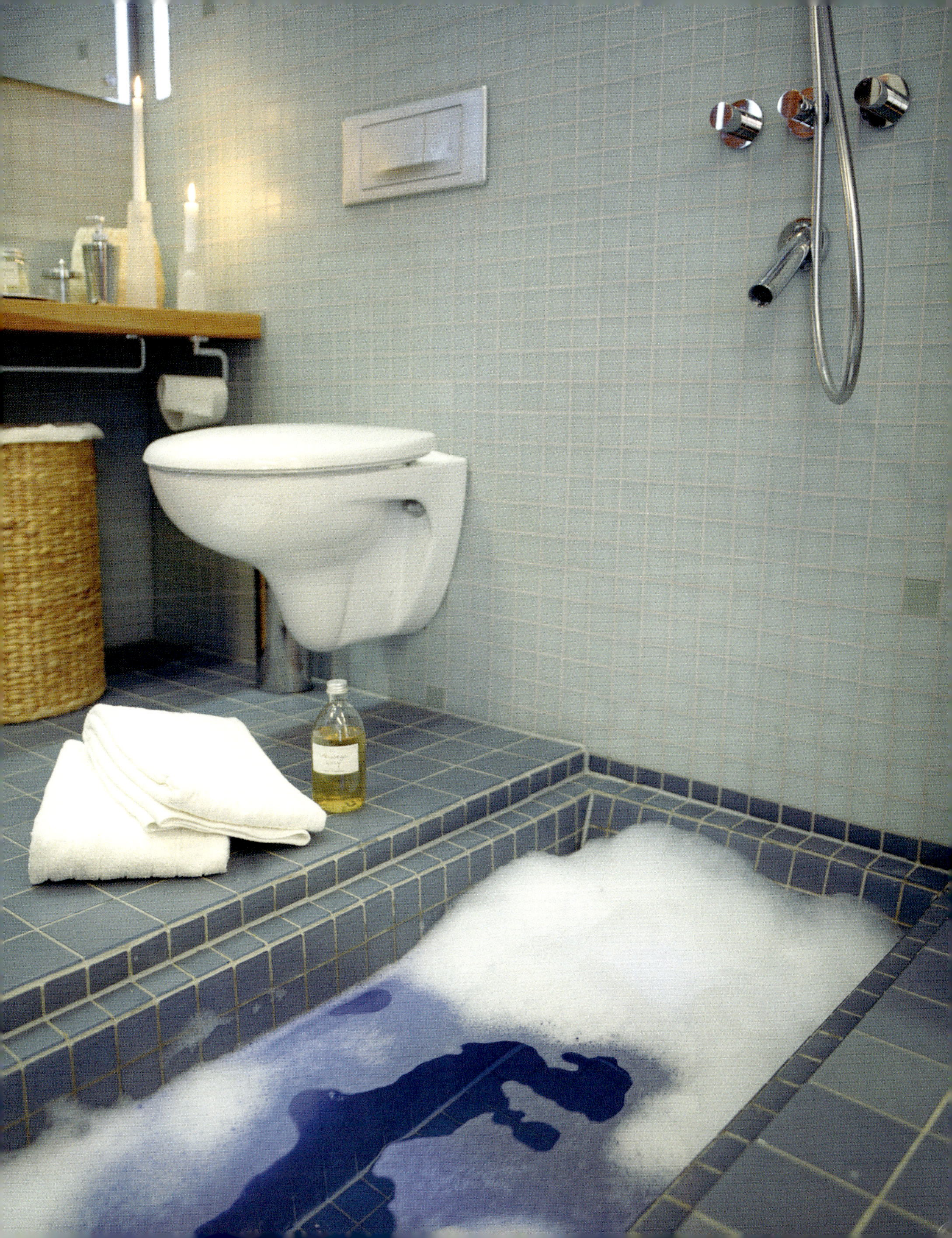

Tavola > 840 sq. ft. / 78 m²

Milligram Architectural Studio
© Takeshi Taira/Saitama, Japan

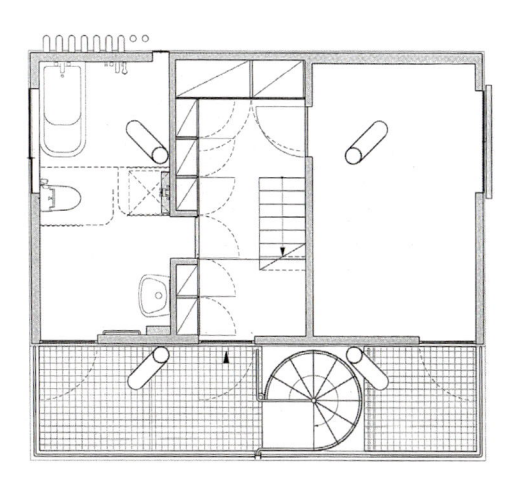

Floor plan

Die Tatsache, dass sich dieses Haus, gestützt durch eine Eisenkonstruktion, ein paar Meter über dem Boden befindet, macht es so originell. Es unterscheidet sich komplett von den umliegenden Gebäuden und verblüfft jeden Betrachter durch seine Einzigartigkeit. Das überaus widerstandsfähige Material Eisen eignet sich optimal für das Fundament. Im Inneren dominiert die Farbe weiß. Der helle Ton verleiht den Räumen Tiefe und unterstreicht die Wirkung des natürlichen Tageslichts.

By raising this house a few meters above the ground with an iron structure, it stands out from the buildings around it, giving it a unique touch that is different from anything one might have seen before. In addition, iron is a resistant material that acts perfectly as the foundation for a home. As for the interior, white predominates. It's a bright color that gives a sense of depth, favoring the effect of the natural light.

Cette maison hors du commun est en rupture avec les constructions alentour. Une structure en acier, très résistant, l'élève plusieurs mètres au-dessus du sol. À l'intérieur, béton brut et chromes s'harmonisent avec le blanc prédominant. Favorisant la diffusion de la lumière naturelle, cette couleur donne également une impression de profondeur.

Doordat dit huis op een ijzeren structuur een paar meter boven de grond staat, valt het op tussen de gebouwen eromheen. Daardoor krijgt het iets unieks en lijkt het op niets wat de toeschouwer ooit eerder heeft gezien. IJzer is bovendien een duurzaam materiaal, dat zich uitstekend leent voor de fundamenten van een huis. Binnen overheerst wit. Het is een heldere kleur die een gevoel van diepte geeft en het effect van het natuurlijke licht versterkt.

31

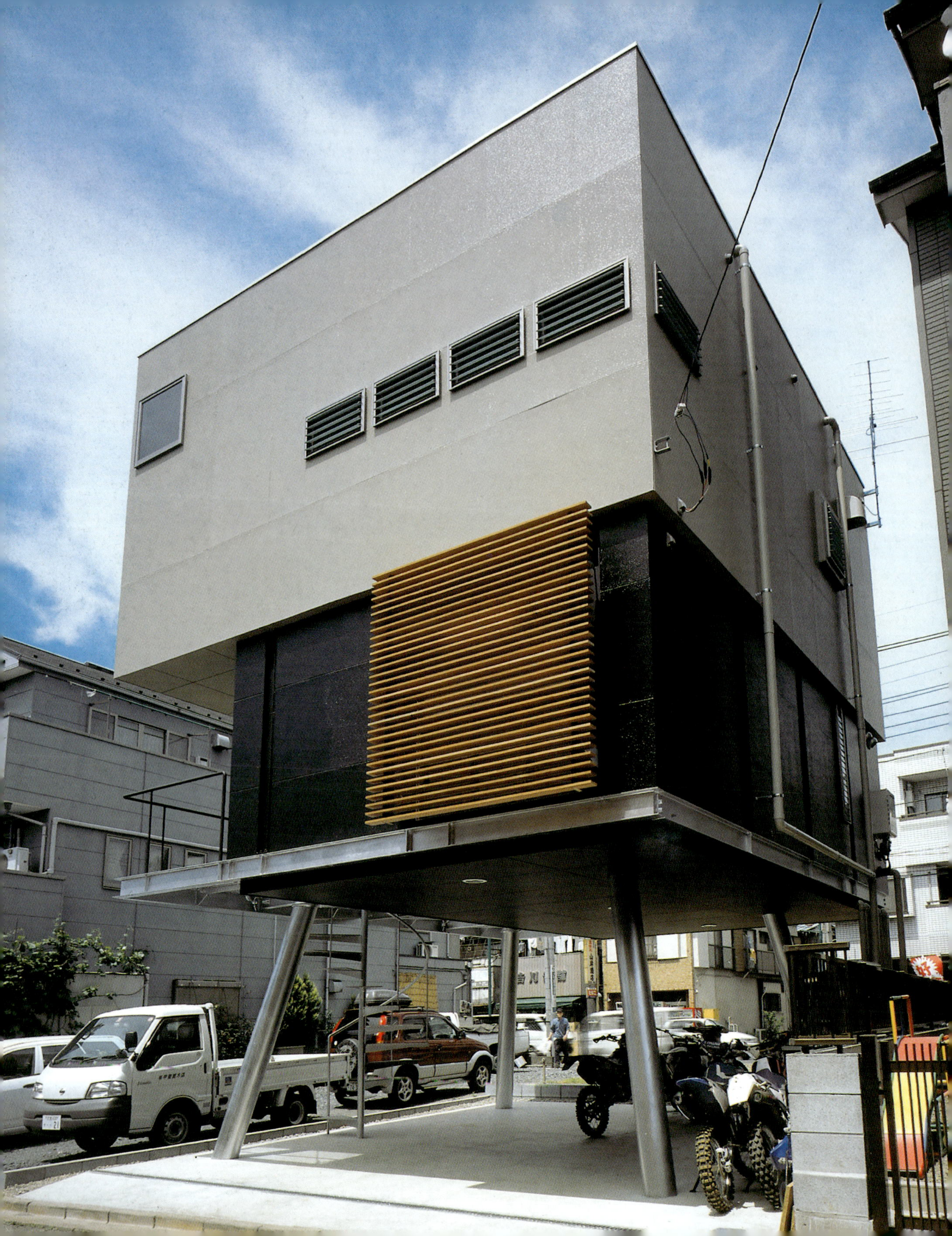

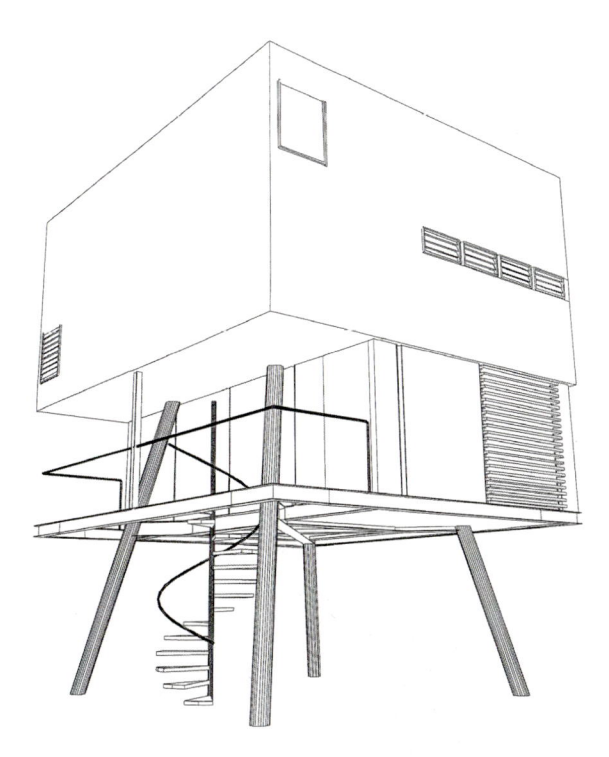

Perspective

Mit dem Kontrast zwischen der Wandfarbe und der Dekoration wird ein minimalistisches und modernes Flair geschaffen.

The contrast between the wall tones and the decorative elements creates a minimalist and modern feeling.

Le contraste entre les tonalités du mur et les éléments décoratifs crée une sensation de minimalisme toute contemporaine.

Het contrast tussen de kleuren op de muren en de decoratieve elementen schept een minimalistische en moderne sfeer.

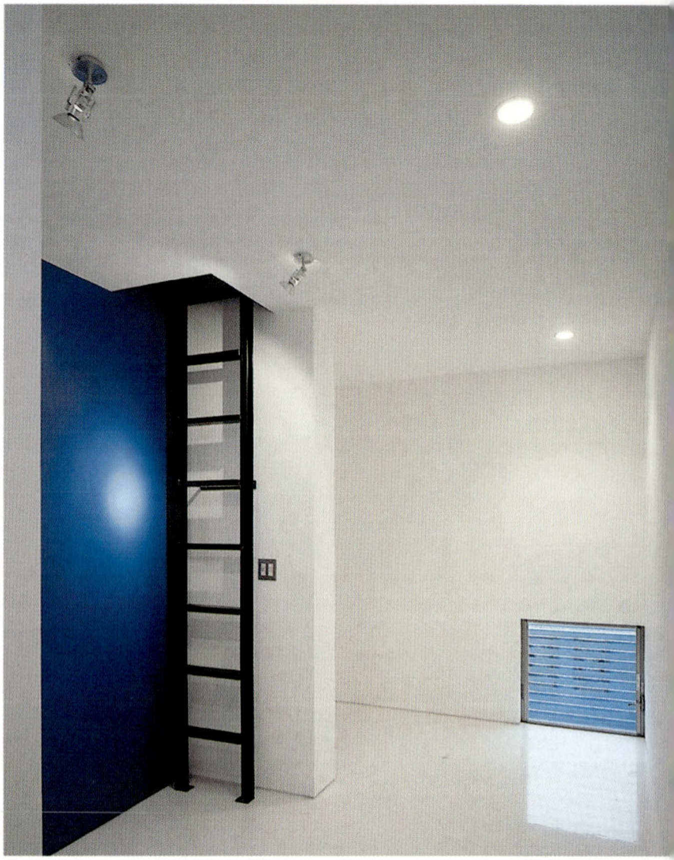
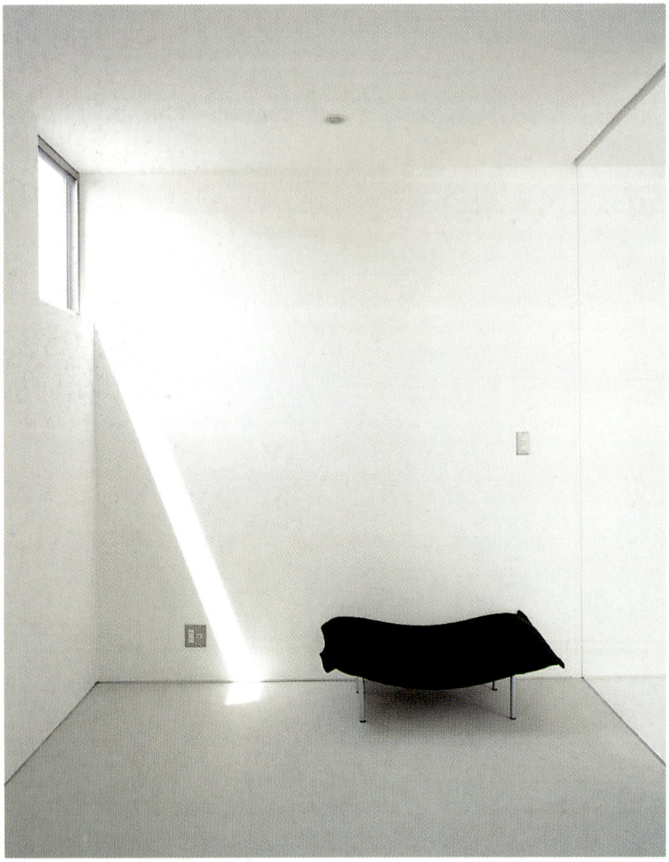
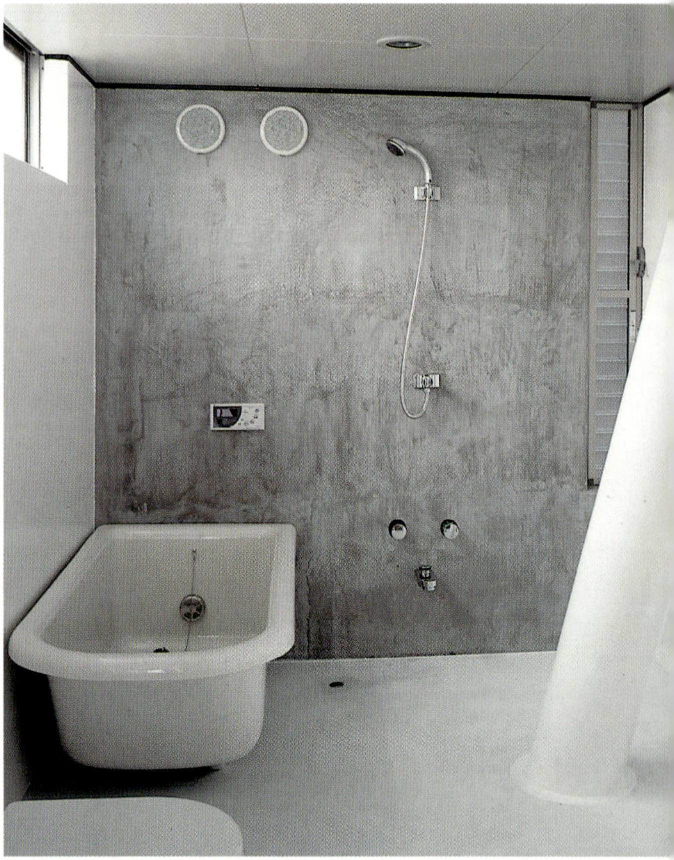

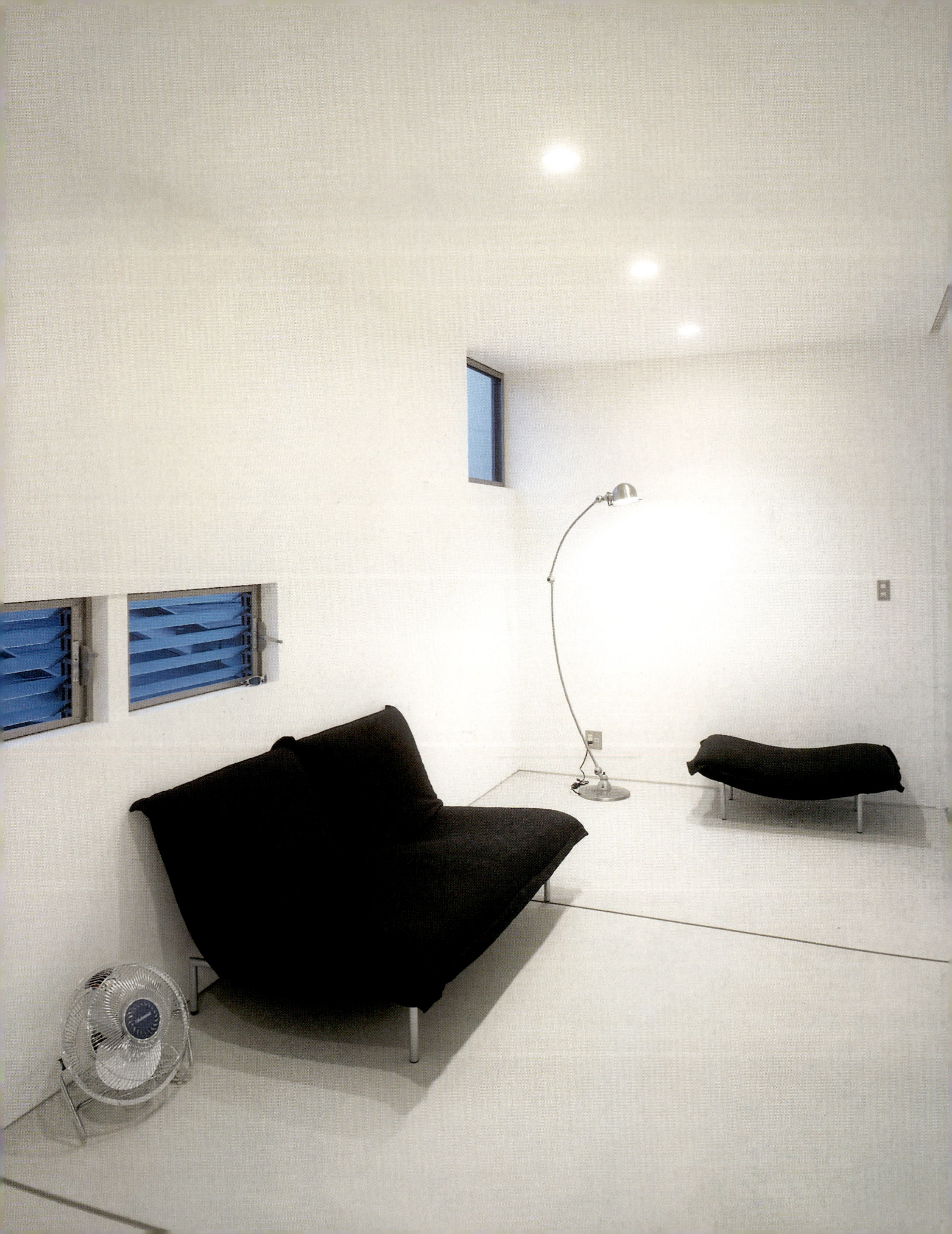

Pixel House > 915 sq. ft. / 85 m²

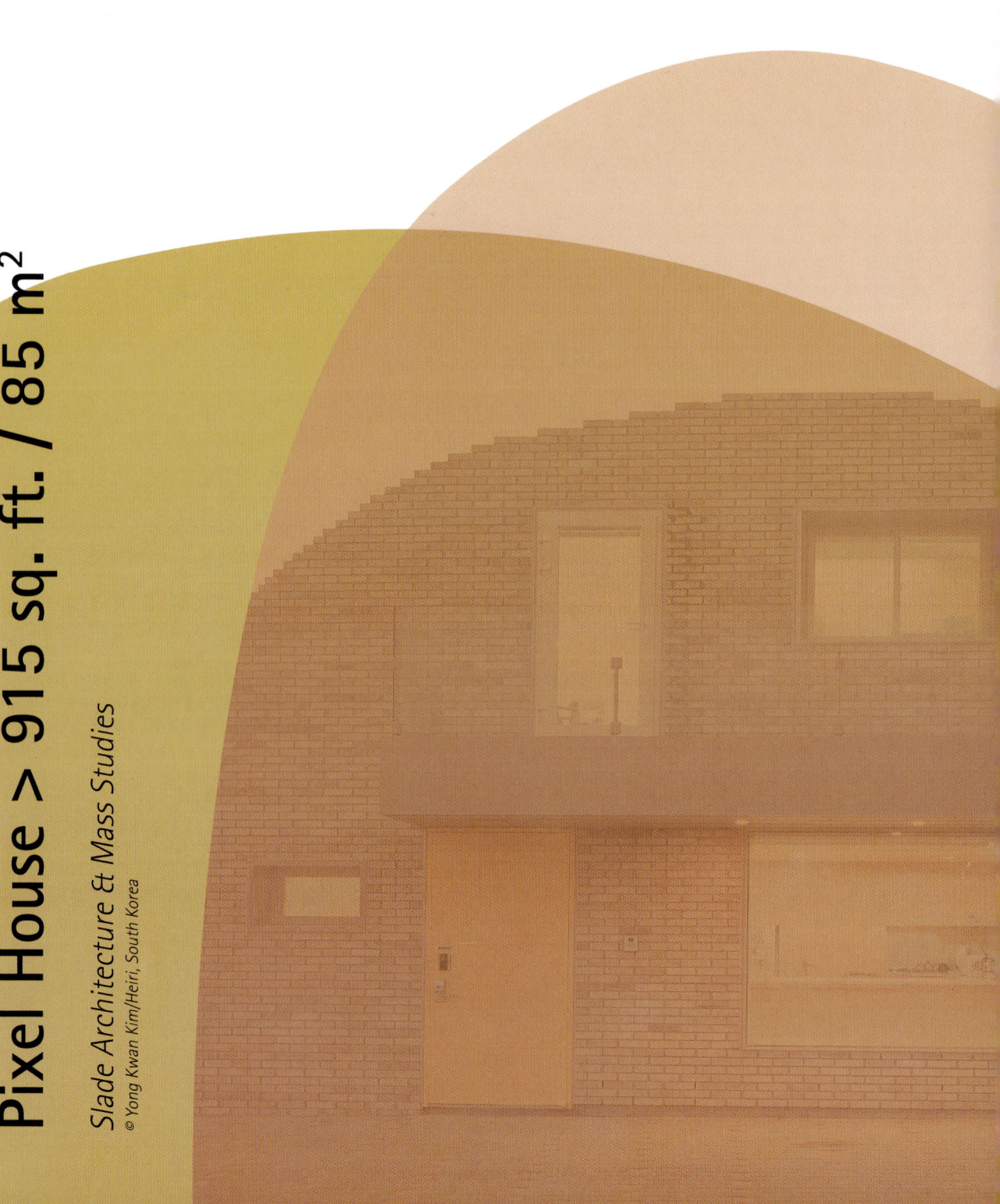

Slade Architecture & Mass Studies
© Yong Kwan Kim/Heiri, South Korea

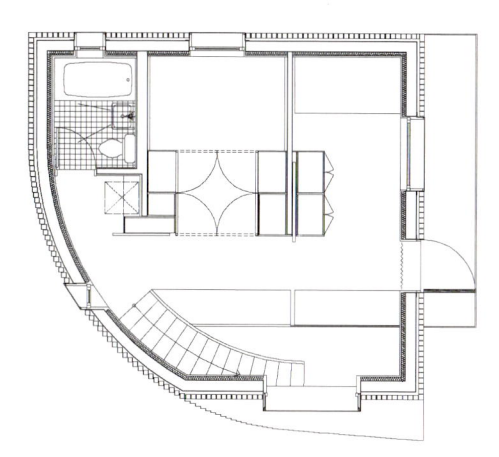

Floor plan

Dieses frei stehende Haus ist von Natur umgeben. In der Architektur wird häufig sichtbares Mauerwerk als optischer Effekt eingesetzt – bei diesem Projekt fällt die besondere Anordnung der Steine ins Auge. Der Name des Gebäudes leitet sich von seiner Struktur ab, die den Pixeln von Digitalfotos nachempfunden ist. Helle Farbtöne, große Fenster sowie das dominierende Material Holz im Hausinneren ergänzen sich perfekt: Sie stehen für den engen Kontakt zur Natur und stellen somit eine Verbindung zur Außenwelt her.

This house is built in an open area surrounded by natural elements. Leaving the bricks visible is quite common, while the most interesting thing about them is how they have been placed. Hence the name, the bricks resemble the pixels found in digital images. In the interior, wood predominates, where light tones perfectly complement the large windows communicating the house with the outdoors, and achieving an atmosphere that is in close contact with nature.

Cette maison est construite sur un terrain dégagé entouré d'éléments naturels. Si laisser les briques apparentes n'a rien de surprenant, c'est la manière dont elles ont été disposées qui est tout à fait intéressante. En effet, les briques rappellent les pixels des images numériques, comme le suggère le nom de la maison. À l'intérieur, le bois prédomine et des tons clairs viennent renforcer la luminosité provenant des grandes fenêtres reliant intérieur et extérieur. Un bon moyen de créer une ambiance au plus près de la nature.

Dit huis is gebouwd op een open terrein, omringd door natuurlijke elementen. Het is tamelijk gebruikelijk om de bakstenen zichtbaar te houden, maar het interessantst daaraan is hoe ze geplaatst zijn. Aan de metselwijze dankt het huis zijn naam: de bakstenen lijken op de pixels in digitale plaatjes. Binnen overheerst hout en vullen lichte tinten volmaakt de grote ramen aan, die het huis verbinden met de buitenwereld en in contact brengen met de natuur.

Durch die riesigen Fenster scheint das Innere des Hauses mit der umliegenden Landschaft zu verschmelzen.

De grandes fenêtres relient l'intérieur et l'extérieur de la maison.

Its large windows make it possible for the home to be connected to the outdoors.

Door de grote ramen staat het huis in contact met de buitenwereld.

Für verwinkelte Räume eignen sich Halogenlampen, die sich aufgrund ihrer geringen Größe flexibel an jede Umgebung anpassen lassen.

Petits éclairages s'adaptant sans difficulté à tous les types d'espaces, les lampes halogènes sont parfaites pour éclairer des espaces tout en courbes.

Halogen lights are best in areas with curved lines. They are small lights that adapt to spaces without problems.

Halogeenlampen zijn het best op plekken met gebogen lijnen. Deze kleine lichten voegen zich zonder problemen in ruimten in.

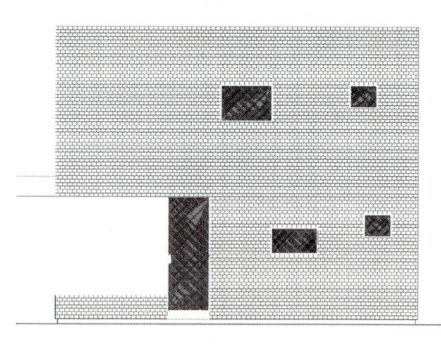

Elevation

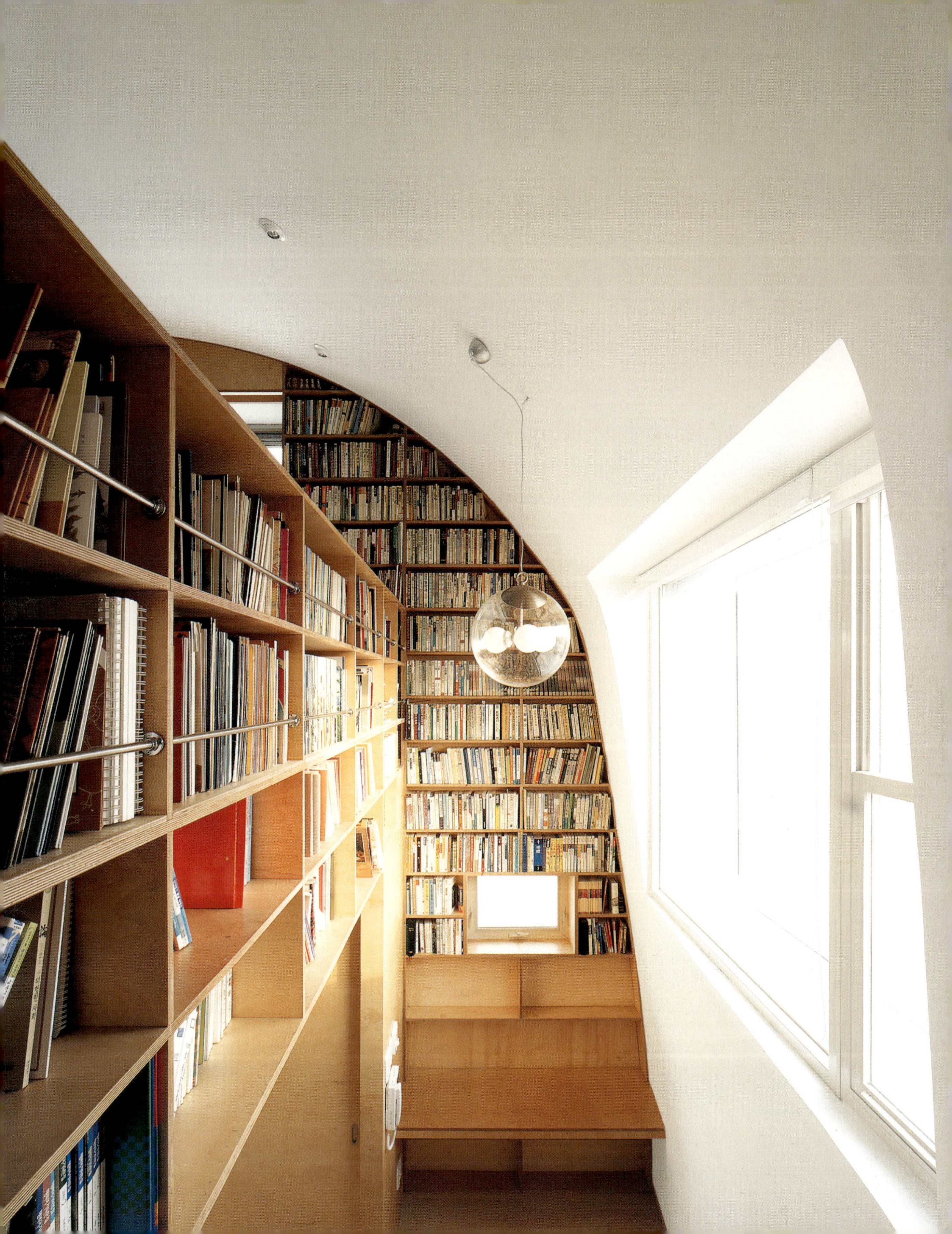

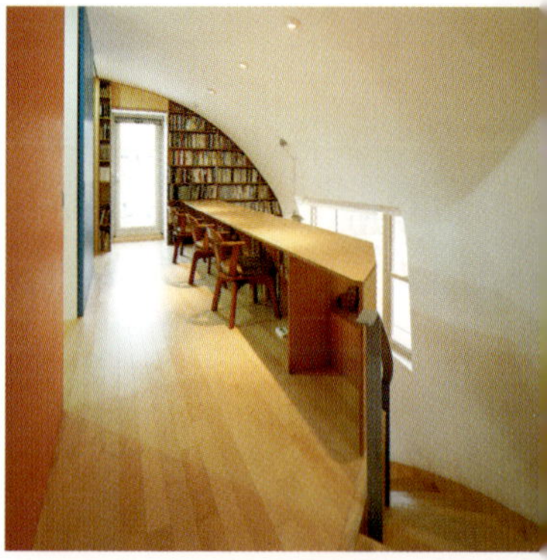

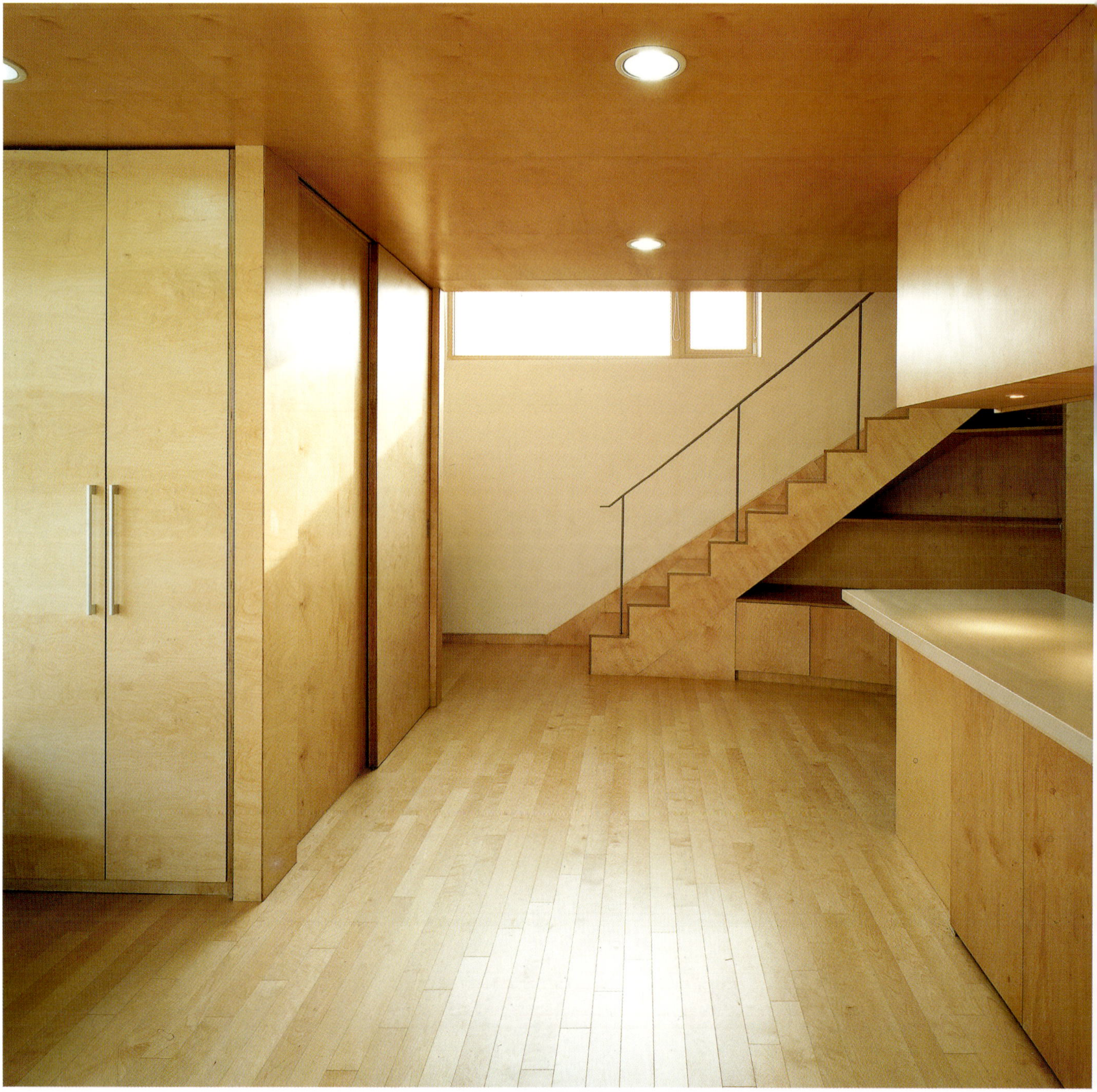

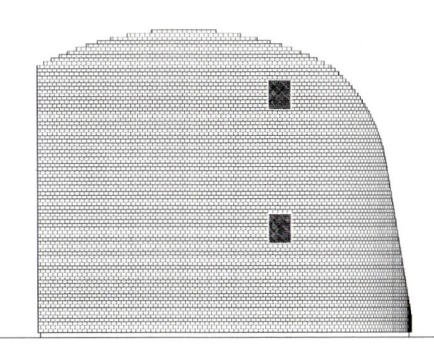

Elevation

Box House > 538 sq. ft. / 50 m²

Nicholas Murcutt/Neeson Murcutt Architects
© *Brett Boardman/Tathra, Australia*

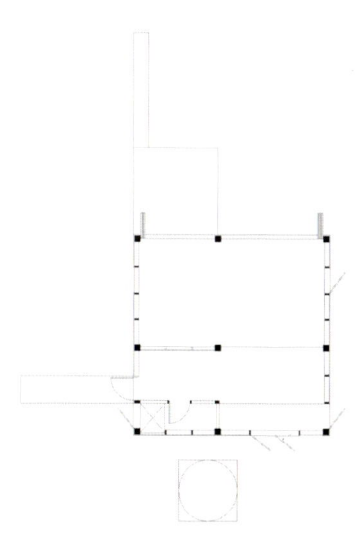

Floor plan

Sein Äußeres lässt an einen Wohnwagen denken – da dieses kleine Gebäude jedoch nicht beweglich ist, konnte es größer und geräumiger als ein mobiles Heim ausfallen. Das Haus ruht auf einer Konstruktion aus neun Stahlträgern, die dem Ganzen eine moderne Note verleihen und durch die leichte Anhebung die Aussicht auf die beeindruckende Umgebung verbessern. Die Hauptfassade besteht nahezu vollständig aus Glas, wodurch die Versorgung mit Tageslicht unterstützt wird. Die seitlich und an der Rückseite angebrachten Fenster dienen der Belüftung und lockern die ansonsten komplett verschlossenen Fassaden auf.

This is a static caravan, which makes the home larger and more spacious than a mobile home. The structure rests on nine steel pillars. This gives the home a modern touch and also improves the views from the inside. The main facade is almost entirely made of glass, thus improving the natural light while assuring the impressive view. On the sides and back, there are the rear and side windows for ventilating the home, without forgetting their decorative purpose.

Cette caravane, plus grande et plus spacieuce qu'un mobile-home, ne peut être déplacée. La structure repose sur neuf piliers d'acier, ce qui donne un style moderne à la maison et dégage aussi la vue que l'on a depuis l'intérieur. La façade principale presque entièrement vitrée apporte un maximum de lumière naturelle et offre un panorama impressionnant. Sur les côtés et sur l'arrière, des fenêtres ont été installées pour aérer la maison, non sans apporter une touche esthétique.

Dit is een soort stacaravan, waardoor de woning groter en ruimer is dan een verplaatsbaar huis. De structuur rust op negen stalen pijlers. Hierdoor oogt het huis modern en is er een beter uitzicht vanuit het huis. De voorkant is bijna helemaal van glas gemaakt, waardoor veel licht binnenvalt en een indrukwekkend uitzicht mogelijk is. Aan de zij- en achterkant zijn ramen voor de ventilatie, die ook een decoratieve functie hebben.

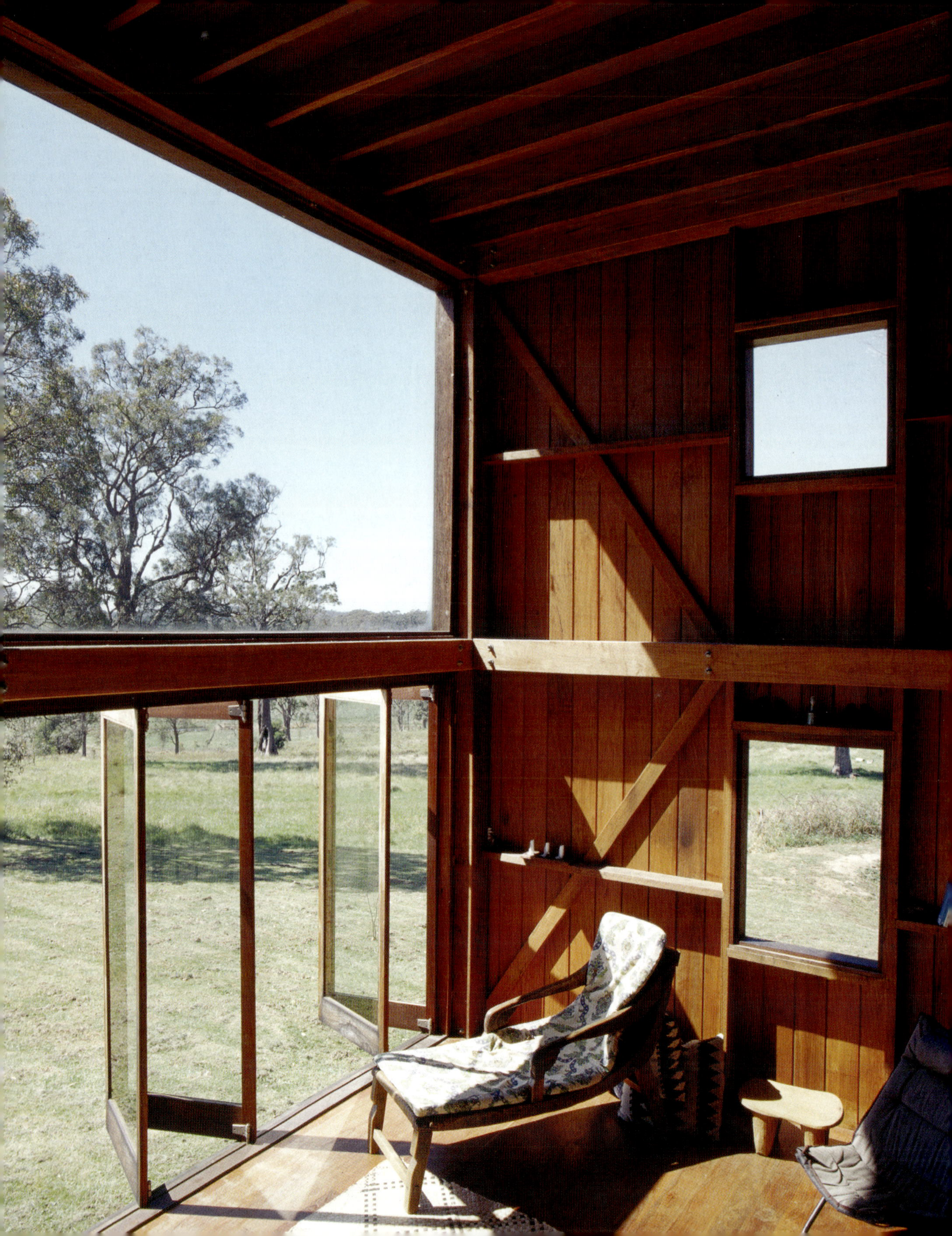

Der klassisch-moderne Stil entsteht durch die Kombination von Holz und Glas sowohl im Innen- als auch im Außenbereich des Gebäudes.

Le mariage du bois et du verre, à l'intérieur comme à l'extérieur, confère à l'ensemble une touche autant classique que moderne.

The use of wood in combination with glass on the interior and exterior give it a classic and modern touch.

Het gebruik van hout in combinatie met glas geeft dit huis een klassiek en modern aanzien.

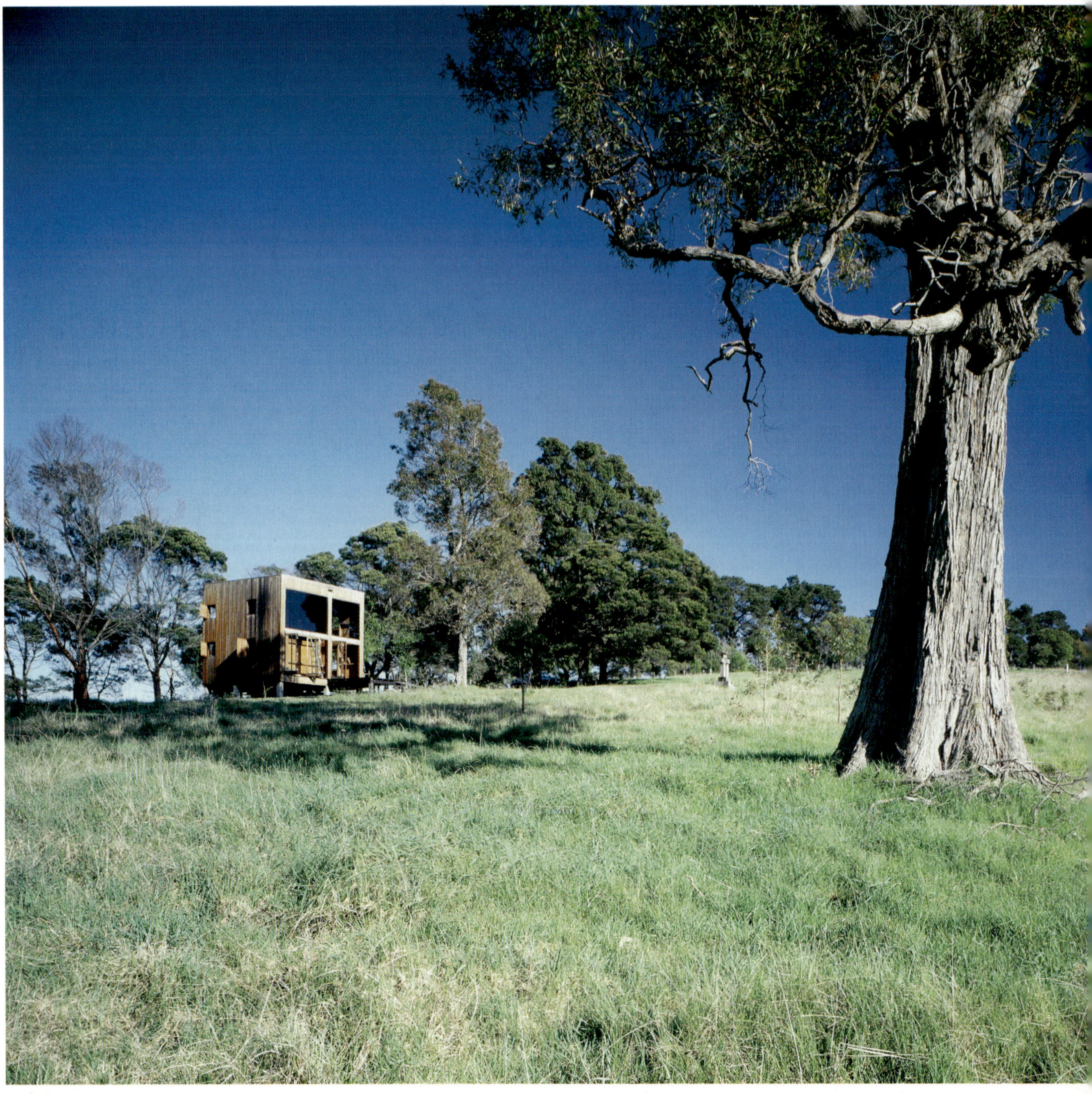

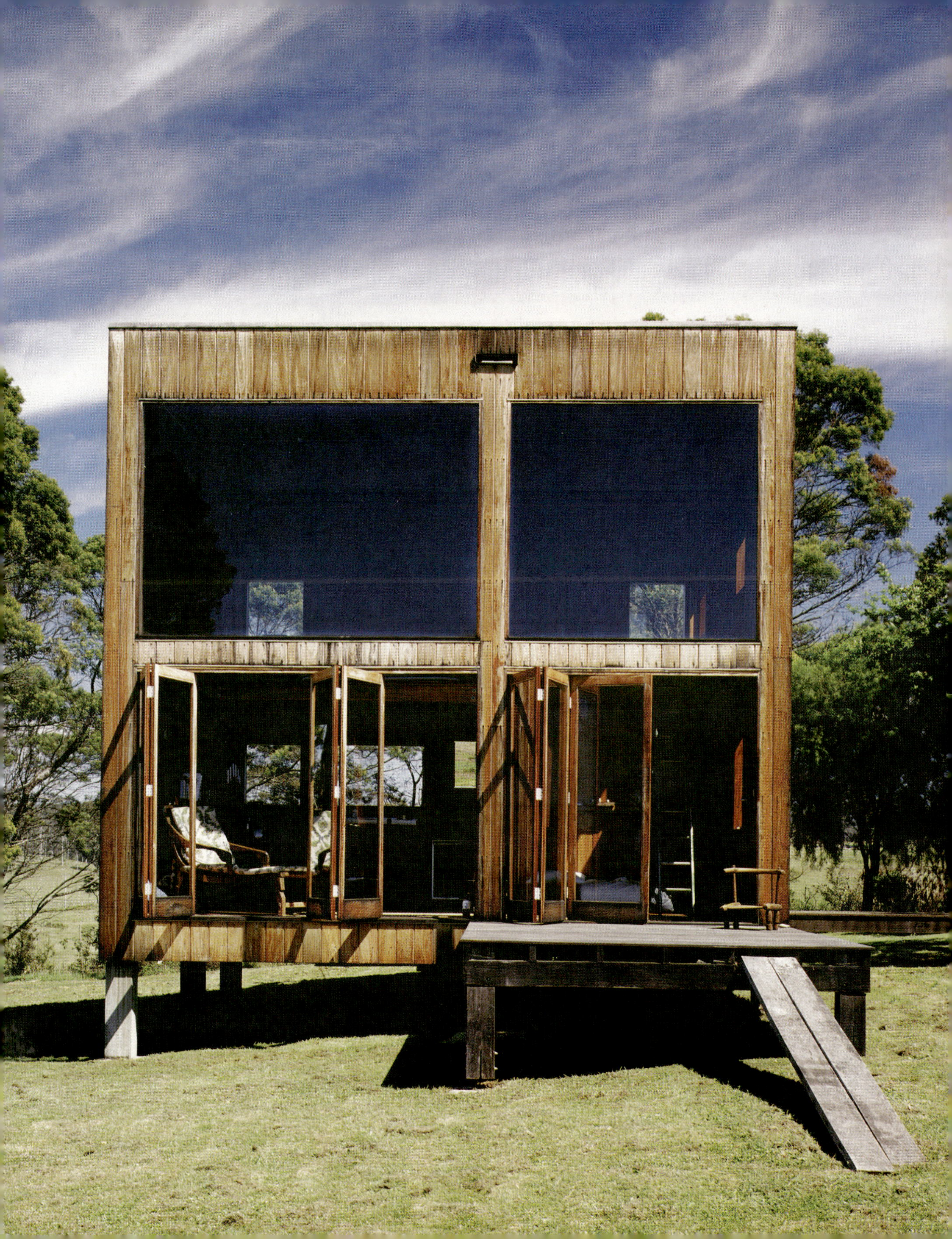

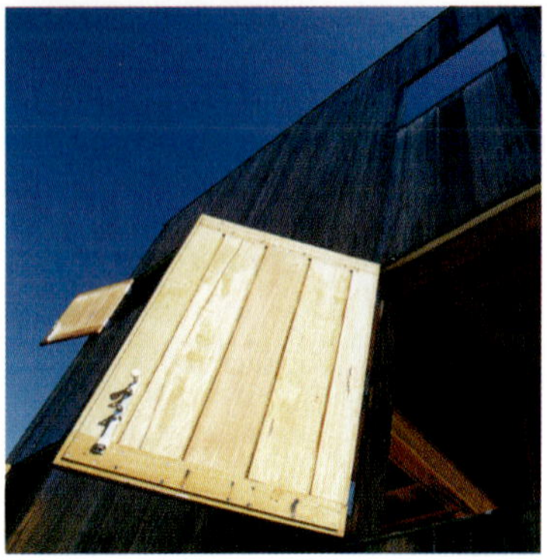

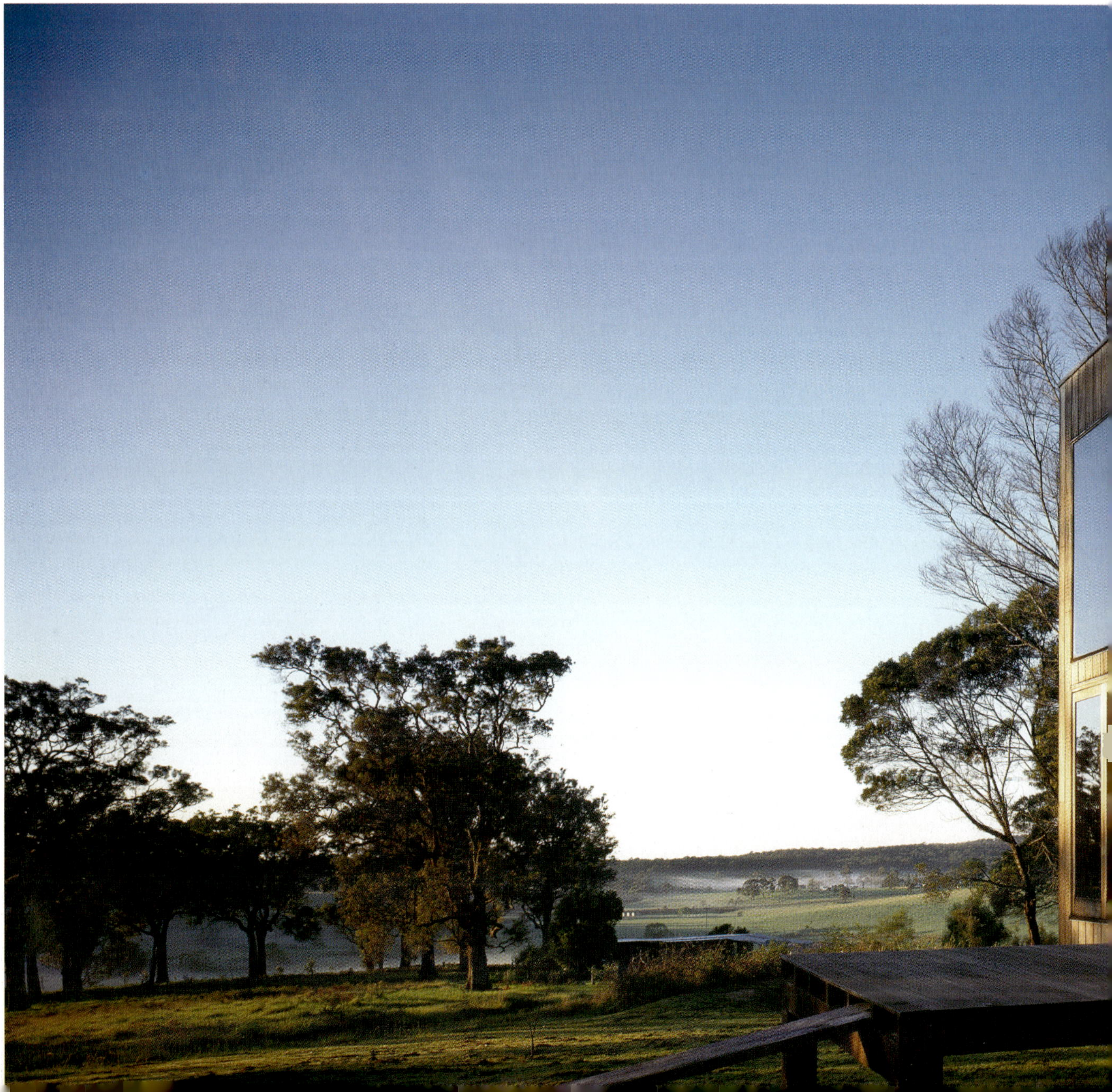

Elevations

# Summerhouse in Dyngby > 936 sq. ft. / 87 m²

Claus Hermansen
© Anders Kavin/Jylland, Denmark

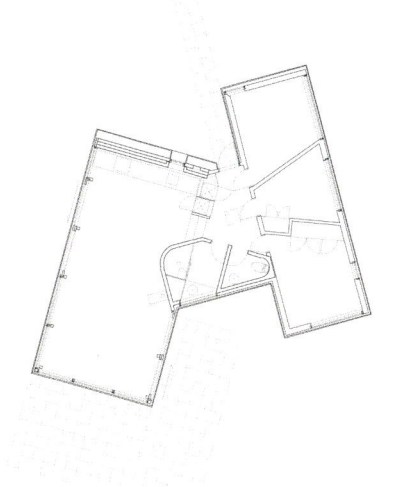

Floor plan

Dieses Haus wurde auf einem großflächigen Grundstück mit ebenem Boden errichtet; daher musste beim Bau nicht auf geografische Unregelmäßigkeiten geachtet werden. Das Fundament besteht aus Beton und der Grundriss des Gebäudes ist eher konventionell angelegt – erst durch den Mantel aus Mineralwolle erhält das Gebäude einen eigenen Charakter. Dieses selten verwendete Material bietet zahlreiche Vorteile: Es dient zur Kälte- und Wärmedämmung, hält Außengeräusche ab, ist wasserabweisend und somit feuchtigkeitsregulierend.

This house has a conventional structure; located on a large area of level ground, which means that it didn't have to adapt to any geographical anomalies. Its base is concrete but the architect wanted to break away from its usual appearance and give it a personal touch with some rock wool. It's a material that is rarely used but has lots of advantages. Apart from providing both thermal and noise insulation, it is also impermeable, thus helping to reduce problems of dampness.

Cette maison possède une structure conventionnelle. Située de plain-pied sur un grand terrain, elle n'a donc pas eu à s'adapter à de quelconques contraintes géographiques. Sa base est en béton, mais l'architecte l'a parée de laine de roche afin de lui donner une personnalité propre. Matériau rarement utilisé, la laine de roche offre pourtant de nombreux avantages : elle fournit une parfaite isolation thermique et sonore, et elle réduit les problèmes d'humidité, car elle est imperméable.

Dit conventioneel geconstrueerde huis staat op een vlakke ondergrond, waardoor het niet hoefde te worden aangepast aan geografische onregelmatigheden. De basis is beton, maar de architect wilde een doorsnee uiterlijk vermijden en het een persoonlijke noot geven met wat steenwol. Dat materiaal wordt zelden gebruikt, maar heeft veel voordelen. Behalve dat het warmte- en geluidsisolatie biedt, is het ondoordringbaar, waardoor minder vochtproblemen zullen voorkomen.

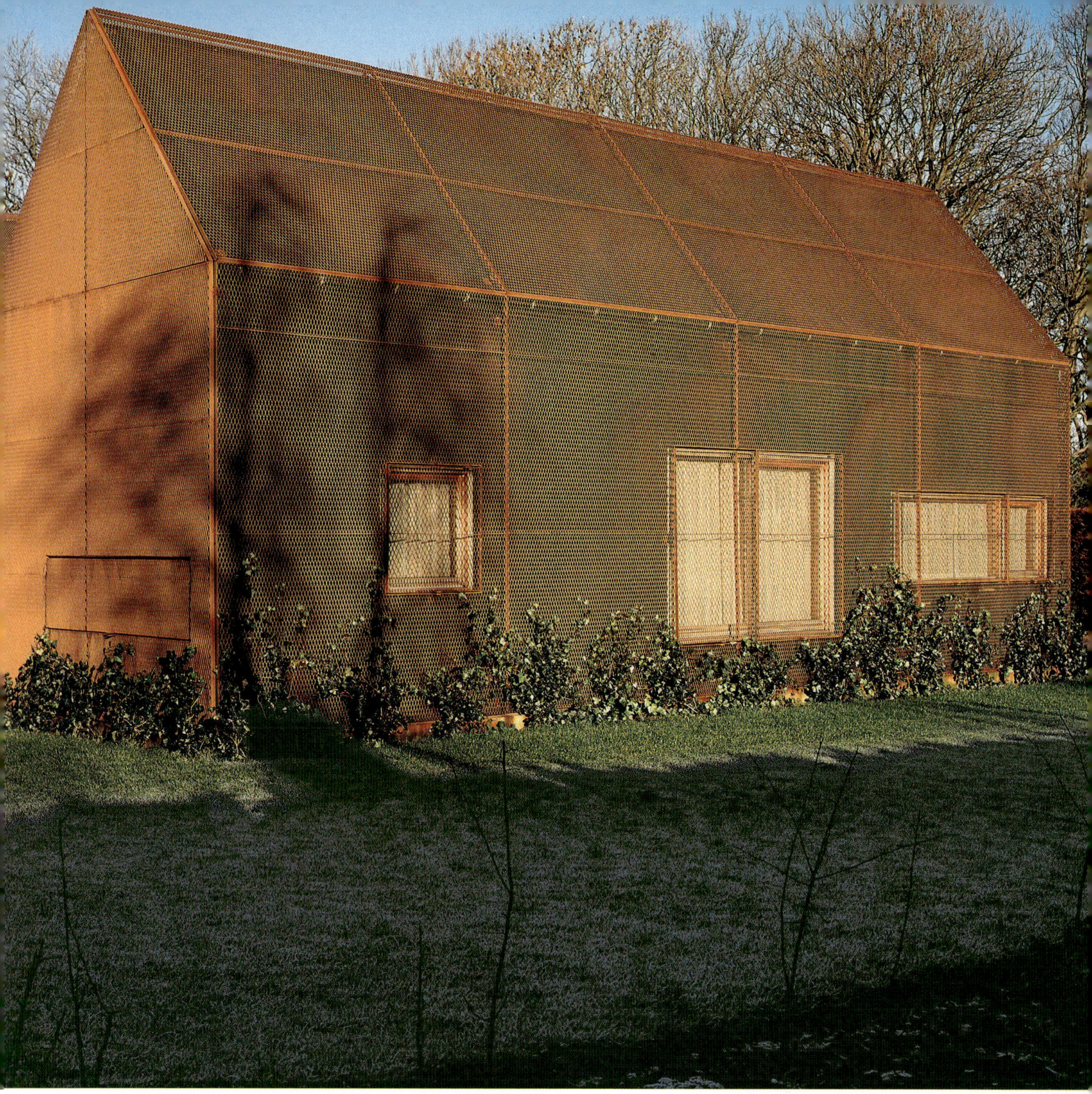
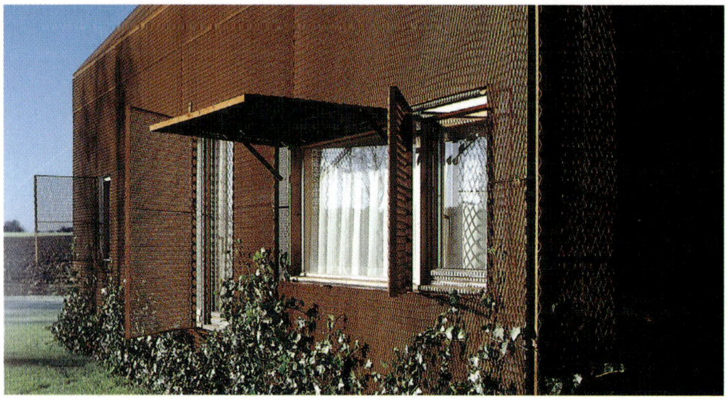
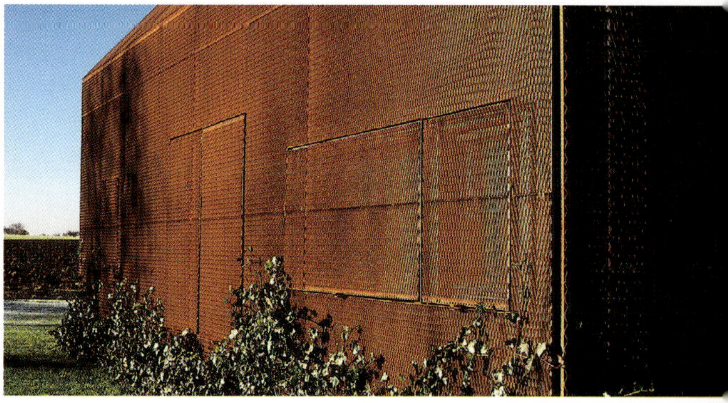

Kletterpflanzen geben der sonst sehr gradlinigen Struktur weiche Formen und verbinden das Innere des Gebäudes mit der umliegenden Landschaft.

Les plantes grimpantes adoucissent les lignes strictes de la structure et font le lien entre l'intérieur et l'environnement.

The climbing plants soften the structure's straight lines and visually connect the interior with the surroundings.

De klimplanten verzachten de rechte lijnen van de structuur en verbinden het interieur visueel met de omgeving.

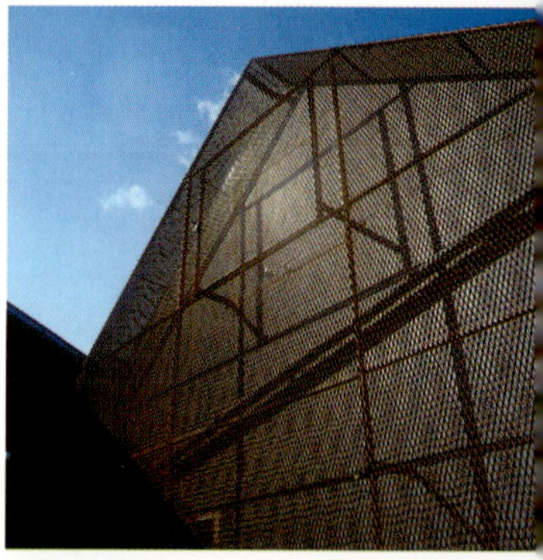
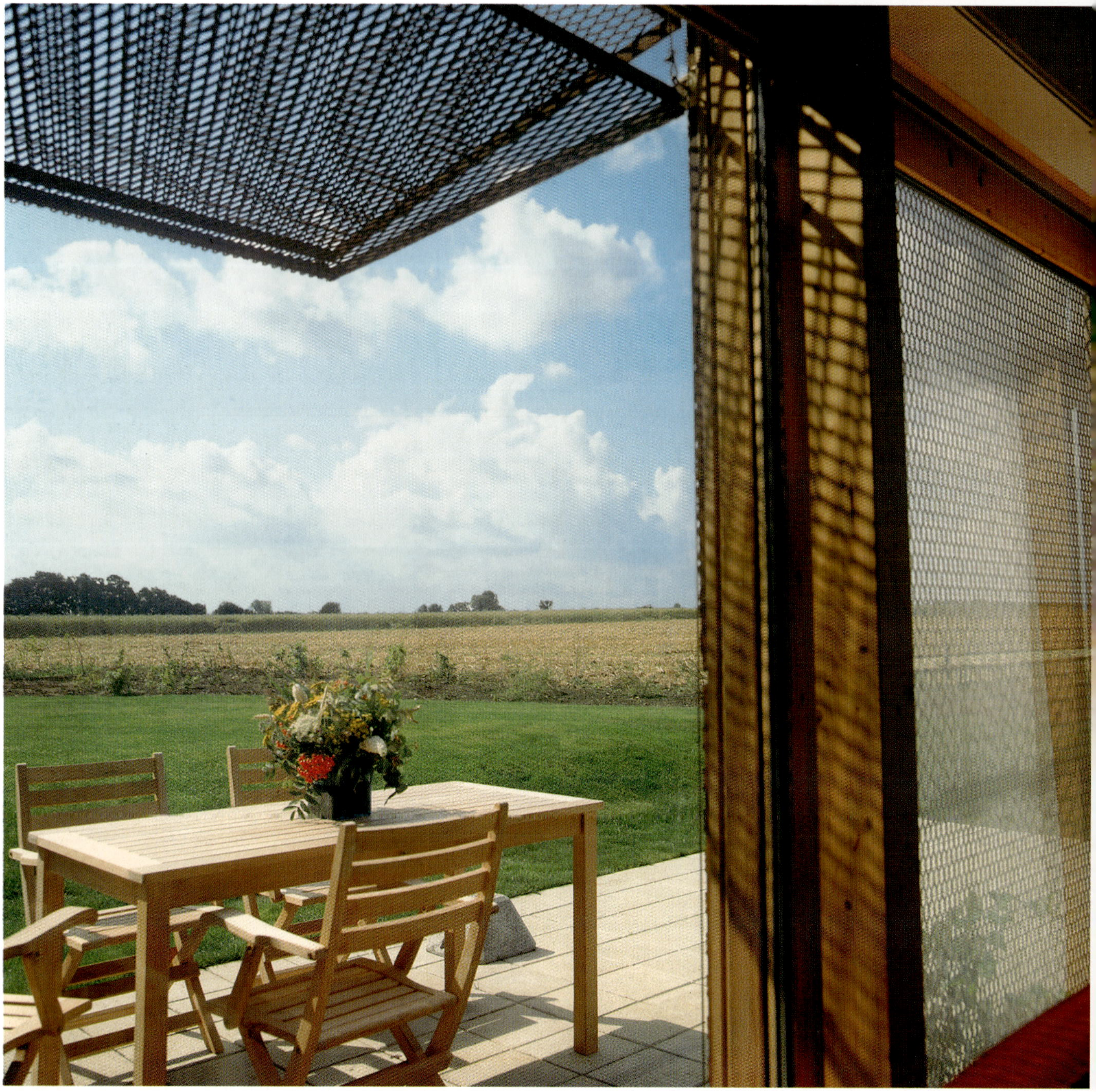

Elevation

Xiangshan Apartment

Hank M. Chao/Mohen Design
© Maoder Chou/Shanghai, China

Floor plan

Eleganz, eine zeitlose Einrichtung und die interessante Kombination verschiedener Materialien zeichnen dieses Apartment aus. Ein vornehmer Chic entsteht durch die Verwendung dunkler, gedeckter Farben. Holzmöbel fügen dem Ganzen eine entspannte und natürliche Note hinzu, während kleine Lämpchen an den richtigen Stellen reizvolle Lichteffekte zaubern. Um eine Verbindung zur Natur herzustellen, wurde für Wände und Bodenbelag Granit verwendet, eines der wenigen Materialien, die sich für beide Einsatzbereiche eignen.

This apartment stands out for its elegance, its timeless décor and its interesting combination of materials. Dark colors are predominating, which gives the house a distinguishing touch. Wood for the furniture adds a sense of relaxation and naturalness, while small lamps interplay with the light in just the right places. Granite, which connects well with nature is used for both, walls and floor. In addition, it is one of the few materials that is as good for flooring as it is for surfaces.

Cet appartement se distingue par son élégance, par son décor intemporel et par le mélange intéressant de ses matériaux. Les couleurs sombres prédominent, ce qui donne une touche de distinction à la maison. Le bois utilisé pour les meubles renforce la sensation de relaxation et de naturel, tandis que les petits éclairages et la lumière naturelle s'harmonisent dans un jeu subtil. Le granit, qui assure une transition parfaite avec la nature, est utilisé à la fois pour les murs et le sol. C'est en effet l'un des rares matériaux qui convient aux deux types de surfaces.

Dit appartement valt op door zijn elegantie, zijn tijdloze inrichting en zijn interessante combinatie van materialen. Donkere kleuren overheersen in de inrichting, waardoor de woning chic en gedistingeerd overkomt. Houten meubels zorgen voor een ontspannen en natuurlijke sfeer, terwijl kleine lampen op precies de juiste plaatsen een wisselwerking aangaan met het licht. Graniet, dat goed in de natuur past, is gebruikt voor zowel de muren als de vloer.

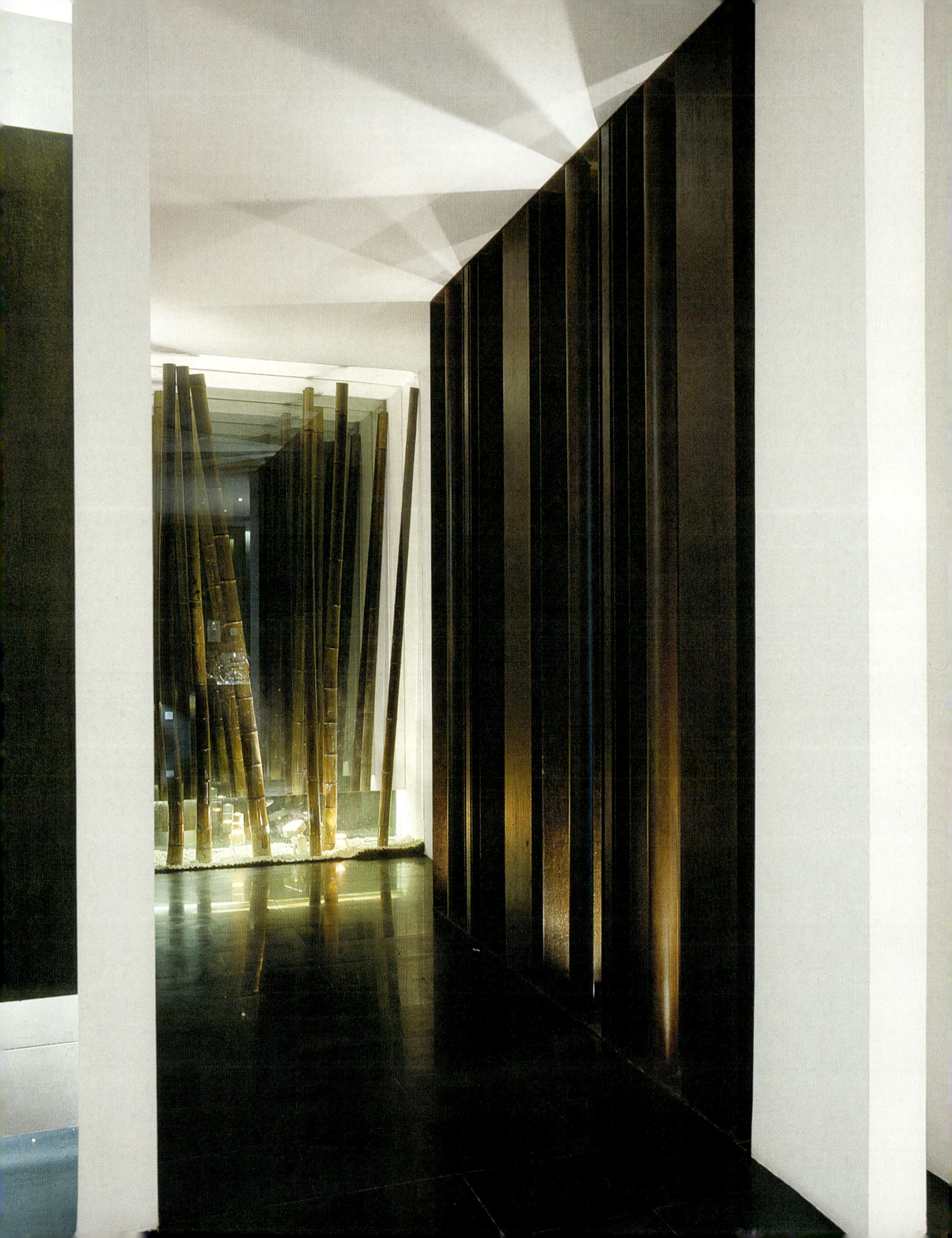

Ein effektvoll vom Boden her beleuchteter Bambusgarten grenzt die Wohnräume vom privaten Bereich der Wohnung ab.

La zone privée est séparée de la partie commune par un jardin intérieur de bambous éclairés depuis le sol.

The private space is separated from the public by an interior bamboo garden, dramatically illuminated from the floor.

De privéruimte is afgescheiden van het openbare deel door een binnentuin met bamboe, sfeervol verlicht vanaf de vloer.

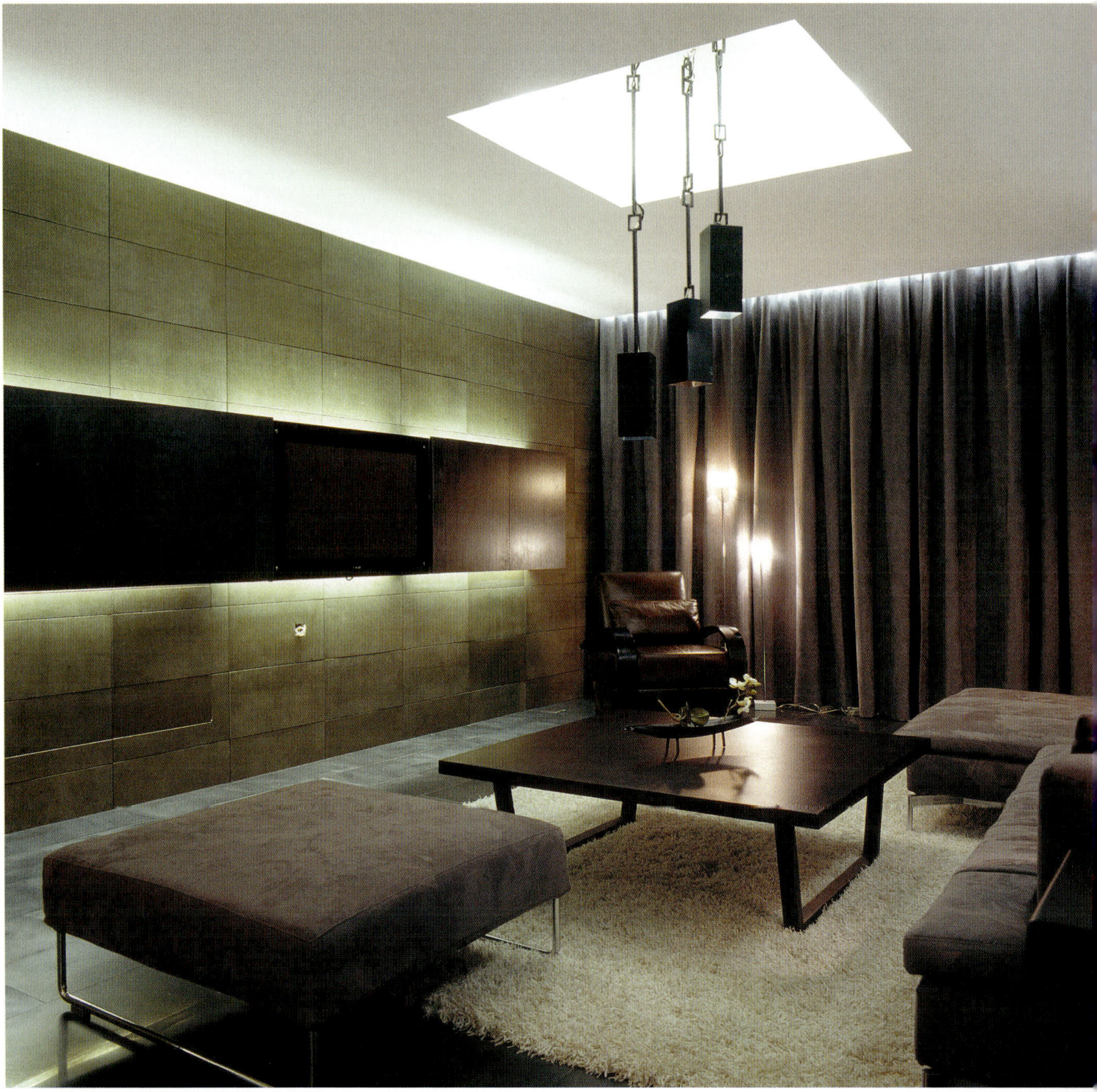

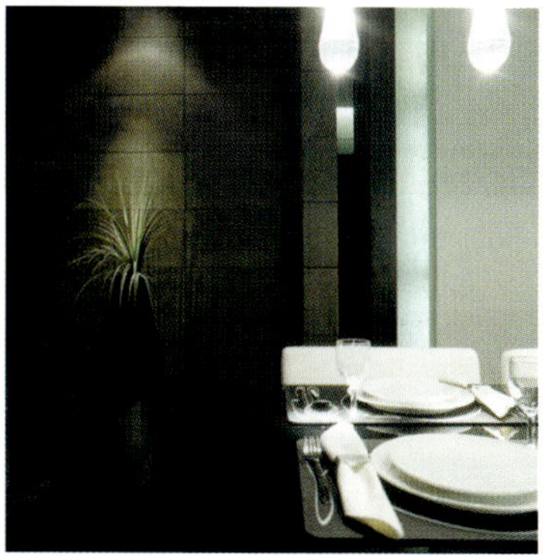

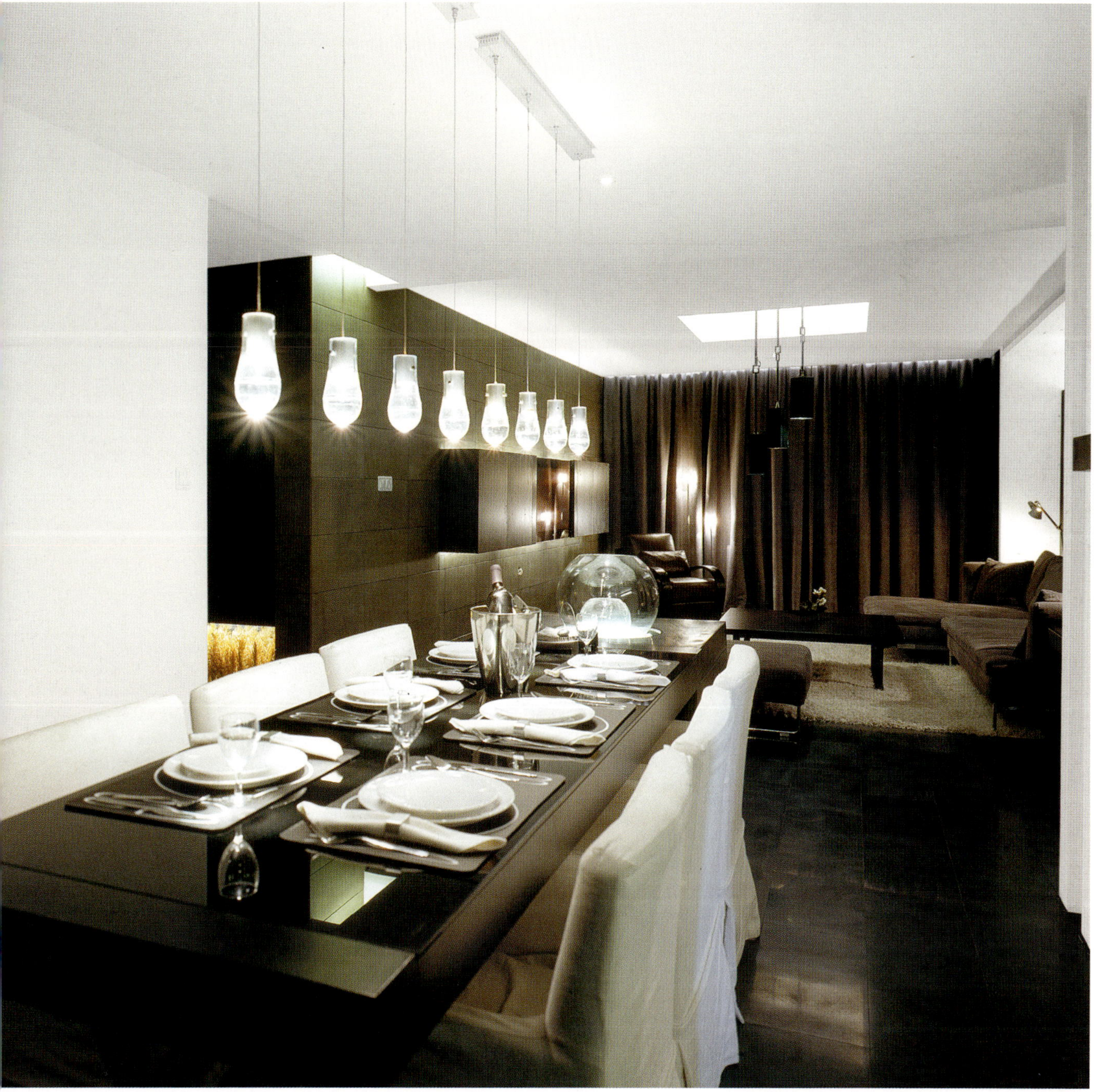

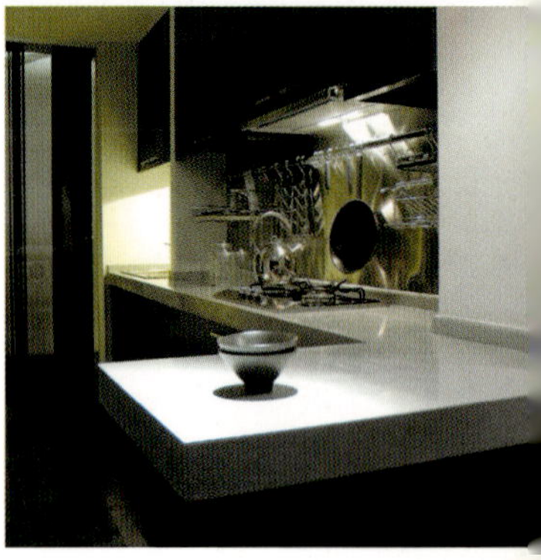

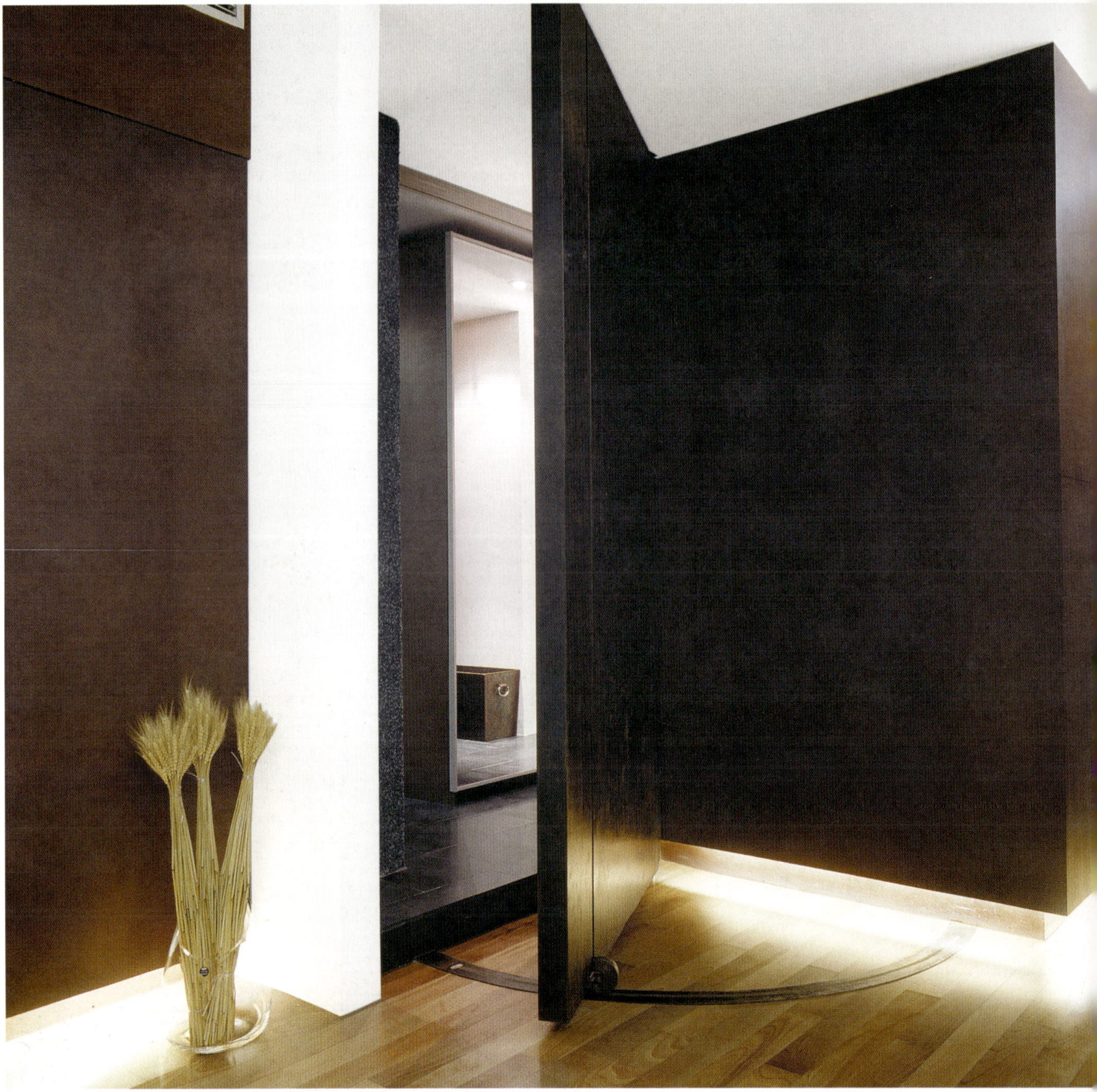

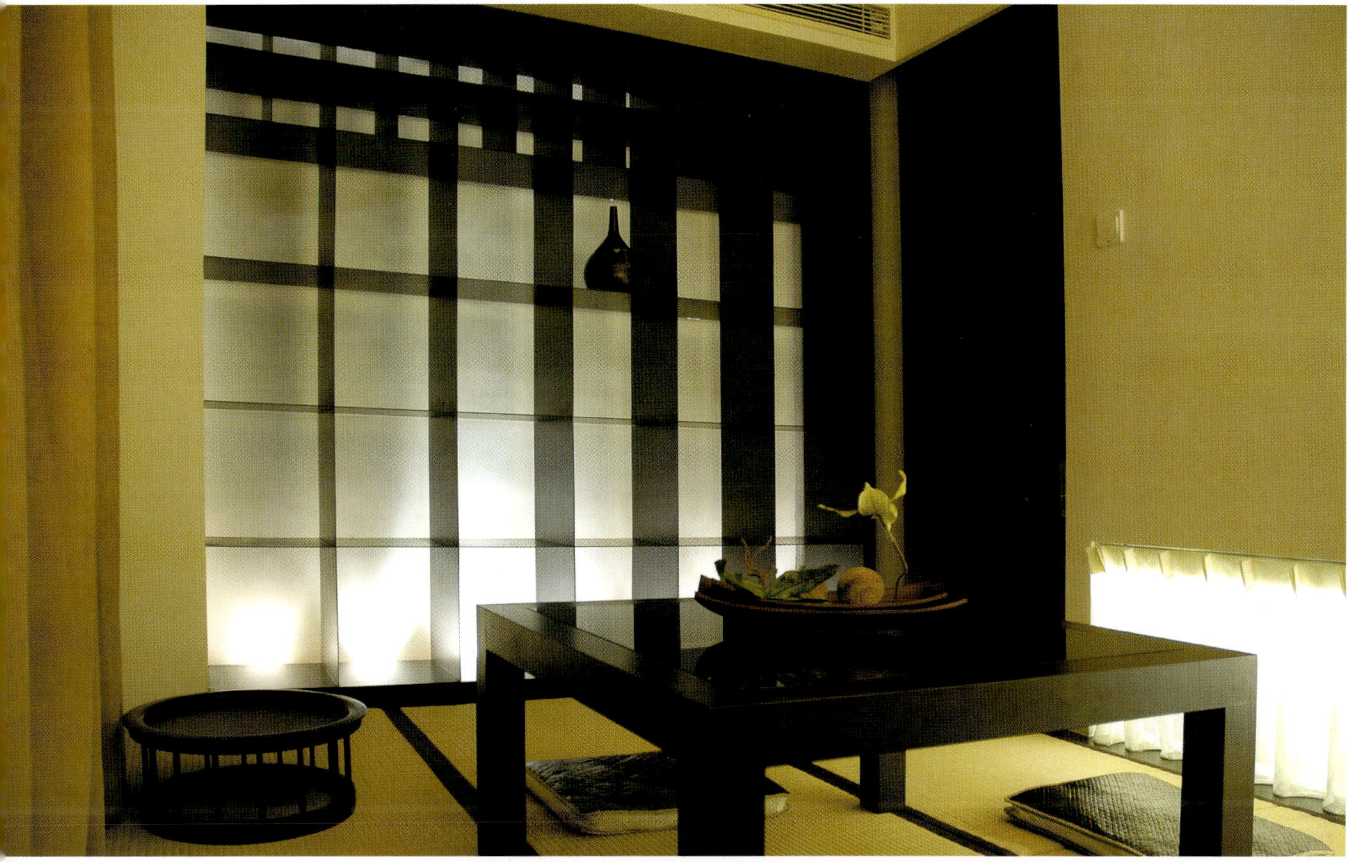

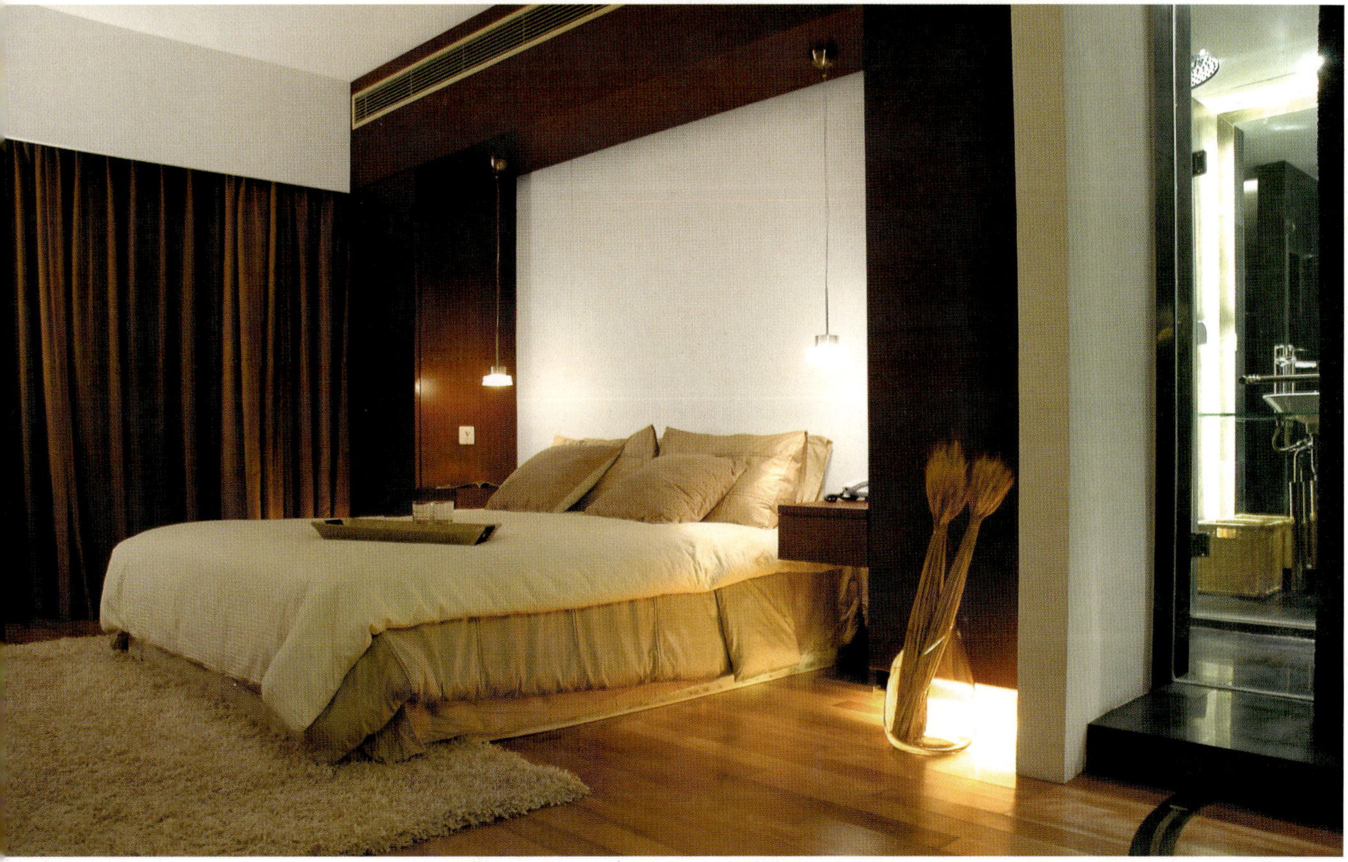

Mp3 House > 1,507 sq. ft. / 140 m²

Michel Rojkind & Simon Hamui
© Jaime Navarro/Mexico DF, Mexico

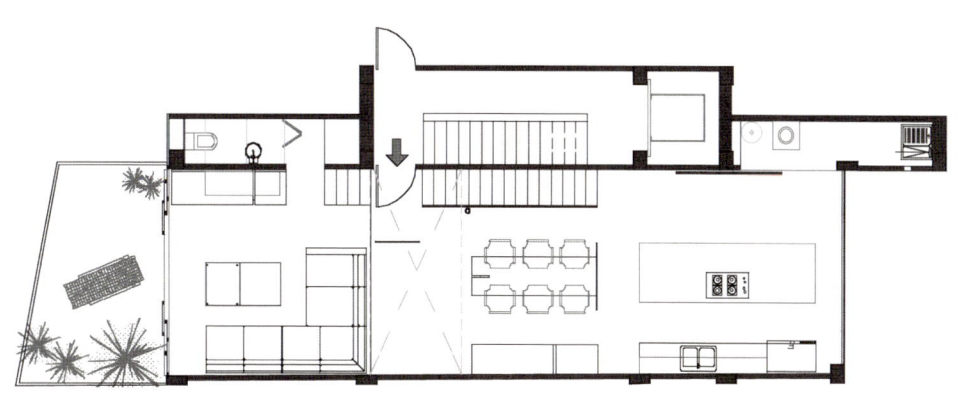

Floor plan

Licht stellt in einem Haus, das über nur wenige Öffnungen nach außen verfügt, ein wesentliches Element dar. Um die Wohnräume großflächiger wirken zu lassen, wurden über das ganze Apartment verteilt zahlreiche Halogenlampen angebracht. In der zweiten Etage erlauben die Fenster die Versorgung mit Tageslicht und verbinden das Innere mit der Außenwelt. Auch hier dominiert in der Einrichtung das Holz – das mit pastellfarbenen Wänden und einem minimalistischen Design ausgestattete Apartment wirkt somit einladend und heimelig.

In a home with few openings to the outdoors, light is the most important element. That's why lots of halogen lamps illuminate this two storey apartment, making the place look much more spacious. On the second floor there are more windows, and the natural light on this floor connects the house better with its surroundings. As for the decoration once again wood predominates, making the house look very comfortable with its pastel color wall paintings and minimalist décor.

Dans une maison avec peu d'ouvertures vers l'extérieur, la lumière est l'élément le plus important. C'est pourquoi un grand nombre de lampes halogènes illuminent ce duplex, et donnent l'impression d'un volume beaucoup plus spacieux. Doté de plus de fenêtres, le deuxième niveau apporte plus de lumière naturelle. Quant à la décoration, c'est le bois qui prédomine. S'alliant au décor minimaliste et aux toiles aux tons pastel, il rend la maison plus chaleureuse.

In een huis met weinig openingen naar buiten vraagt de verlichting veel aandacht. Een groot aantal halogeenlampen verlicht dit appartement van twee verdiepingen en doet het veel ruimer lijken. Op de tweede verdieping zijn meer ramen en het natuurlijke licht op deze verdieping verbindt het huis beter met zijn omgeving. In de aankleding overheerst hout, waardoor de woning met zijn pastelkleurige muren en minimalistische inrichting toch comfortabel aandoet.

(RE) SUPPOSED

Ein Eindruck von Geräumigkeit wird durch in sich unterteilte Stockwerke erreicht, die die verschiedenen Bereiche der Wohnung miteinander verbinden.

La distribution des différents niveaux crée une sensation de volume et relie visuellement les différents espaces.

The distribution on split levels gives a sensation of space, visually connecting the different areas.

De splitlevelverdeling geeft een gevoel van ruimte en verbindt de vertrekken met elkaar.

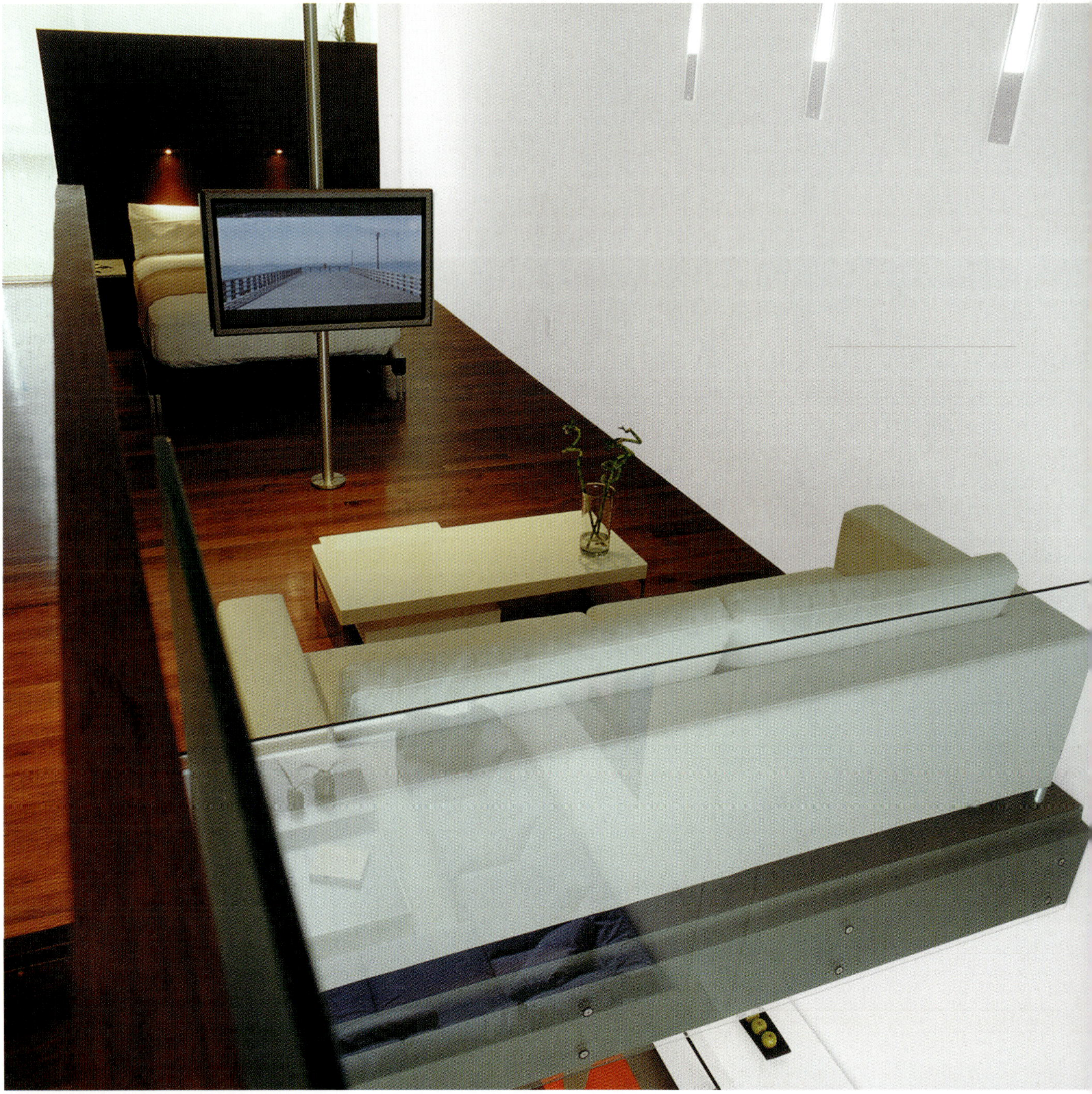

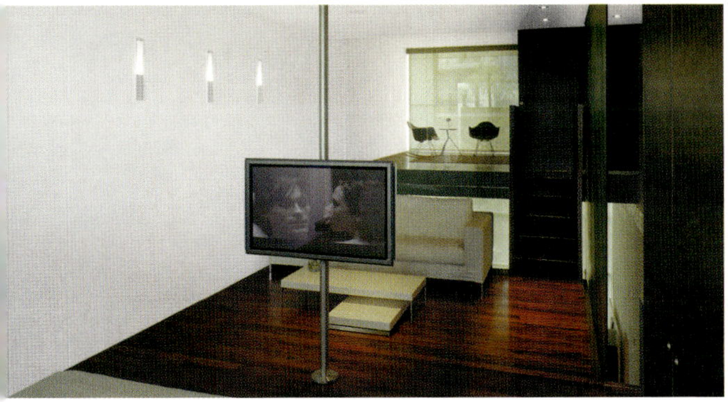

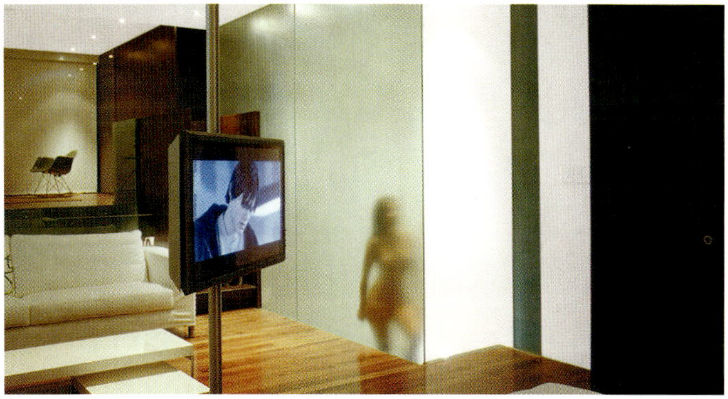

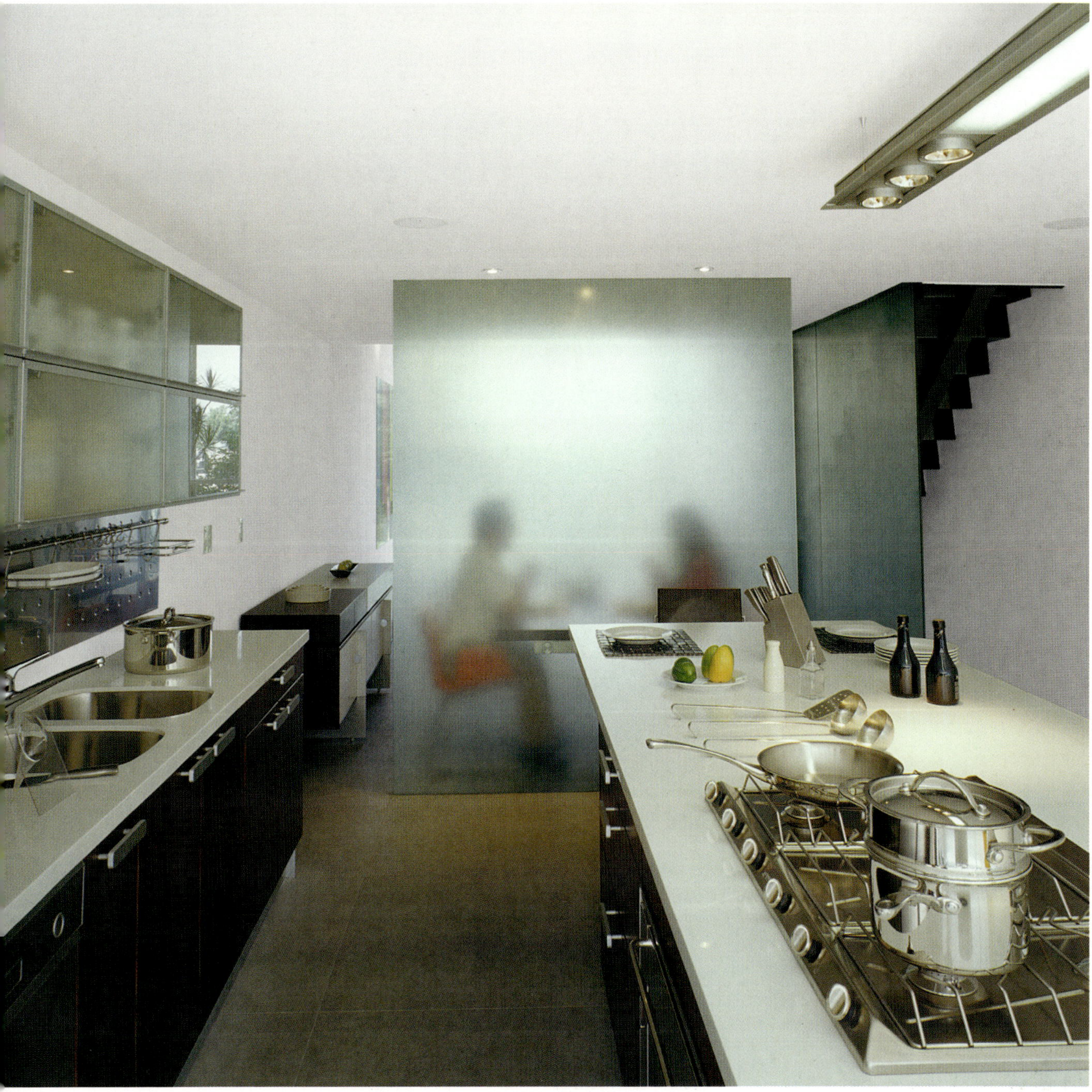

Lords Telephone Exchange > 936 sq. ft. / 87 m²

Paskin Kyriakides Sands Architects

© Paskin Kyriakides Sands Architects/London, United Kingdom

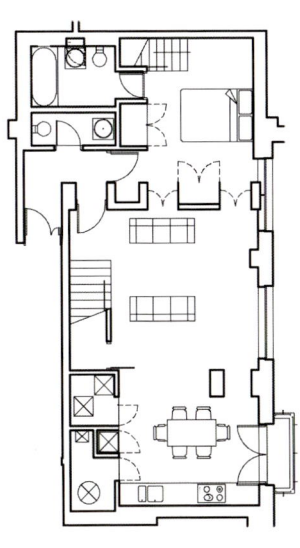

Floor plan

Große, helle und komfortable Räume – bereits auf den ersten Blick wird deutlich, dass wir vor einem perfekten Apartment stehen, das alles, was für ein ideales Zuhause notwendig ist, enthält. Besondere Erwähnung verdient das riesige Fenster im Wohnzimmer, durch das der Raum reichlich mit Tageslicht versorgt wird. Der lichte und freundliche Eindruck wird durch die weiß gestrichenen Wände und die hellen Holzmöbel noch verstärkt. Für die optimale Nutzung des vorhandenen Raumes sorgen maßangefertigte Einbauschränke.

Large, bright apartments with all the commodities... right from the start this home comes across as ideal, because it includes all the elements that are characteristic of a perfect house. A highlight is the large window in the living room, which maximizes the amount of natural light. The architect opted to paint the walls white, and make great use of light colored wood for the furniture. Built-in closets are made to measure and take maximum advantage of space.

Cet immeuble rénové comporte une suite d'appartements grands, clairs et avec tout le confort... l'incarnation de la maison parfaite en quelque sorte. Chaque logement dispose d'un atout majeur : une grande fenêtre dans le séjour, dont la taille permet d'augmenter sensiblement l'apport de lumière naturelle. L'architecte a choisi le blanc pour les murs, et un bois clair et lumineux pour les meubles. Des placards intégrés, sur mesure, permettent de tirer le meilleur parti de l'espace disponible.

Groot, licht appartement, van alle gemakken voorzien... Deze woning komt meteen ideaal over, want ze bezit alle elementen die een volmaakt huis kenmerken. Hoogtepunt vormt het grote raam in de woonkamer, dat voor een maximum aan natuurlijk licht zorgt. De architect koos ervoor de muren wit te verven en meubilair van lichtgekleurd hout te gebruiken. Ingebouwde kasten zijn op maat gemaakt en benutten de ruimte optimaal.

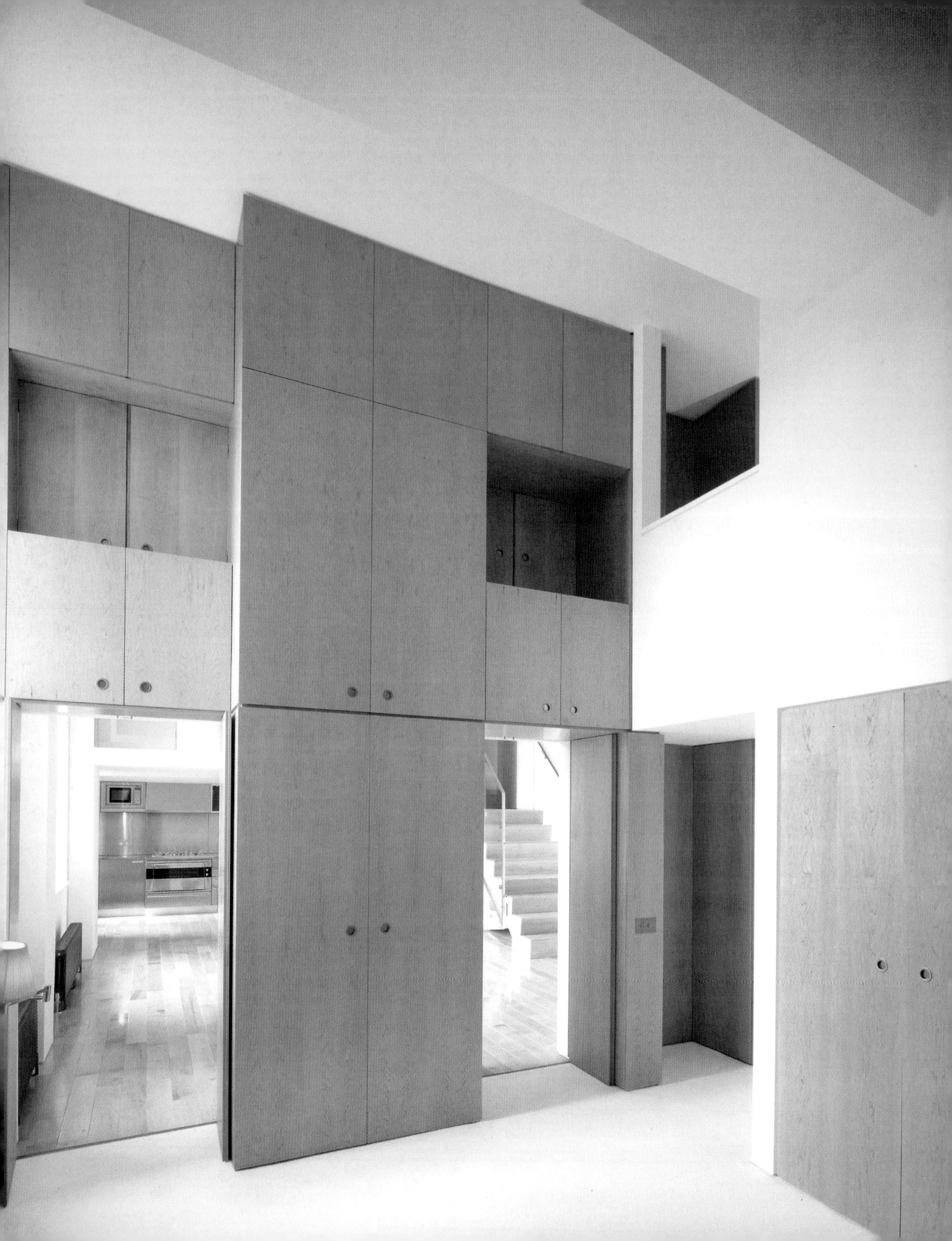

Die ursprüngliche Struktur des Gebäudes bot eine ideale Grundlage für die Entwicklung eines urbanen Wohnkonzeptes auf mehreren Ebenen.

La structure originale de cet immeuble a permis de créer idéalement des espaces de vie urbains sur plusieurs niveaux.

The original structure of this building was ideal for creating urban living spaces on multiple levels.

De oorspronkelijke structuur van dit gebouw leende zich ervoor stedelijke leefruimten te scheppen op meerdere niveaus.

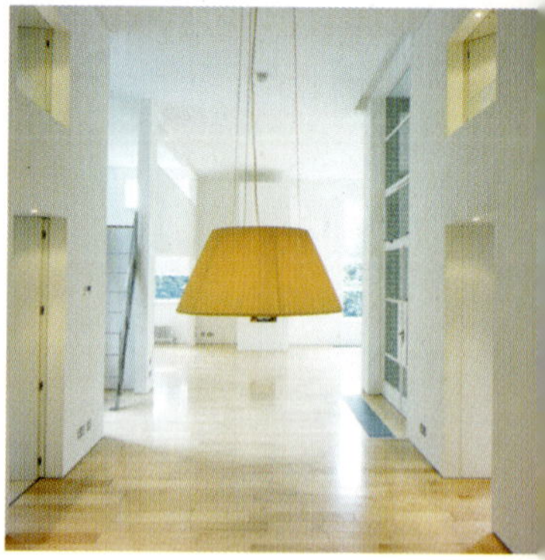

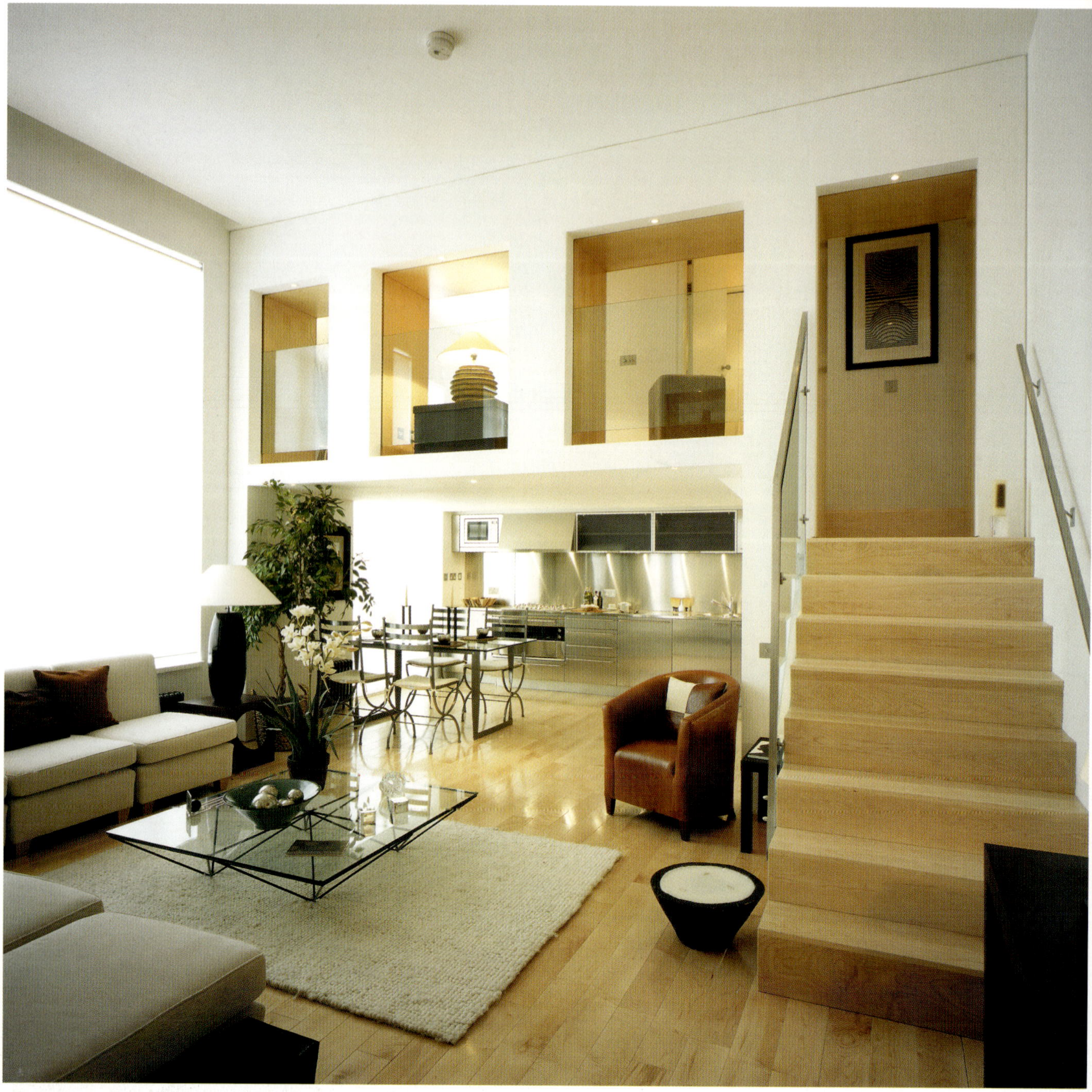

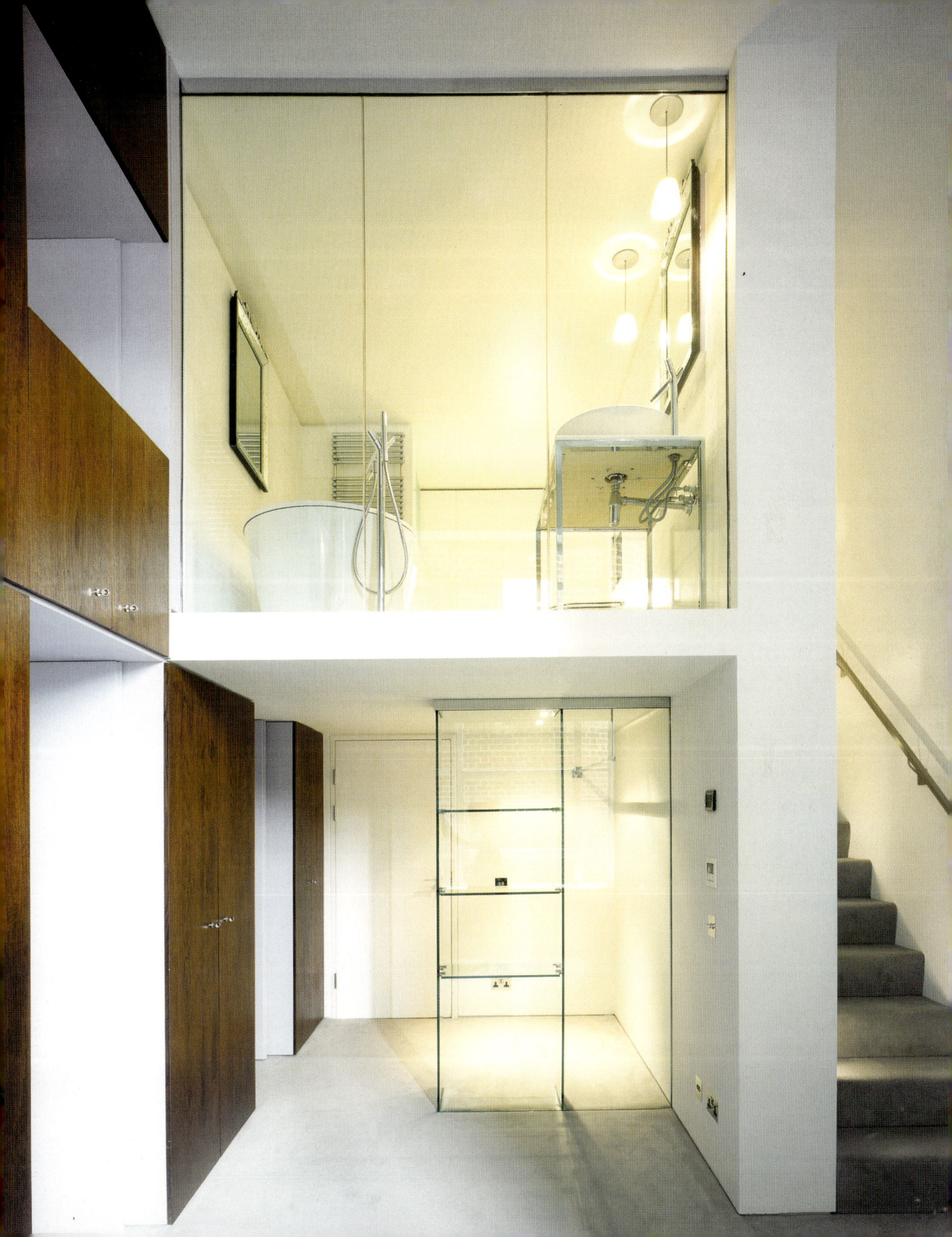

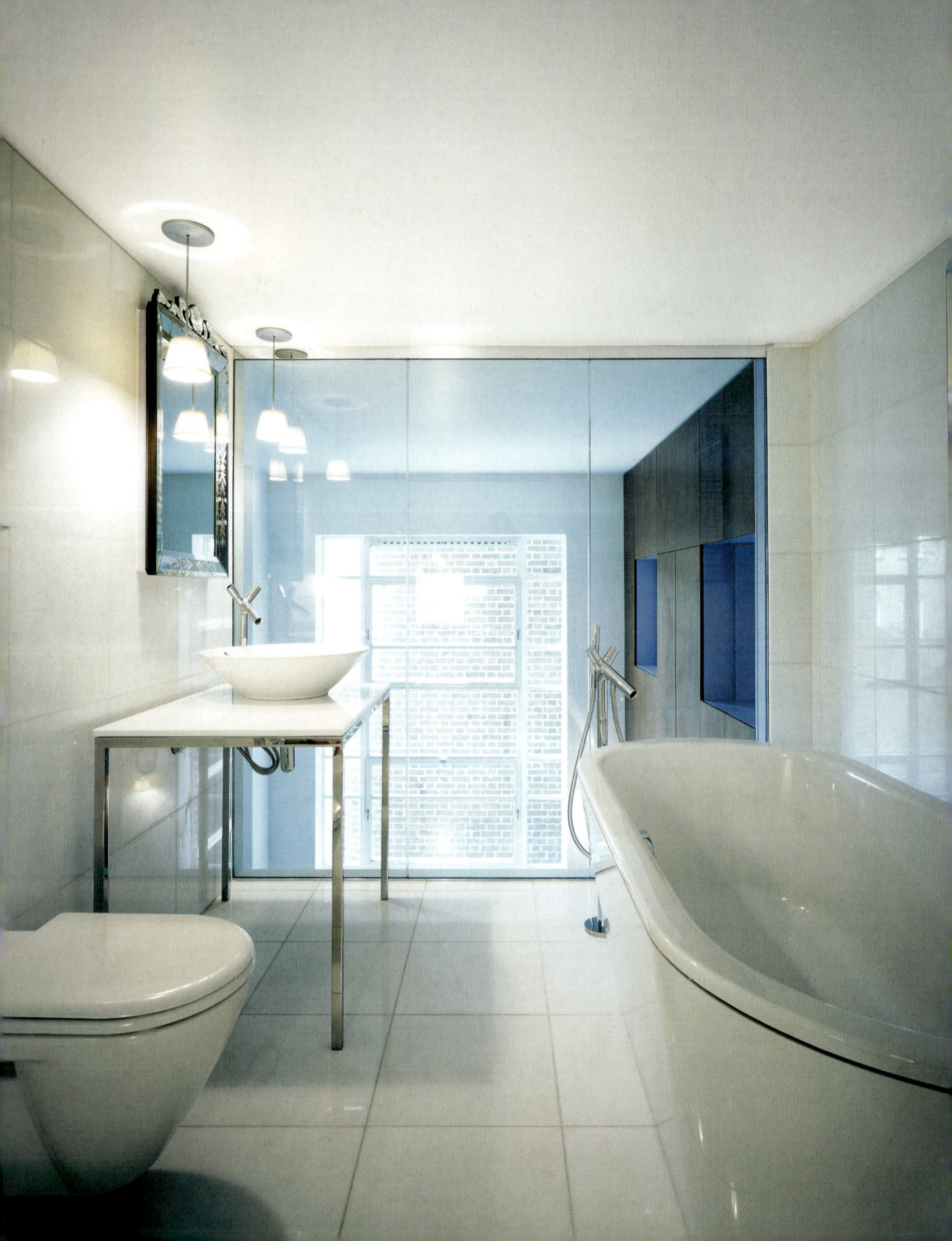

Building elevation

Claraboya House > 840 sq. ft. / 78 m²

Flemming Skude
© Flemming Skude/Lolland, Denmark

Floor plan

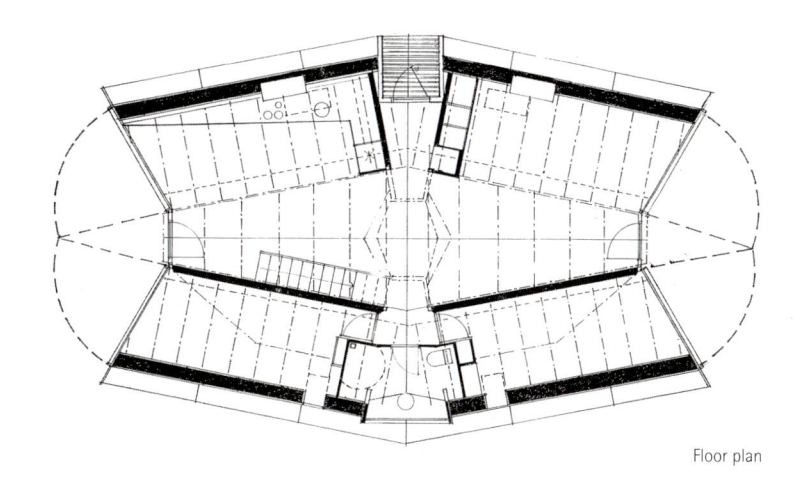

Eine riesige dreieckige Glaskonstruktion bildet das Zentrum dieses Wohnhauses. Das gläserne Dreieck wurde genau in die Mitte des Gebäudes gesetzt. Somit kann die gesamte Wohnfläche mit natürlichem Tageslichthervorragend versorgt und gleichzeitig leicht belüftet werden. Die Seiten des Hauses sind mit Stahlpaneelen verkleidet, ebenso wurde beider Konstruktion der Hauptfassade an beiden Seiten des Eingangsbereiches Stahl verwendet. Die Anordnung der Stahlelemente lässt natürliches Tageslicht in den Innenbereich dringen, schützt diesen jedoch gleichzeitig vor fremden Blicken.

The center of this construction is marked by a large glass structure reminiscent of a triangle. This structure is positioned in the middle so solar light covers the entire place, giving good lighting and, at the same time, allowing perfect ventilation. The sides are built with steel panels, and also the main facade is designed using steel on both sides of the entrance. Its placement allows natural light to enter, but at the same time preserves the intimacy of the people inside.

Le cœur de cette construction est constitué d'une grande structure en verre, en forme de triangle. Orientée de façon à recevoir un maximum de lumière naturelle, elle bénéficie également d'une parfaite ventilation. Les côtés sont construits avec des panneaux d'acier, métal que l'on retrouve de chaque côté de l'entrée, sur la façade principale. Les lamelles, comme de stores vénitiens, permettent à la lumière d'entrer, tout en préservant l'intimité de ses habitants.

Het centrum van deze constructie wordt gevormd door een grote, glazen, driehoekige structuur. Doordat deze in het midden zit, komt het zonlicht overal en kan het huis goed verlicht en geventileerd worden. De zijkanten zijn gebouwd met staalplaten en ook voor de voorgevel is staal gebruikt aan weerszijden van de ingang. Door de plaatsing van het gebouw valt veel natuurlijk licht binnen, maar is binnen toch sprake van een intieme sfeer.

81

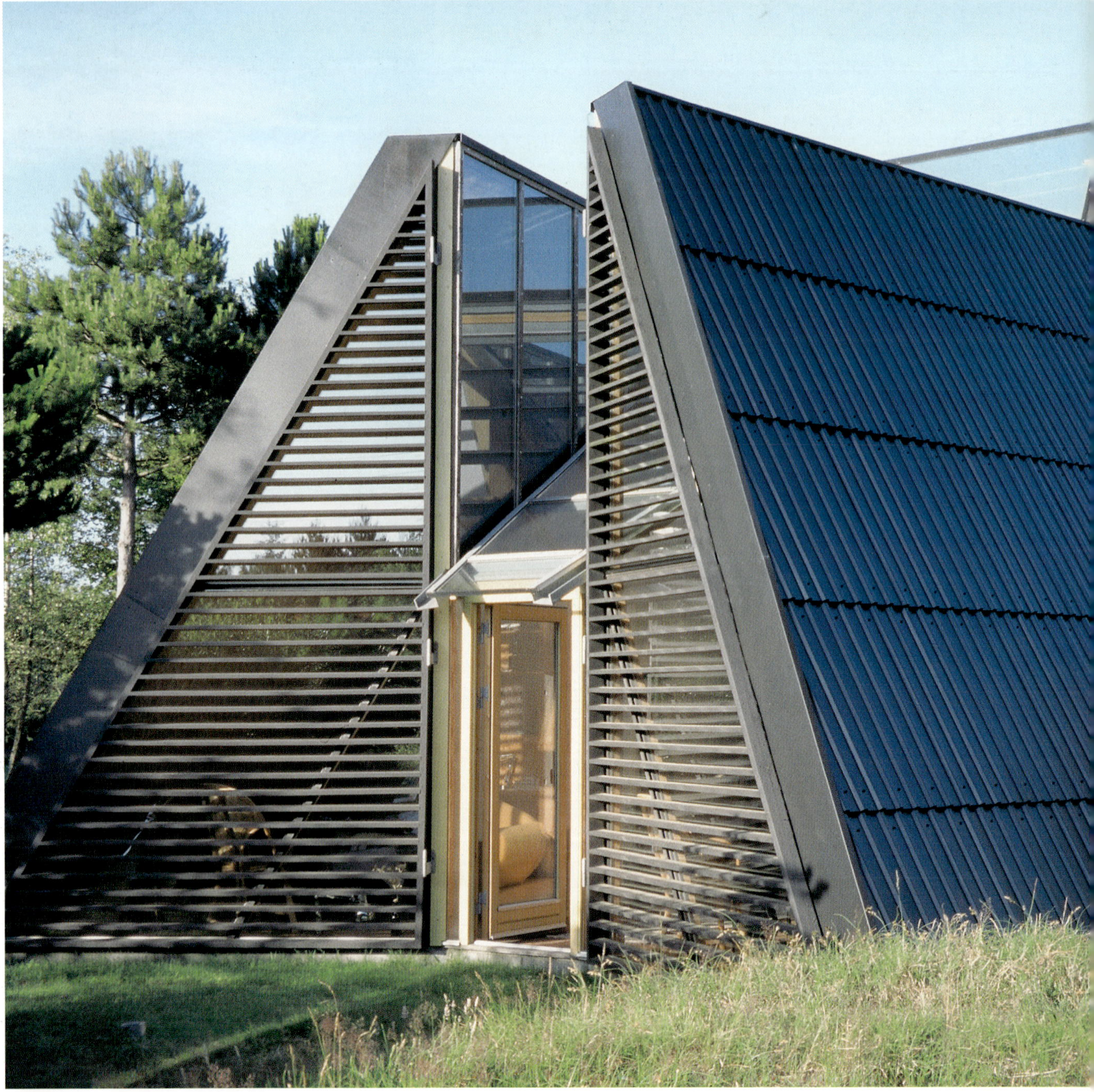
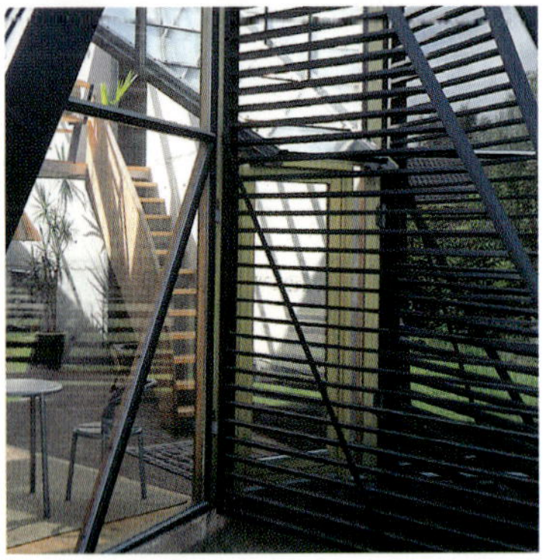

Die kühle Ausstrahlung des Stahls wird durch die
Anwendung von Holz für die Inneneinrichtung
ausgeglichen.

L'acier est un matériau qui est souvent associé à la
froideur. Le bois utilisé pour la décoration intérieure
atténue grandement cette impression.

Steel is a material that is often associated with coldness.
Wood for the interior decoration breaks this sensation.

Staal wordt vaak gezien als een kil materiaal. Door hout
te gebruiken in het interieur wordt dit gevoel doorbroken.

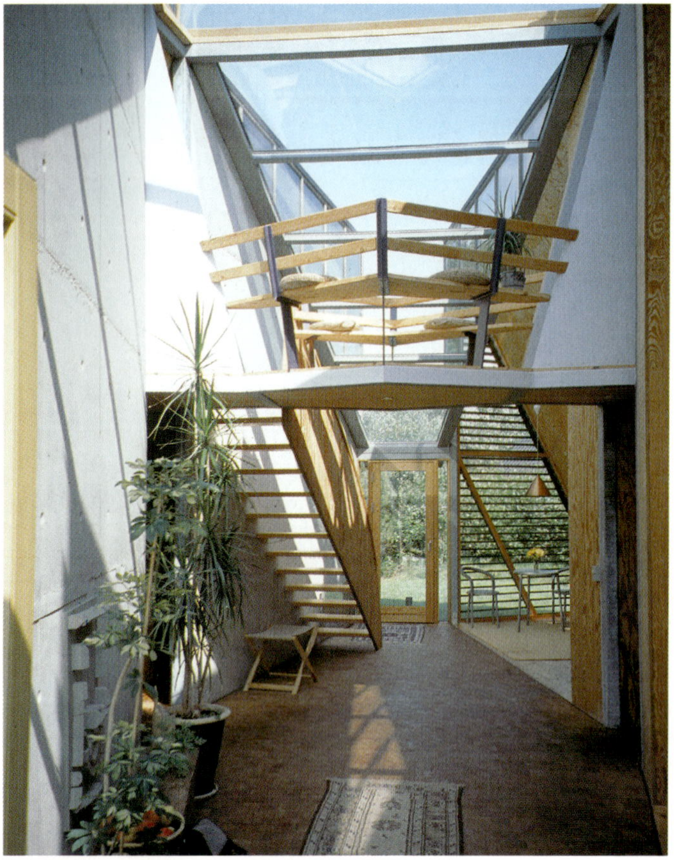
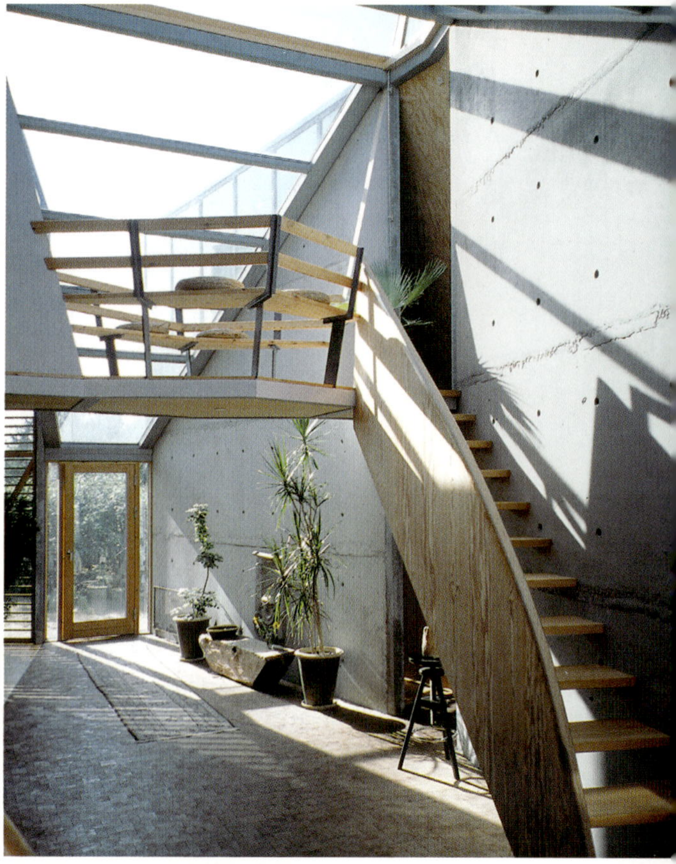
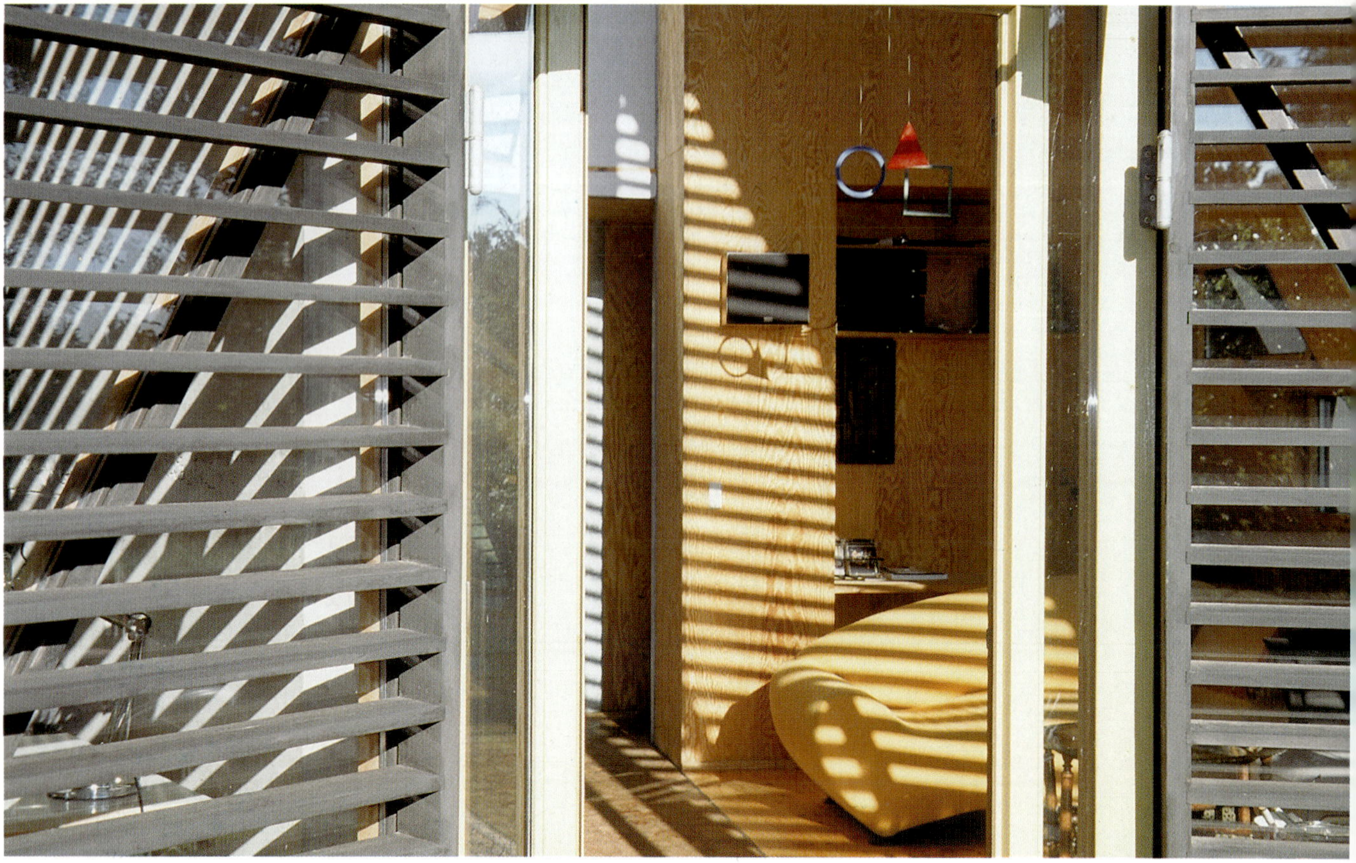

Eastern gable

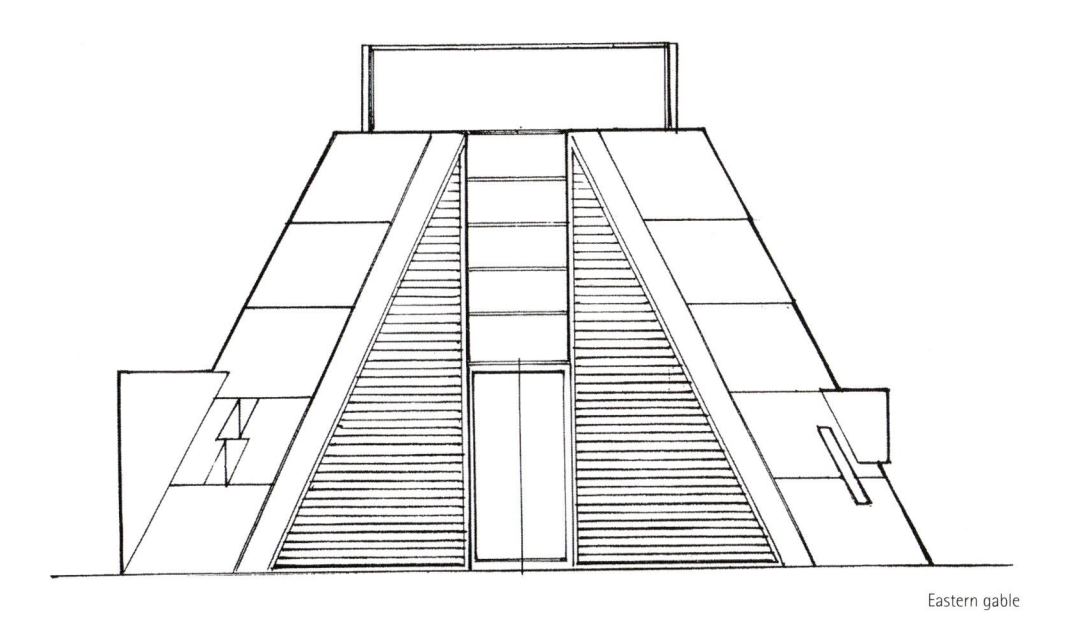

Snowboarders Cottage > 689 sq. ft. / 64 m²

Ivan Kroupa Architects
© Martin Rezabek, Libor Jebavy, Ivan Kroupa/Herlikovice, Czech Republic

Floor plan

Diese Hütte wurde hauptsächlich für die Nutzung während der Wintermonate zum Skiurlaub entworfen. Trotz ihrer geringen Größe enthält die Hütte die notwendige Ausstattung für einen entspannten Kurzurlaub. Die äußere Form des Häuschens ist – unter anderem aufgrund der den Berghängen nachempfundenen Neigung des Daches – wie geschaffen für eine regen- und schneereiche Berglandschaft. Im Inneren wurde die durch Farbakzente individuell gestaltete Einrichtung optimal an die Platzverhältnisse angepasst.

This cabin was built to be used mainly in winter, when the ski slopes are open. It's a small cabin but with all the basic necessities to spend a few restful days. As far as its exterior structure is concerned, the roof follows the mountain's natural inclination, the best option in a mountainous area where hard rain and snow is common. As for its interior, the furniture adapts perfectly to the dimensions of the place, and a touch of color personalizes the space.

Cette cabane a été construite pour être utilisée essentiellement en hiver, pendant la saison de ski. Elle est néanmoins dotée du confort indispensable pour passer quelques jours de repos. Pour la structure extérieure, le toit suit l'inclinaison naturelle de la pente, un choix judicieux dans un secteur montagneux où il pleut et neige abondamment. À l'intérieur, les meubles s'adaptent parfaitement aux dimensions du lieu et une petite touche de couleur personnalise l'espace.

Deze hut is gebouwd om vooral in de winter gebruikt te worden, als de skipistes open zijn. Deze smalle hut biedt alle basisbenodigdheden voor een verblijf van een paar dagen. Wat betreft de uitwendige structuur volgt het dak de natuurlijke helling van de berg – de beste bouwwijze in een berggebied met veel regen en sneeuw. Binnen is het meubilair volmaakt aangepast aan de afmetingen van de ruimte en zorgt kleur her en der voor een persoonlijk tintje.

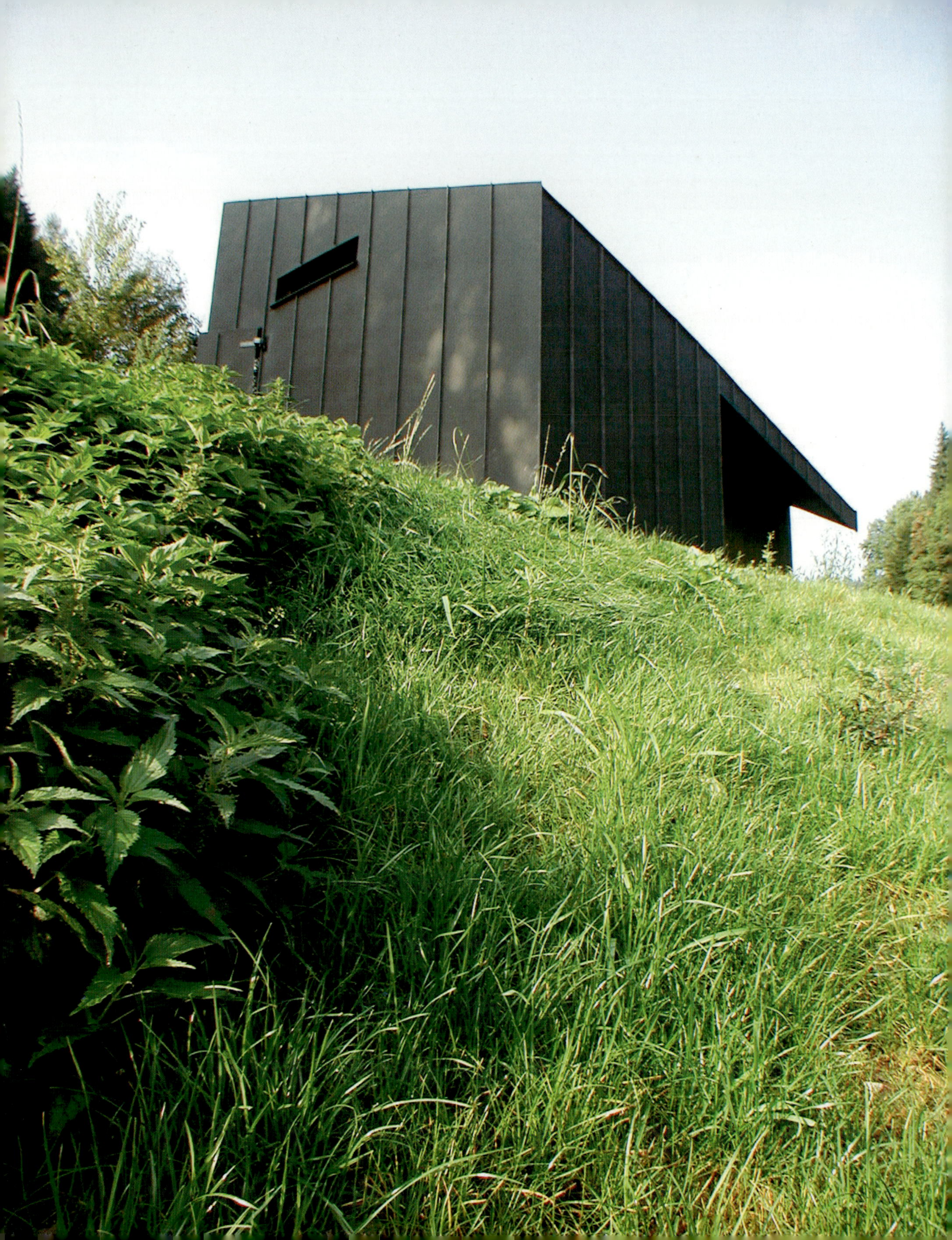

Die Fenster dienen in erster Linie zu Dekorationszwecken. Auf der kleinen Terrasse kann der Ausblick auf die beeindruckende Landschaft genossen werden.

Ici, les fenêtres sont essentiellement décoratives. Le petit porche permet de profiter de la vue dès que l'on sort de la maison.

In this case the windows are basically decorative. The small porch allows enjoyment of the area immediately outside the house.

Hier zijn de ramen vooral decoratief. Op de kleine veranda kan men genieten van de omgeving van het huis.

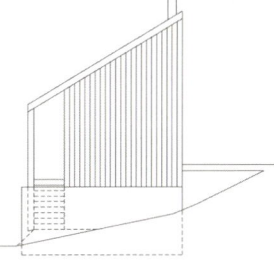

Section

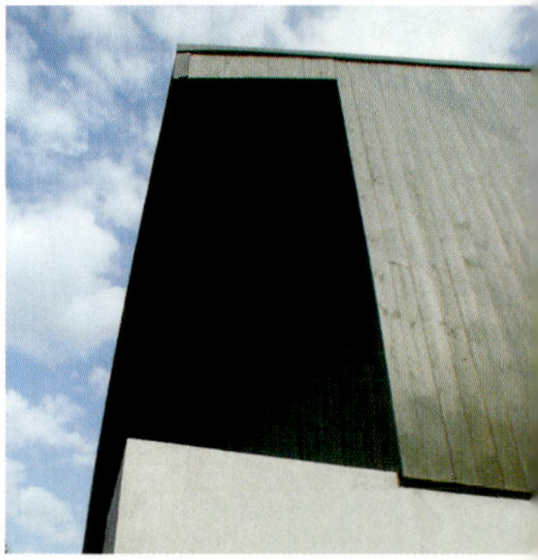

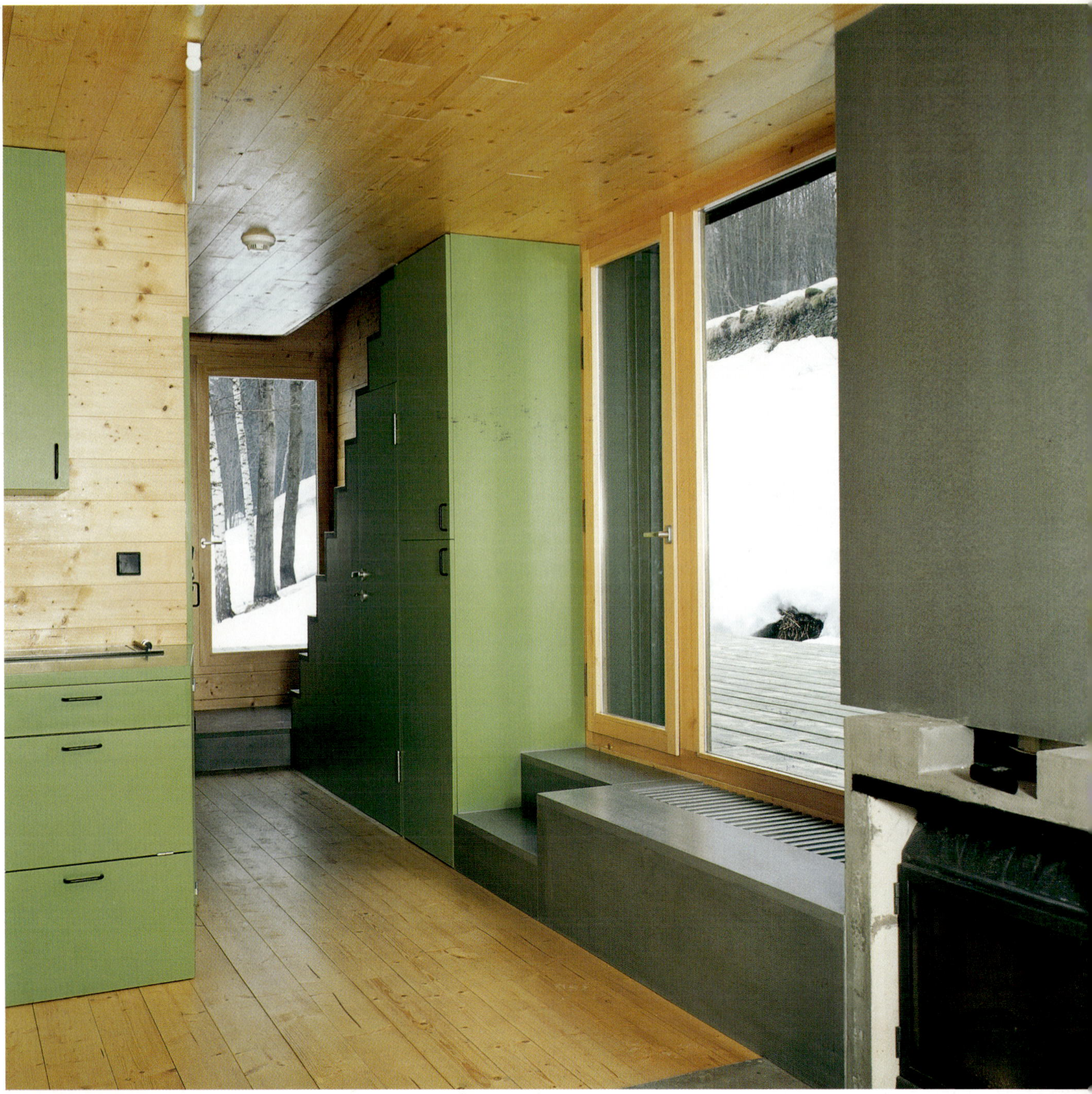

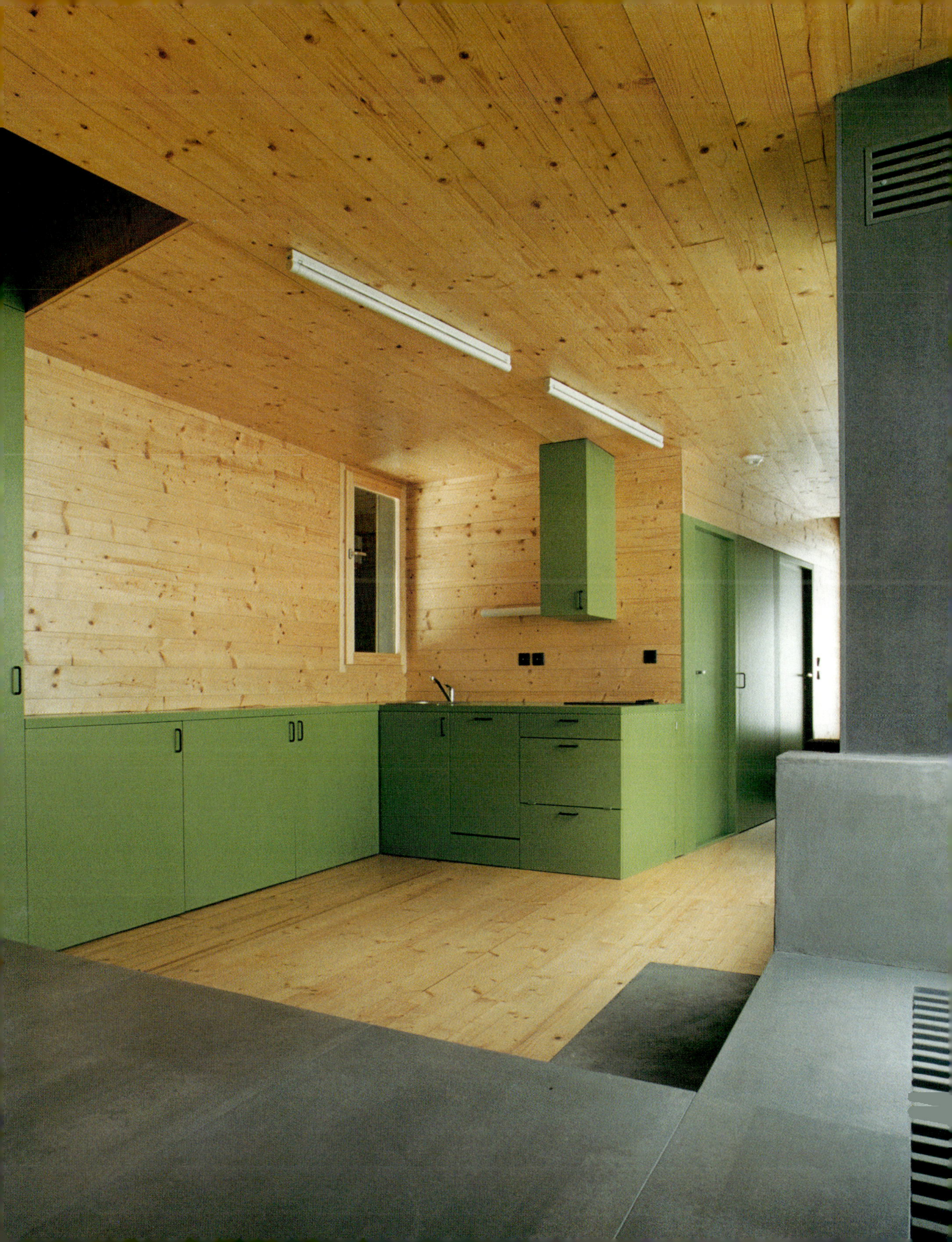

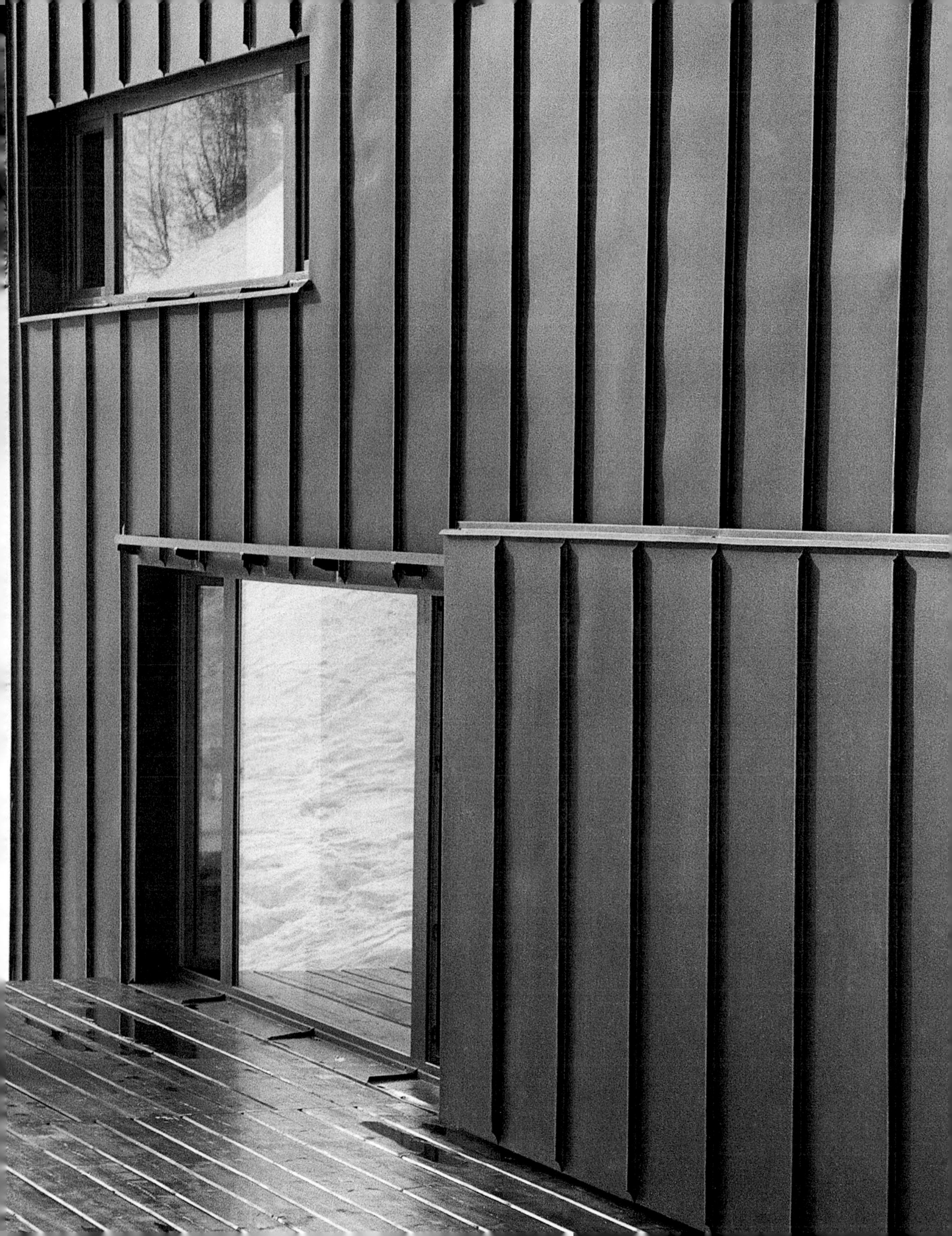

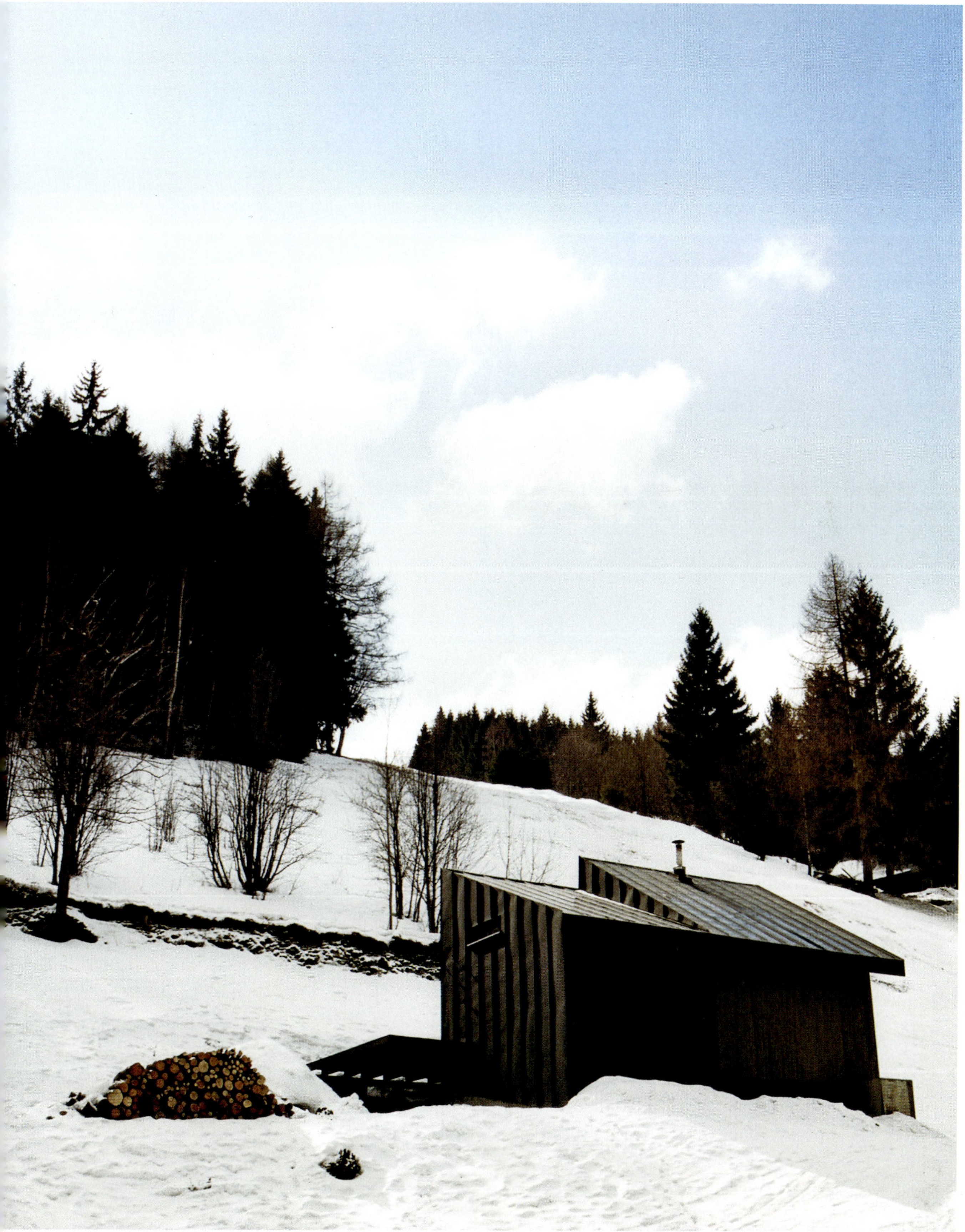

Lina House > 635 sq. ft. / 59 m²

Caramel Architekten
© Caramel Architekten/Linz, Austria

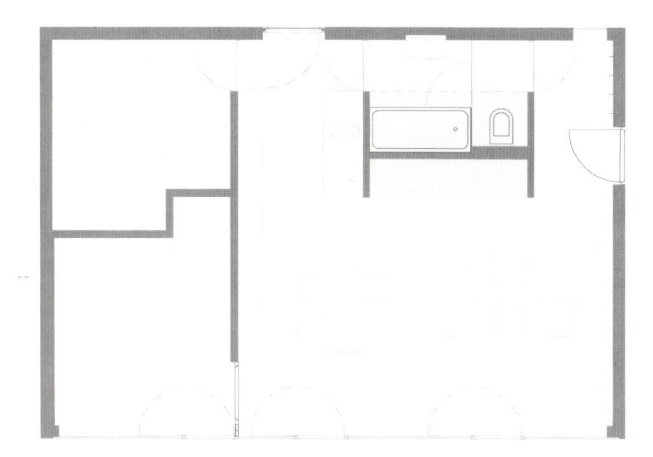

Floor plan

Dieses Haus dient zwar als Ergänzung des Hauptgebäudes, ist jedoch keine Erweiterung desselben. Vielmehr handelt es sich um ein mobiles Heim, das aus einem einzigen Modul besteht. Es kann an jedem Ort aufgestellt werden. Dabei sind keine Maßnahmen zur Anpassung an die Bodenverhältnisse oder die Verwendung zusätzlicher Konstruktionselemente notwendig. Maßgeblich bei diesem Wohnkonzeptist der Gedanke, dass das mobile Haus mitten in der Natur aufgestellt werden kann und sich in diese perfekt einfügen soll. Um das natürliche Tageslichthereinzulassen, ist die Frontfassade vollständig mit Glas verkleidet.

This home was built as complementary to the main home but it is not an extension. It's a mobile home consisting of a single module. It can be located anywhere, without needing to adapt to the terrain and without needing any kind of construction. Since it is right in the middle of nature, the most important thing is that the home is well integrated with its surroundings. The front facade is made of glass which maximizes the natural light coming in.

Ce logement ne constitue pas à proprement parler une extension de la maison principale. C'est une habitation mobile constituée d'un unique module, qui peut être placé n'importe où, sans travaux. Située en pleine nature, cette maison est parfaitement intégrée à son environnement. La façade sur l'avant est entièrement vitrée, ce qui favorise la diffusion de la lumière naturelle.

Dit huis is gebouwd als aanvulling op het hoofdhuis, maar het is geen uitbreiding. Het is een verplaatsbaar huis, dat bestaat uit één enkele module. Het kan overal worden neergezet, zonder dat het terrein hoeft te worden aangepast en zonder dat er hoeft te worden gebouwd. Omdat het midden in de natuur staat, is het belangrijk dat het huis goed bij zijn omgeving past. De voorkant is van glas gemaakt, waardoor er veel licht naar binnen valt.

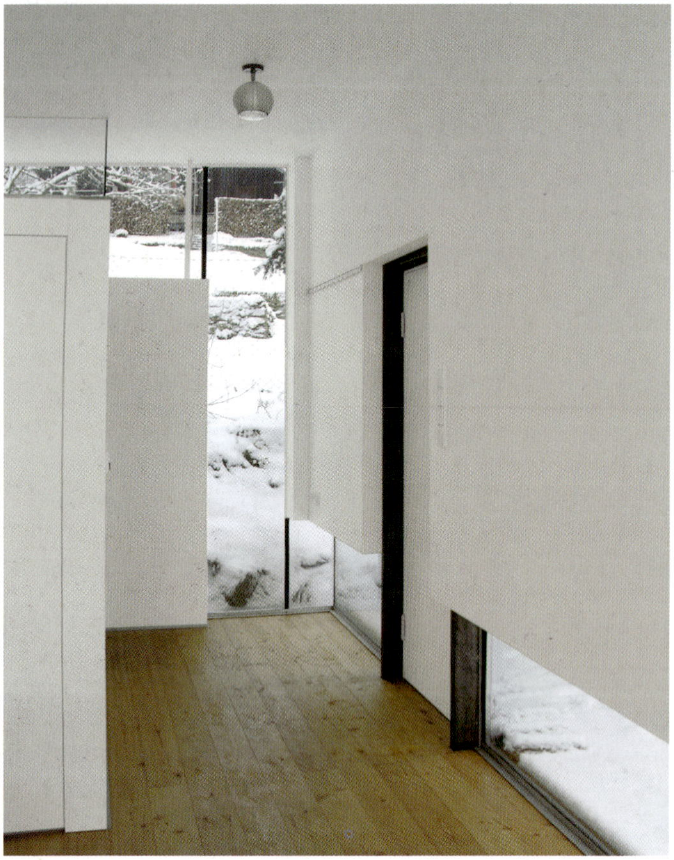
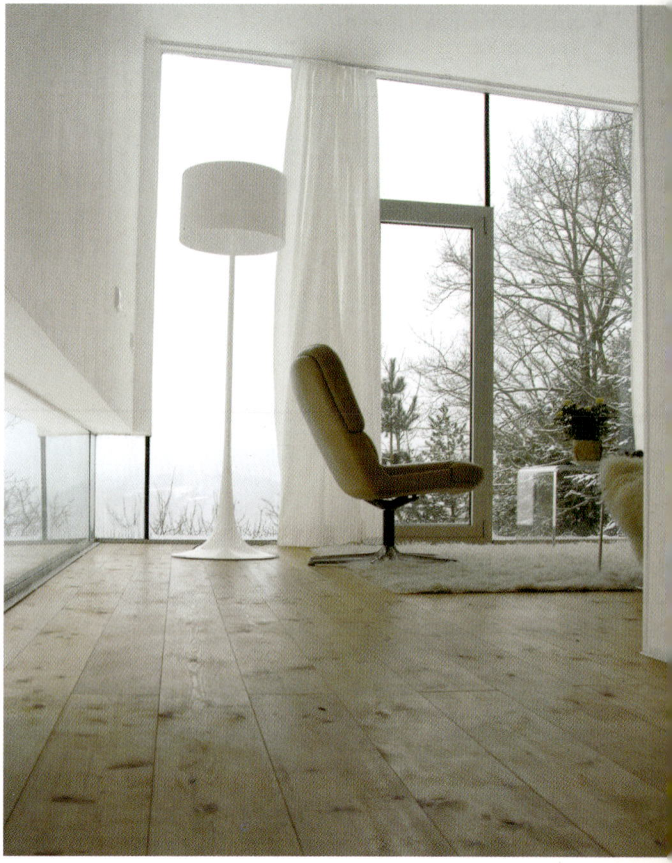
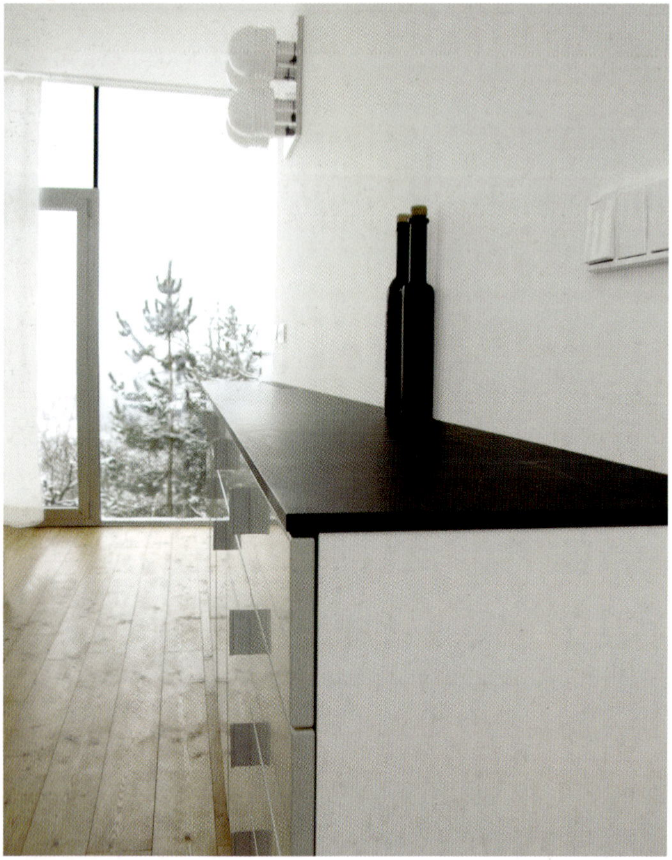
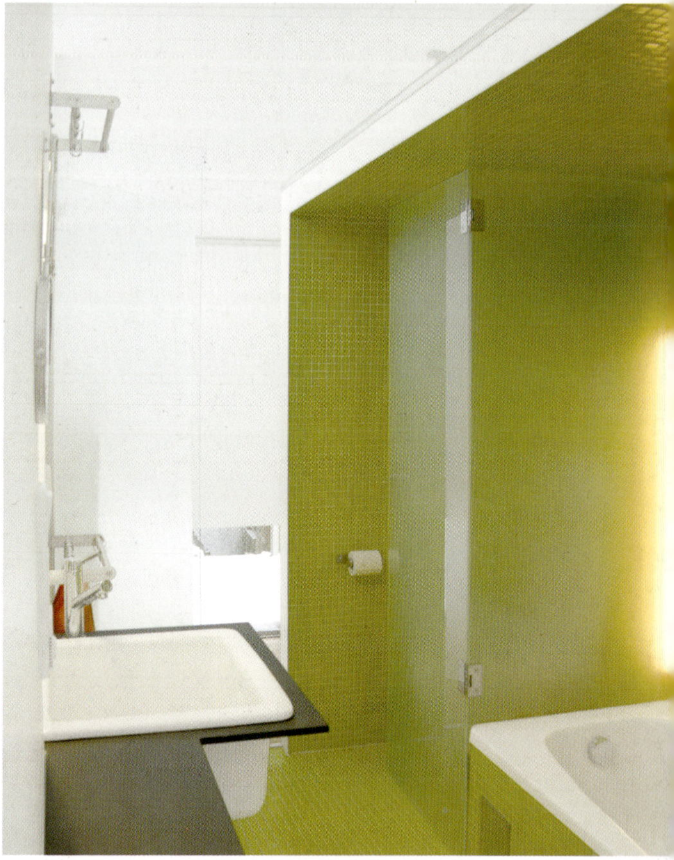

Dank der riesigen Fenster können die Bewohner den Ausblick auf die umliegende Landschaft genießen.

Grâce aux grandes fenêtres, les habitants peuvent profiter pleinement du paysage alentour.

Thanks to its large windows the inhabitants can enjoy looking out over the landscape around the home.

Dankzij de grote ramen kunnen de bewoners genieten van het landschap rond het huis.

Die Innenwände werden von hellen, Wärme und Klarheit ausstrahlenden Farben dominiert.

Des couleurs légères prédominent sur les murs, créant une sensation de chaleur et de propreté.

Light colors predominate on the walls because they reflect warmth and cleanliness.

Lichte kleuren overheersen op de muren, omdat ze warm en schoon overkomen.

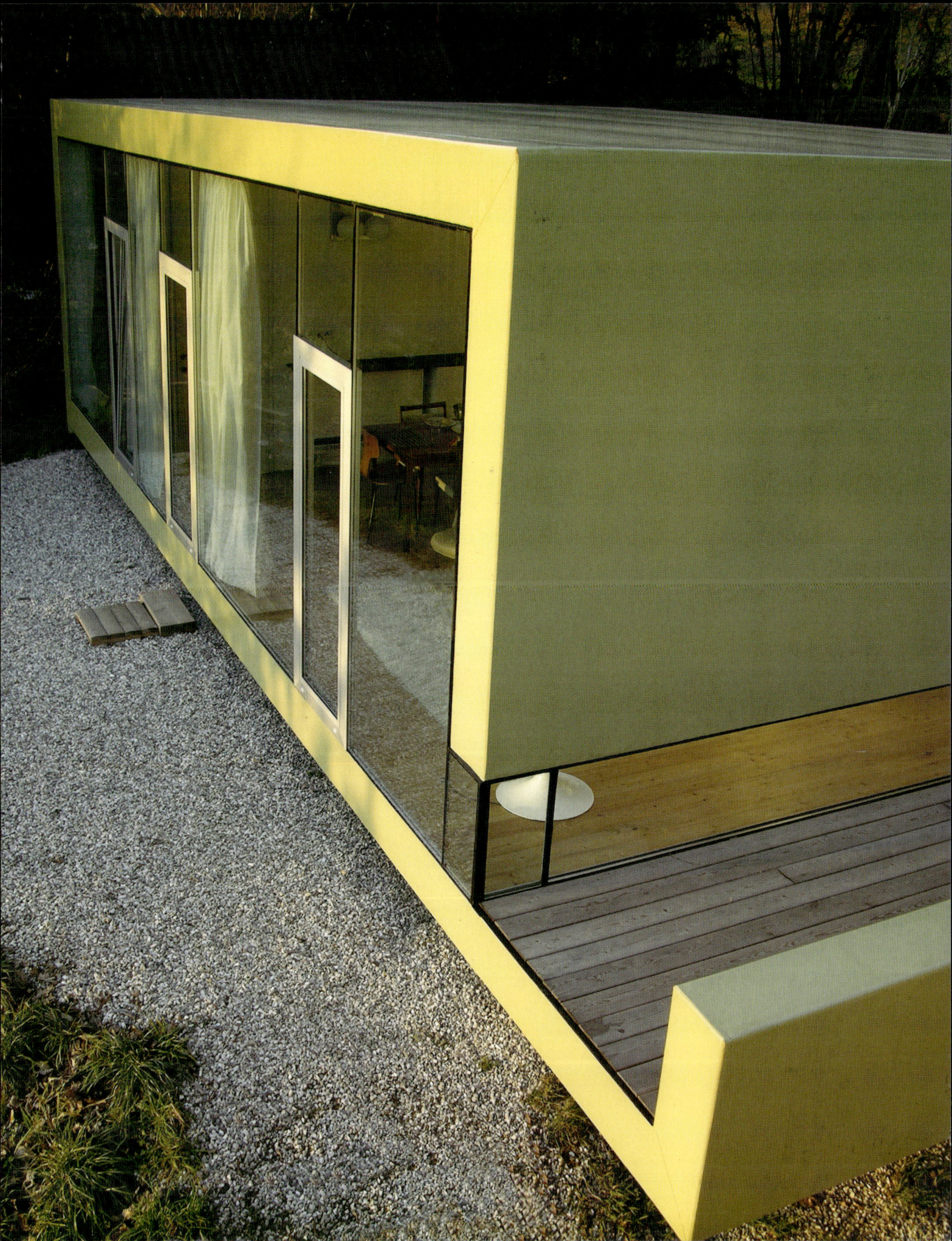

Wee House > 334 sq. ft. / 31 m²

Geoffrey Warner/Alchemy Architects

© Douglas Fogelson/Lake Pepin, United States

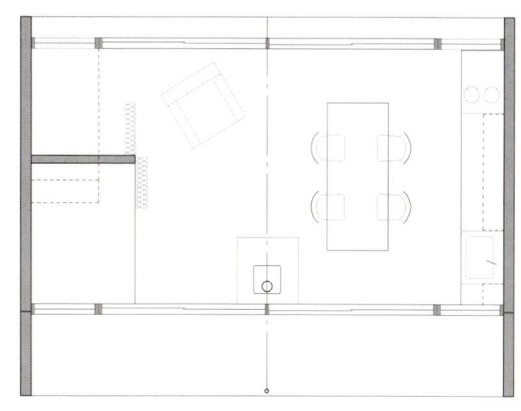

Floor plan

Landhäuser werden meist in rustikalem Stil gehalten – das bedeutet jedoch nicht, dass ein solcher Stil dafür angemessener als andere ist. Die Eigentümer des Wee House wählten für ihr Landhaus ein avantgardistisch-modernes, klassische Elemente vollständig ausschließendes Dekor. Ein weiter wichtiger Faktor war die Nutzung des Tageslichts. Da das Haus über keinen Stromanschluss verfügt, wurden die zwei Hauptfassaden mit riesigen Fenstern ausgestattet, die gleichzeitig als Zugang zu den Balkonen dienen.

Homes that are outside the city usually opt for a rustic style, but that doesn't mean that it's always better or more appropriate.
The owners of Wee House opted for a more avant-garde décor, with a modern design. Light is another of the primary factors in this construction. Since it doesn't have electricity, the architects chose to place some large windows that simultaneously serve to give access to balconies on the two main facades.

Les maisons situées hors de la ville ont bien souvent un style rustique, mais cela ne signifie pas pour autant qu'il soit le plus approprié. Les propriétaires de la Wee House ont opté pour une esthétique avant-gardiste. La lumière est un autre des critères essentiels de cette construction. Puisqu'il n'y a pas d'électricité, les architectes ont choisi de vitrer intégralement les façades avant et arrière, ce qui permet d'accéder aux balcons.

Voor huizen buiten de stad wordt vaak gekozen voor een landelijke stijl, maar dat wil niet zeggen dat dat altijd beter of passender is. De eigenaars van Wee House kozen voor een avant-gardistische opzet met een modern ontwerp. Licht is een van de hoofdfactoren van deze constructie. Omdat er geen elektriciteit aanwezig is, is ervoor gekozen een paar grote ramen te plaatsen, die tegelijk toegang geven tot balkons aan de twee hoofdgevels.

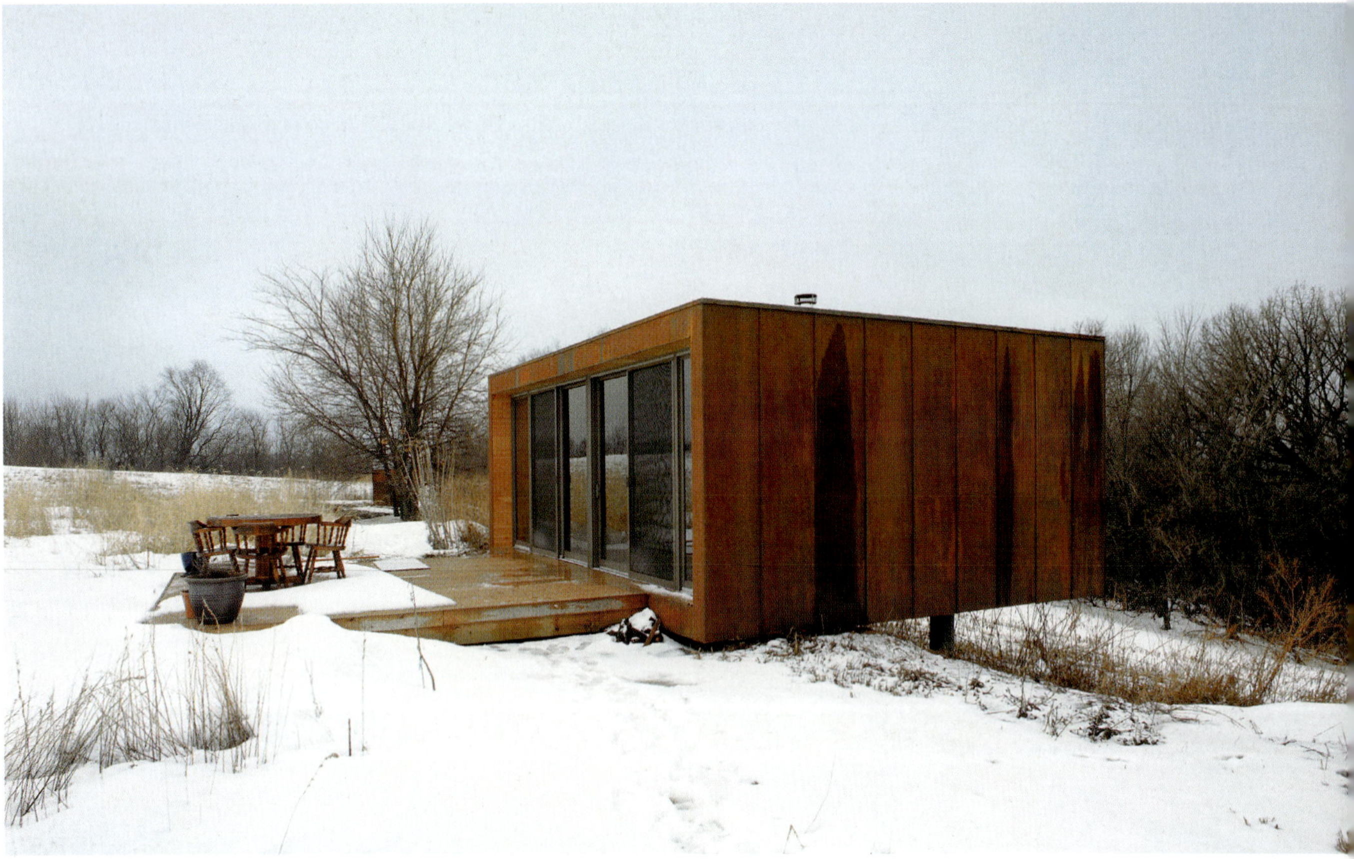

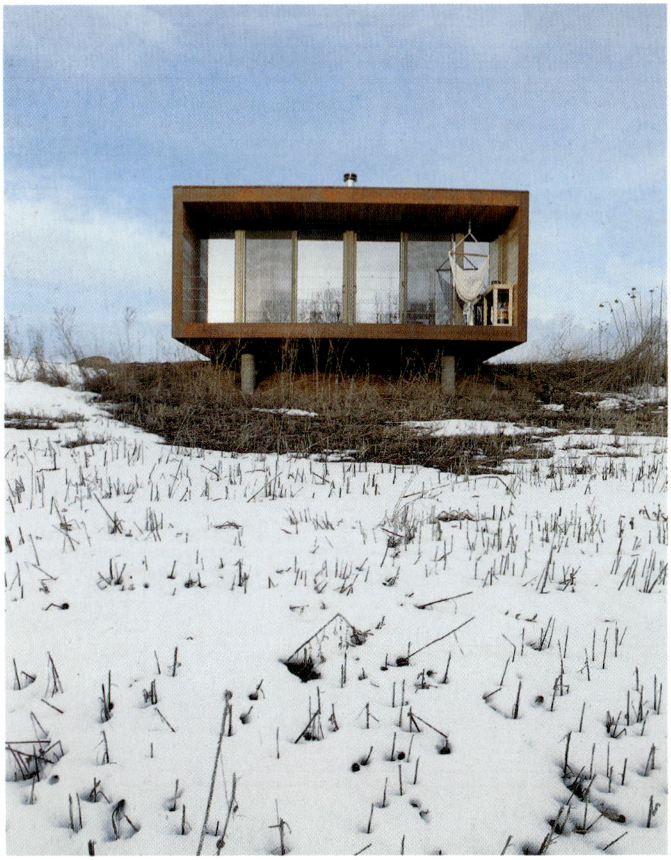

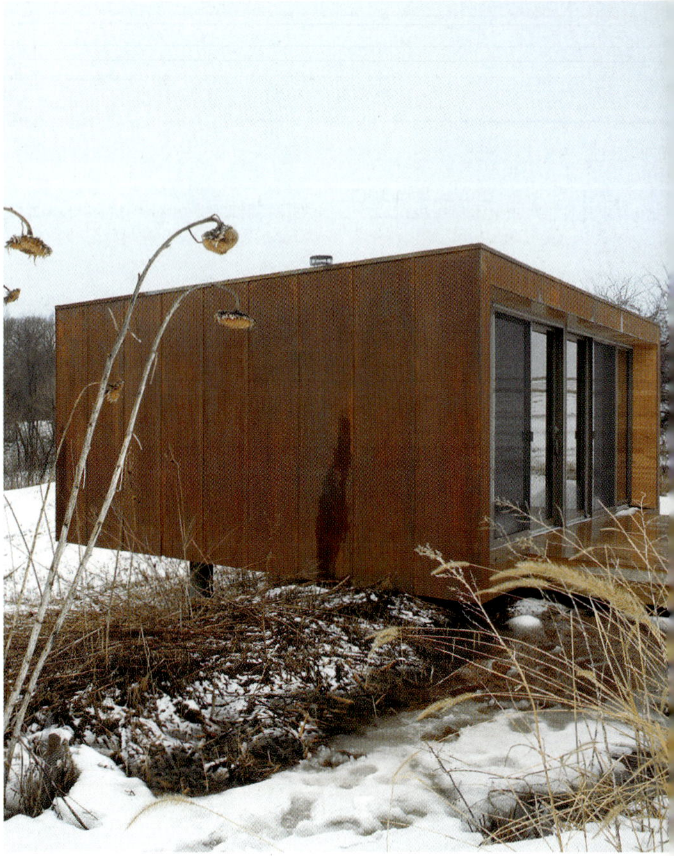

Mithilfe von zwei Betonpfeilern wurde die Vorderseite mit der auf einem kleinen Hügel ruhenden Rückseite auf eine Ebene gebracht.

Deux piliers de ciment mettent la façade avant de la maison au même niveau que l'arrière, qui prend appui sur une petite colline.

Two concrete pillars put the front of the house at the same level as the rear, which is resting on a small hill.

Twee betonnen pilaren brengen de voorkant van het huis op dezelfde hoogte als de achterkant, die op een kleine heuvel rust.

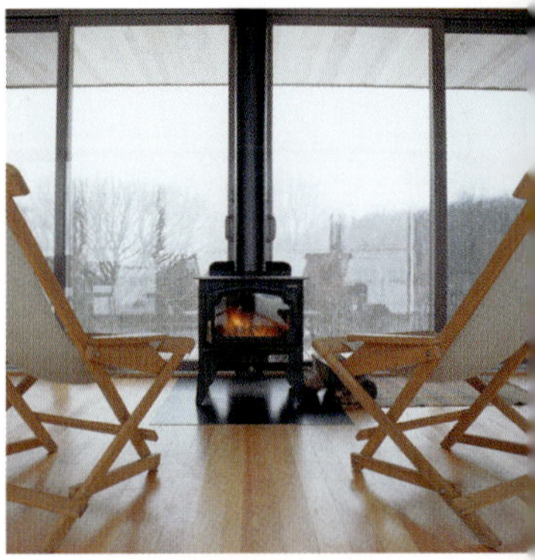

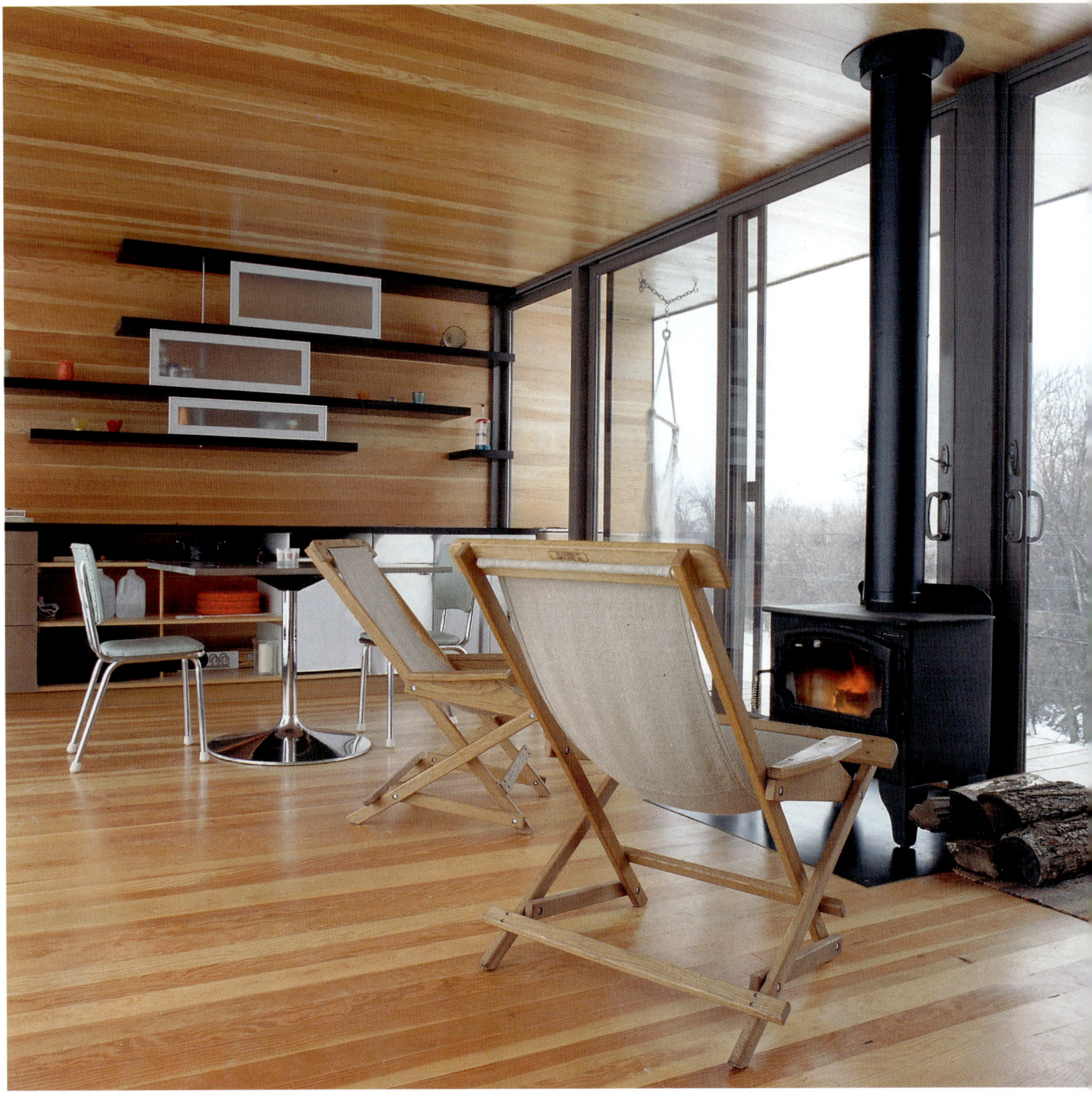

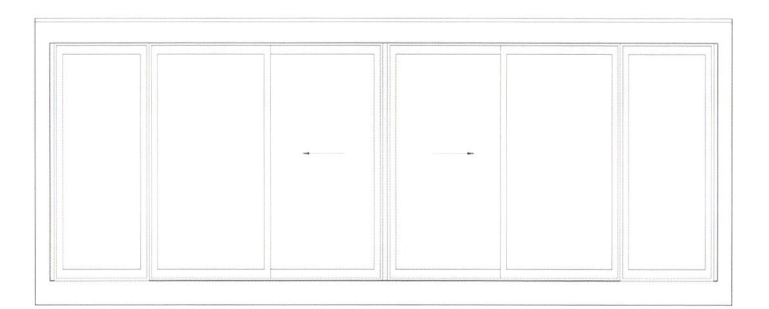

Elevation

Zenzmaier House > 689 sq. ft. / 64 m²

Maria Flöckner & Hermann Schnöll
© Stefan Zenzmaier/Kuchl, Austria

Floor plan

Dient ein Gebäude lediglich als Erweiterung des Wohnhauses, so steht dafür meist ein geringeres Budget zur Verfügung – dies beeinflusst sowohl dessen Größe als auch die Wahl der Konstruktionsmaterialien. Zwei eigenständige, vom Hauptgebäude unabhängige Wohneinheiten sollten hier errichtet werden. Hauptziel war dabei, komplett mit dem Stil des Hauptgebäudes zu brechen. Aufgrund des begrenzten Budgets wurden zunächst die Kosten für die Fassaden festgelegt. Der Rest konnte für die verschiedenen Baumaterialien der drei Gebäude verwendet werden.

When building an extension of the main house, the budget will determine not only its size but also its construction materials. In this case the architects were looking for two independent units that would be self-sufficient and not depend on the main house. The first objective was to break away from the external structure of the main house. For budget reasons it was better to clearly set the amount necessary for the façade and then complement the three houses with different materials.

Quand on construit une extension de la maison principale, c'est le budget qui détermine non seulement la taille, mais aussi les matériaux utilisés. Dans le cas présent, les architectes ont opté pour deux unités indépendantes et autosuffisantes. Le principal objectif était de se démarquer du style de l'habitaiton principale.

Als er een uitbouw moet komen, bepaalt het beschikbare budget niet alleen de afmetingen, maar ook het bouwmateriaal. In dit geval werd gekozen voor twee onafhankelijke, zelfvoorzienende eenheden die niet afhankelijk van het hoofdhuis zouden zijn. Het was de bedoeling los te komen van de externe structuur van het hoofdhuis. Om budgettaire redenen moest worden vastgesteld hoeveel er nodig was voor de voorgevel, en werden de drie huizen vervolgens aangevuld met verschillende materialen.

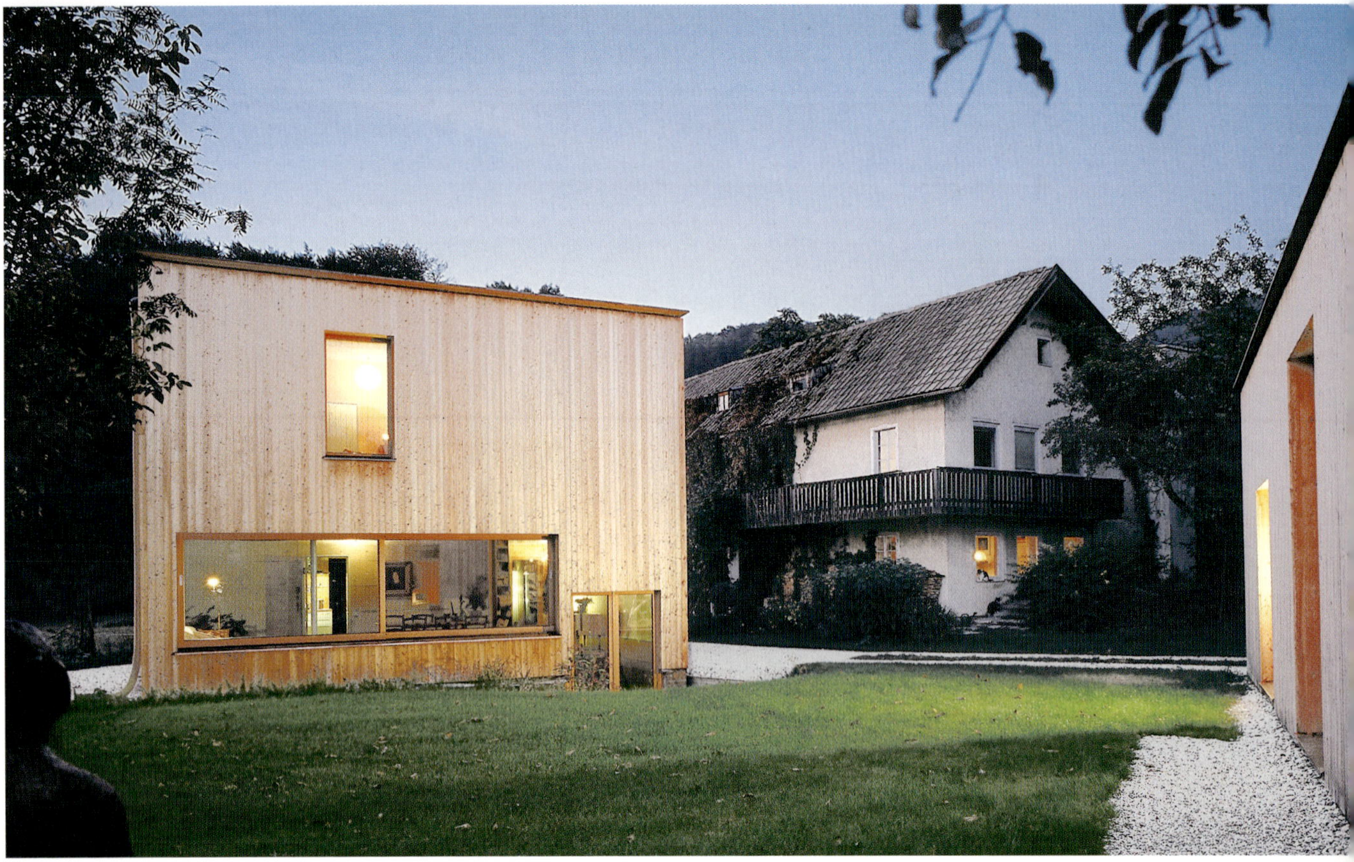

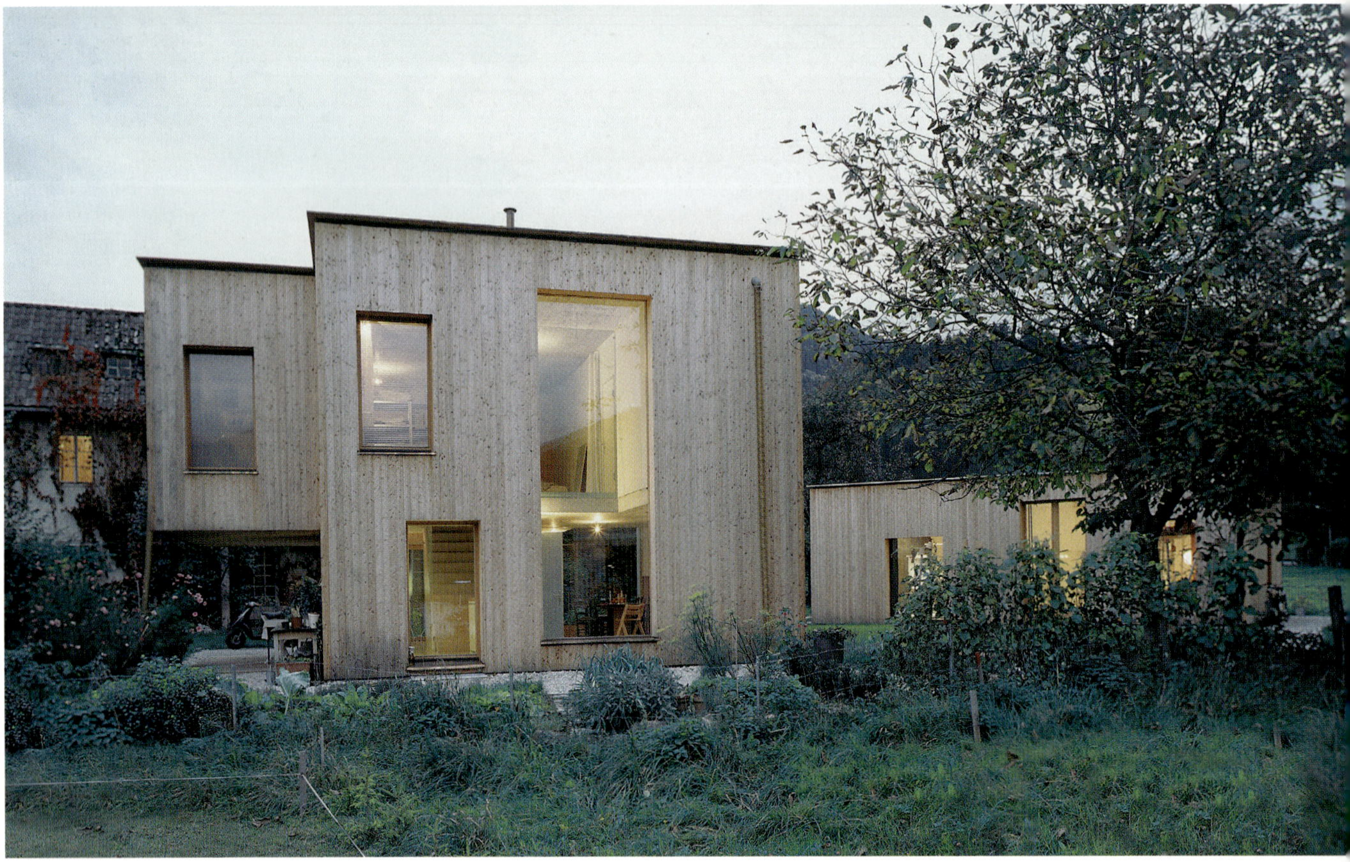

Die Materialien wurden mit Bedacht ausgewählt und intelligent eingesetzt.

Les matériaux ont été intelligemment choisis et utilisés.

The materials were well chosen and used intelligently.

De materialen zijn goed gekozen en intelligent gebruikt.

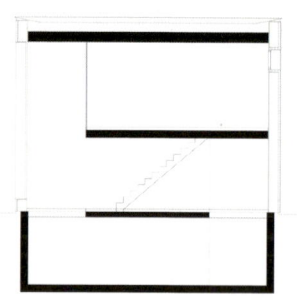

Section

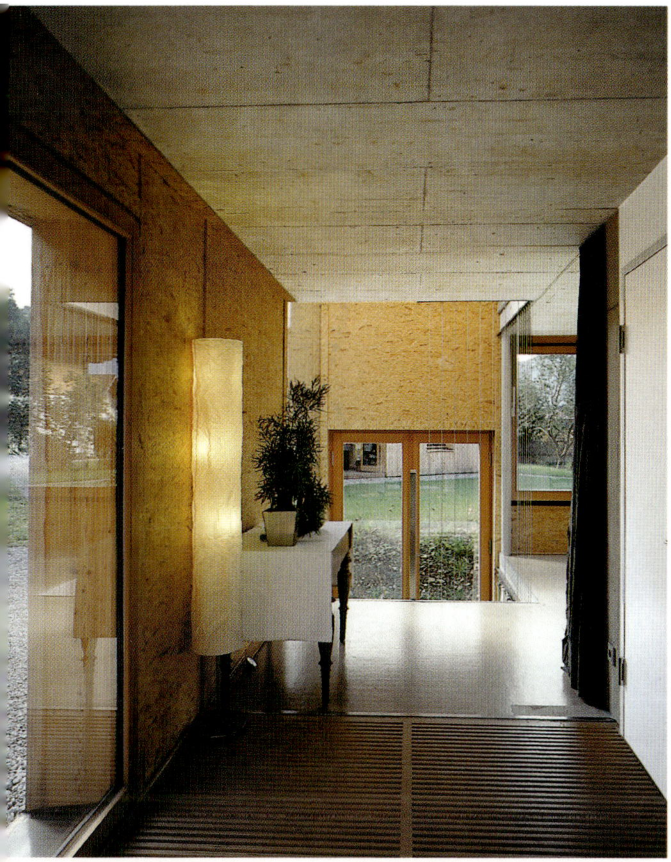
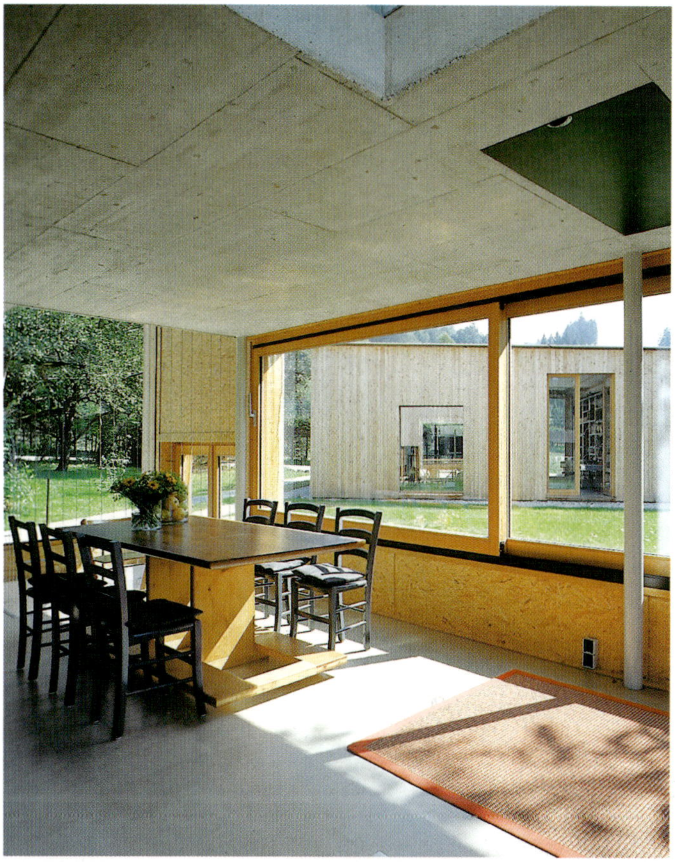
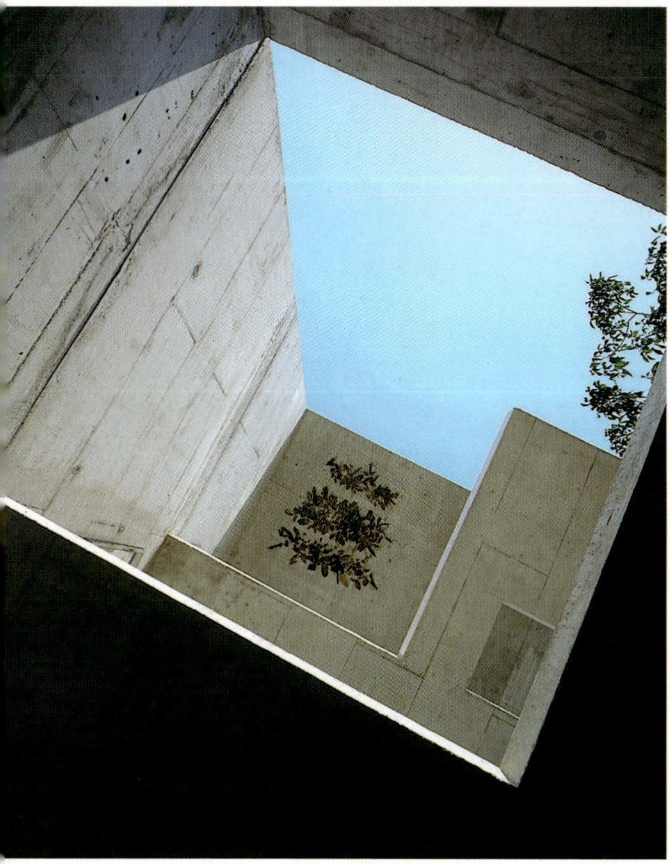
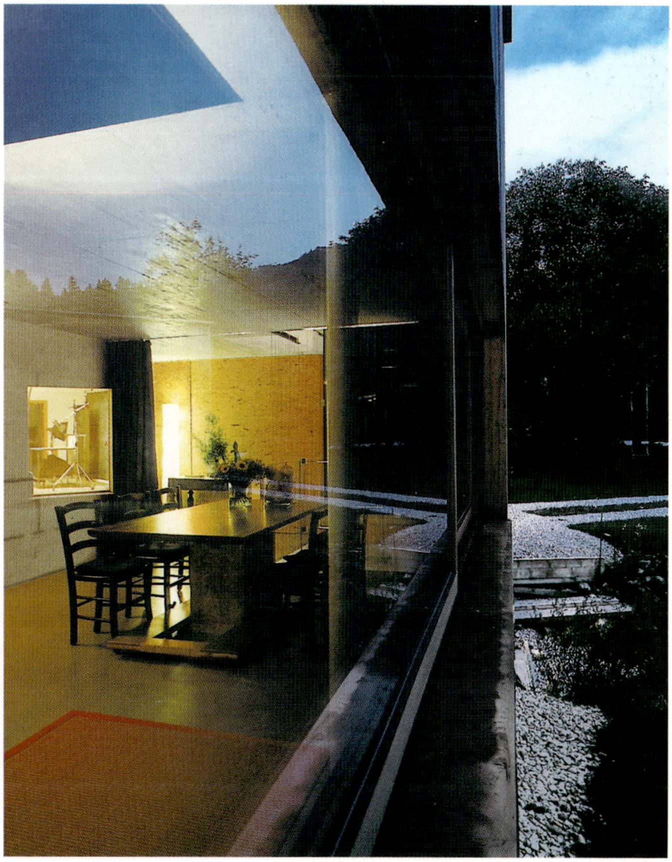

2parts House > 775 sq. ft. / 72 m²

Black Kosloff Knott Architects
© *Shannon McGrath/Elwood, Australia*

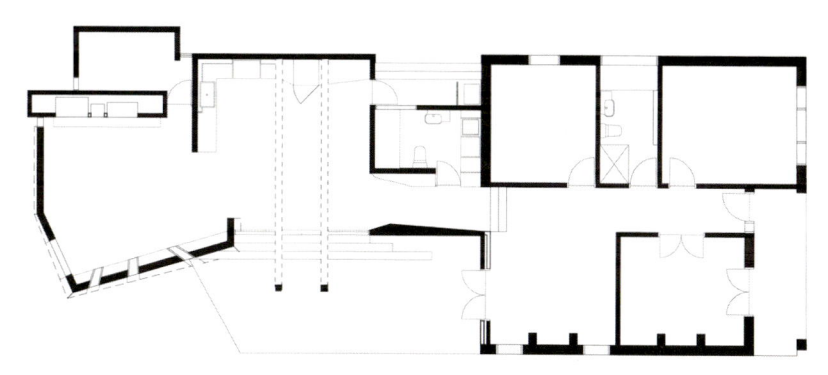

Floor plan

Hier wird beispielhaft gezeigt, wie ein Anbau hinsichtlich seiner Bauweise, seines Designs und Stils perfekt an das Hauptgebäude angepasst werden kann. Bei der Konstruktion entschied man sich, vornehmlich Holz einzusetzen, um das Gebäude mit der umliegenden Natur optisch verschmelzen zu lassen. Als eine der Besonderheiten des Hauses gelten die originellen, vollkommen unkonventionell wirkenden Fenster. Die schmalen Öffnungen verleihen dem Raum eine lebhafte Dynamik.

This is an example of a house extension that closely follows the structure, design and decor of the main house. It is a home characterized by being immersed in nature and for this reason the architect decided that wood, would be the best structure to integrate it with its environment. The originality of this home lies in its windows, which stray away from conventional windows. In this case they are narrow openings that give the room a touch of dynamism.

Voici l'exemple d'une extension qui suit fidèlement la structure, la conception et le décor de la maison principale. En raison de son emplacement en pleine nature, l'architecte a décidé que le bois serait idéal pour l'intégrer à son environnement. Son originalité tient à ses fenêtres peu conventionnelles. Très étroites, elles donnent à la pièce un aspect dynamique.

Dit is een voorbeeld van een uitbouw die nauw aansluit op de constructie, het ontwerp en de inrichting van het hoofdhuis. Kenmerkend voor het huis is dat het opgaat in de natuur. Daarom besloot de architect hout te gebruiken, omdat dit materiaal het beste in de omgeving past. De originaliteit van dit huis ligt in zijn ramen, die afwijken van conventionele ramen. In dit geval zijn het nauwe openingen, die de ruimte iets dynamisch geven.

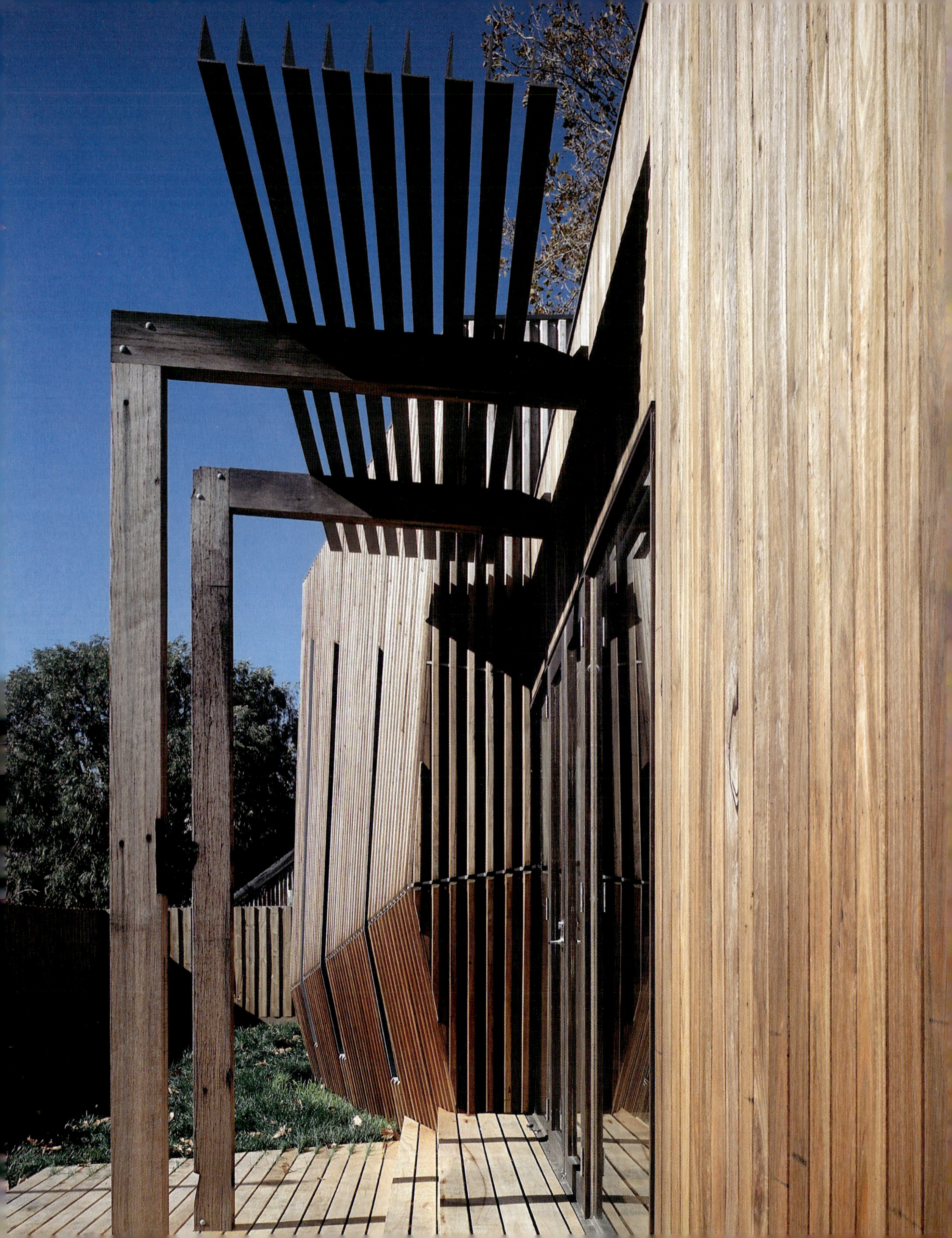

Mittlerweile kann jeder Einrichtungsgegenstand problemlos maßangefertigt werden.

De nos jours, n'importe quel meuble peut être réalisé sur mesure.

These days any piece of furniture can be made to measure.

Tegenwoordig kan elk meubelstuk op maat gemaakt worden.

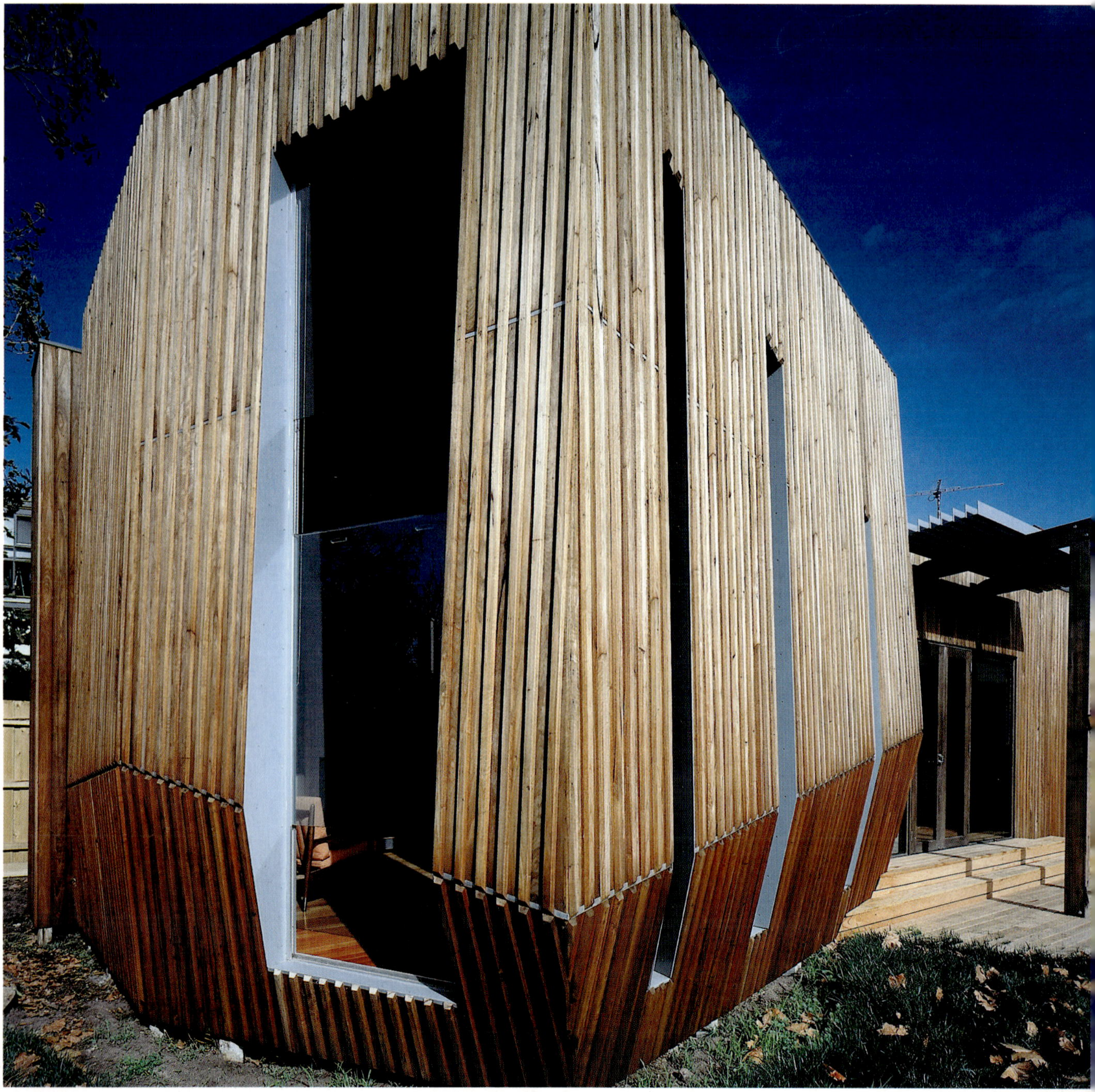

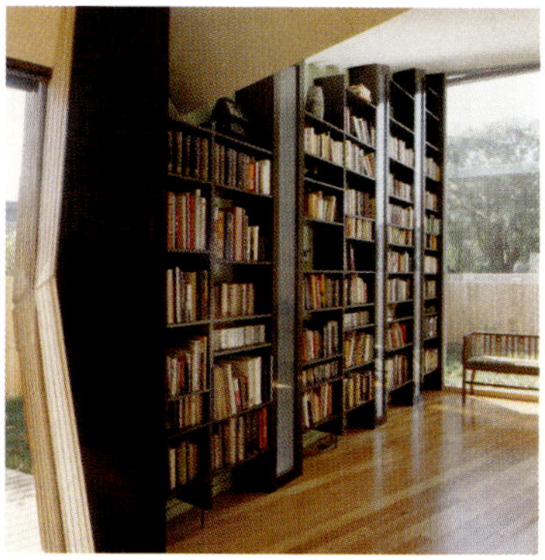

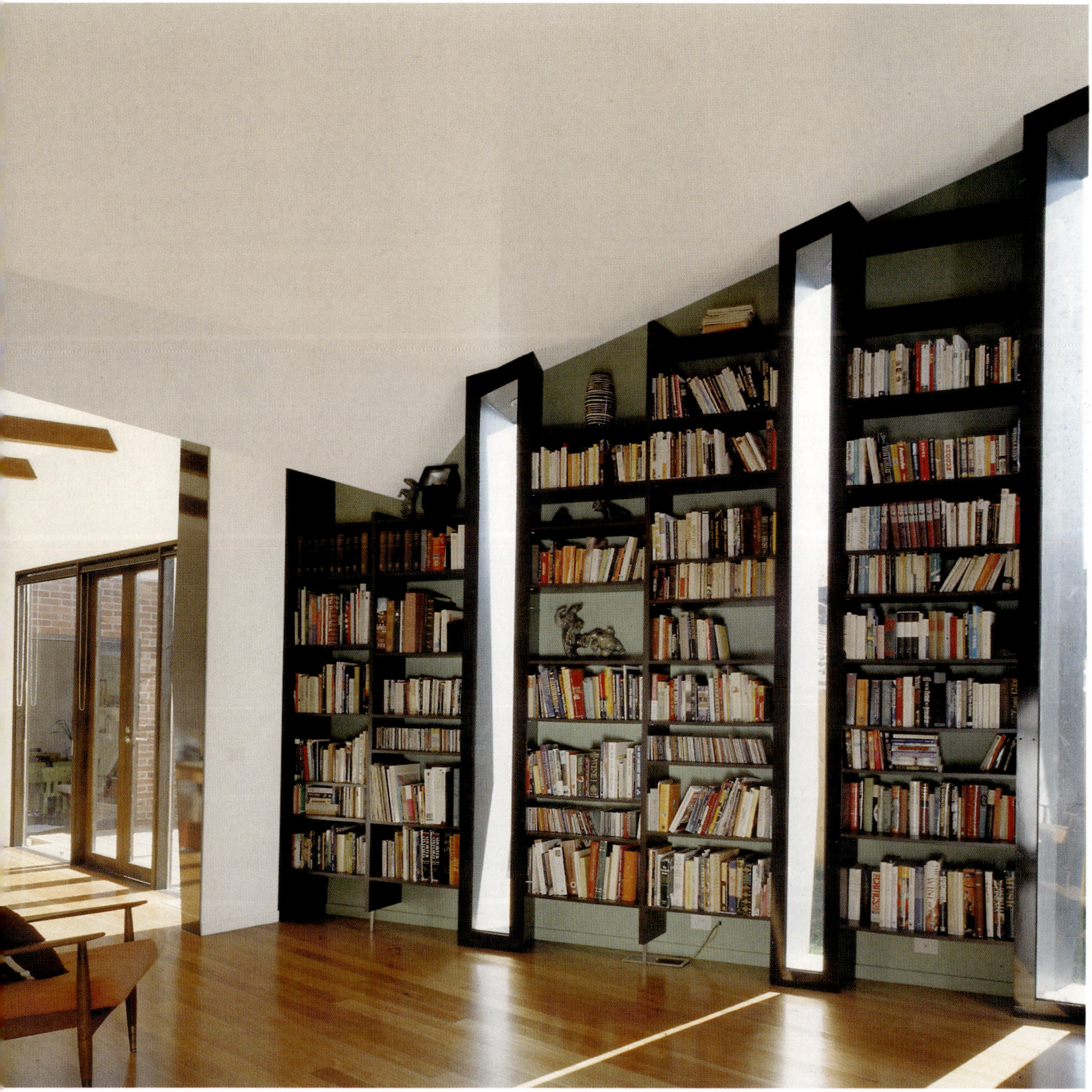

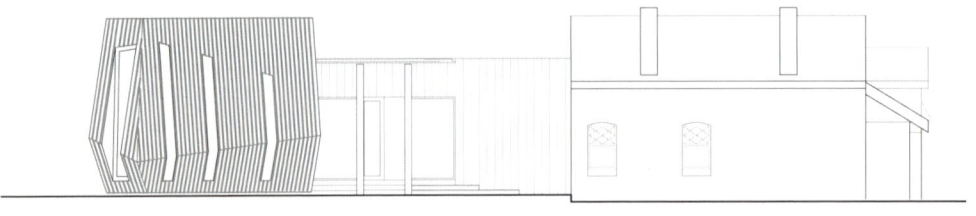

Section

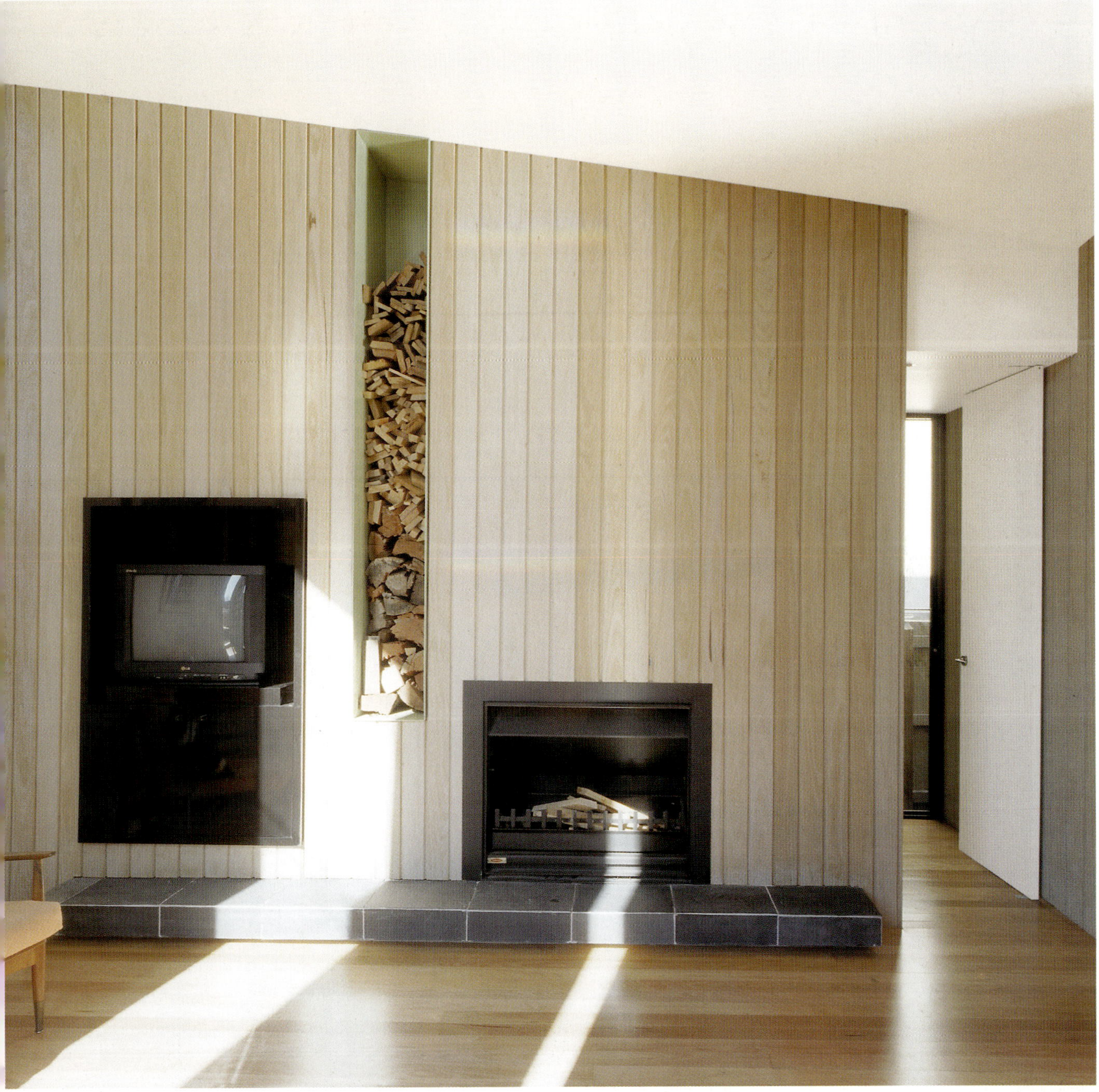

Boat House > 377 sq. ft. / 35 m²

Drew Heath Architects
© *Brett Boardman/Sydney, Australia*

Floor plan

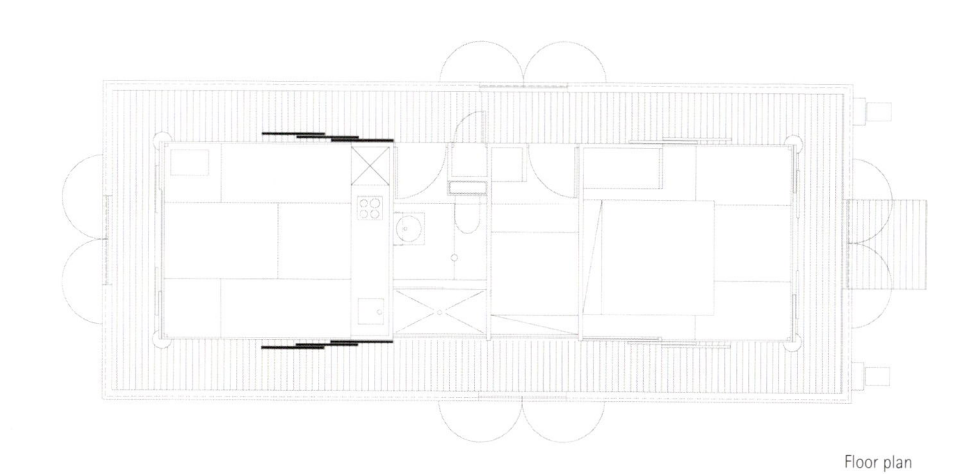

A und O bei der Konstruktion schwimmender Häuser ist ein robustes Fundament. Als Baumaterial eignet sich am besten Holz, das bei Feuchtigkeit nicht glitschig wird. Um die Sicherheit zu gewährleisten, wurde das gesamte Haus mit einem Geländer versehen. Vervollständigt wird die Konstruktion durch ein aus einer riesigen Metallplatte gefertigtes Dach, das größer als der Grundriss des Wohnhauses ist und dieses somit vor Wind und Wetter schützt.

This is what could be called a floating house. These homes have to be built upon a strong base. It's best to make it of wood because it is a material that doesn't get slippery when wet. This is complemented by a railing around the whole base so that the home is safe. A final detail with respect to its construction is the roof, which is made of a large sheet of metal. A sheet that is bigger than the home itself so that the whole structure of the home is protected.

Voici un parfait exemple de maison flottante. Une telle habitation doit être construite sur une base solide. Intégralement réalisée en bois – matériau non glissant dans un contexte d'humidité –, cette construction est complétée, pour plus de sécurité, par une balustrade placée tout autour de la base. Le toit est constitué d'une épaisse plaque de métal, plus grande que la maison elle-même, pour que la structure entière soit protégée.

Dit is wat je een drijvend huis zou kunnen noemen. Dergelijke huizen moeten op een stevige basis worden gebouwd en kunnen het beste van hout gemaakt worden, omdat dit materiaal niet zo snel glad wordt als het nat is. Rondom de hele basis kwam een reling, zodat je niet zo makkelijk in het water valt. Het dak is gemaakt van een grote metalen plaat. Deze plaat is groter dan het huis zelf, zodat de hele constructie beschut wordt.

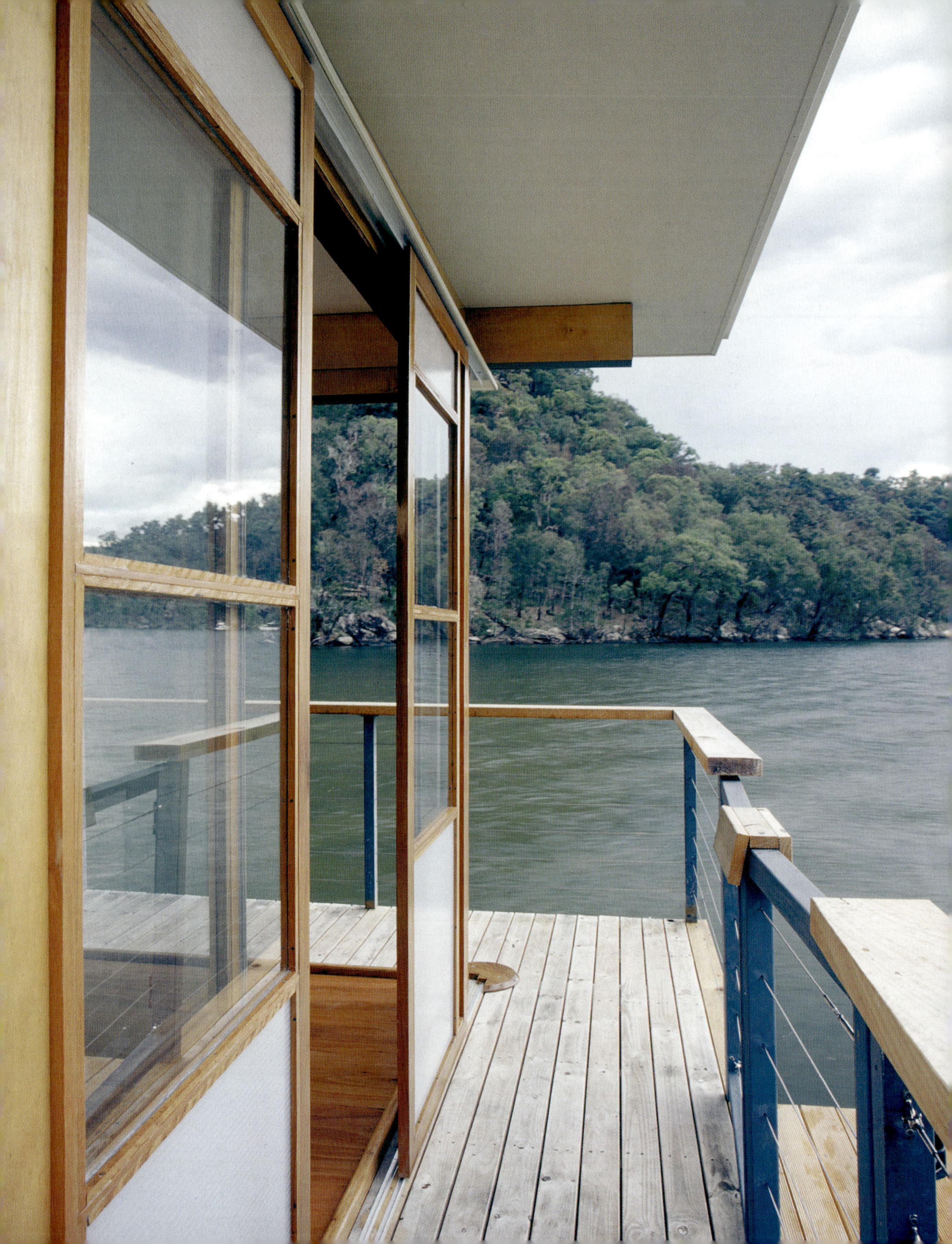

Vor allem bei begrenzten Platzverhältnissen müssen Lösungen gefunden werden, um den vorhandenen Raum optimal auszunutzen.

De petits espaces ont besoin de solutions pratiques pour être optimisés.

Small spaces need practical solutions that are useful for maximizing the little space available.

Kleine ruimten hebben praktische oplossingen nodig waardoor de beschikbare ruimte optimaal wordt benut.

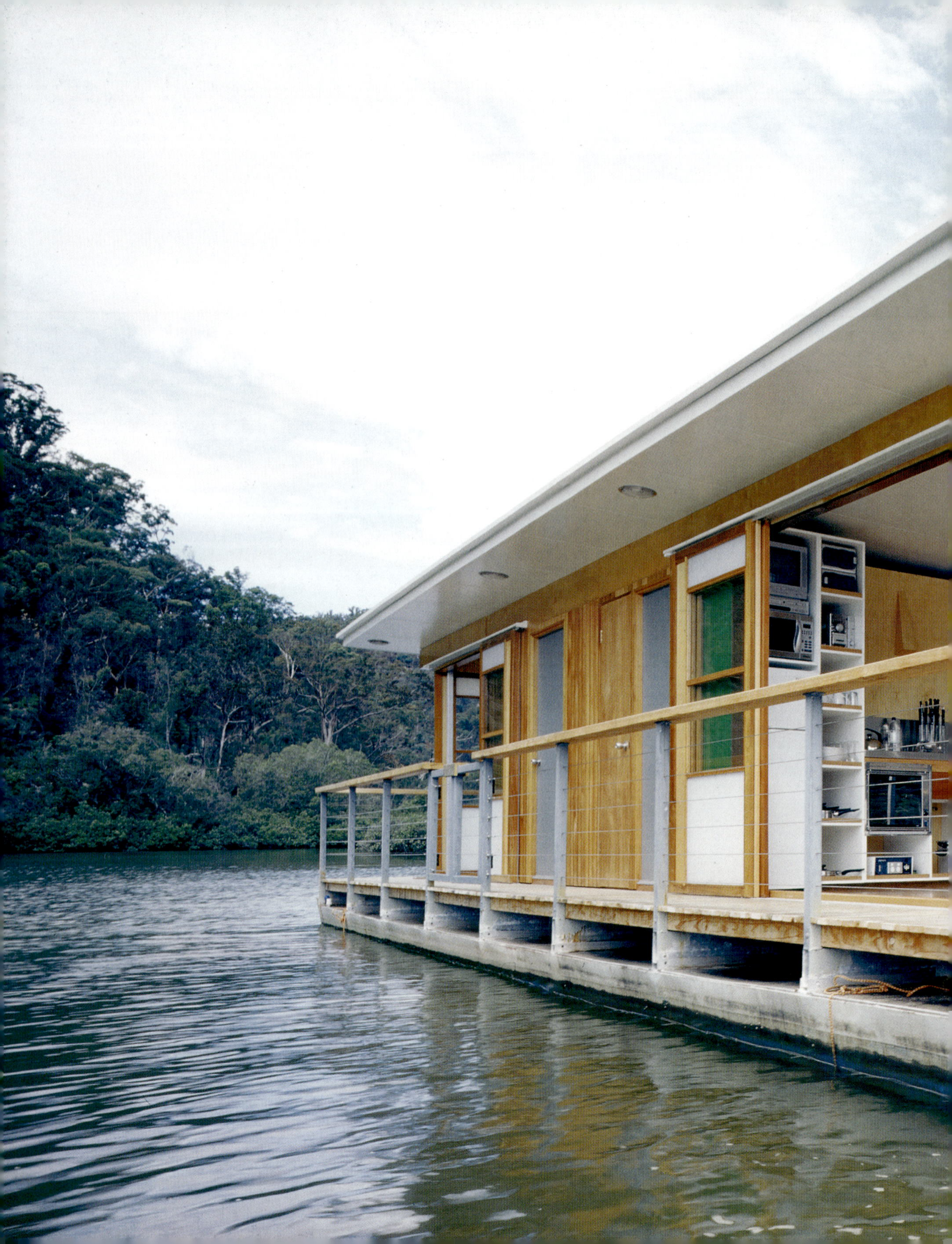

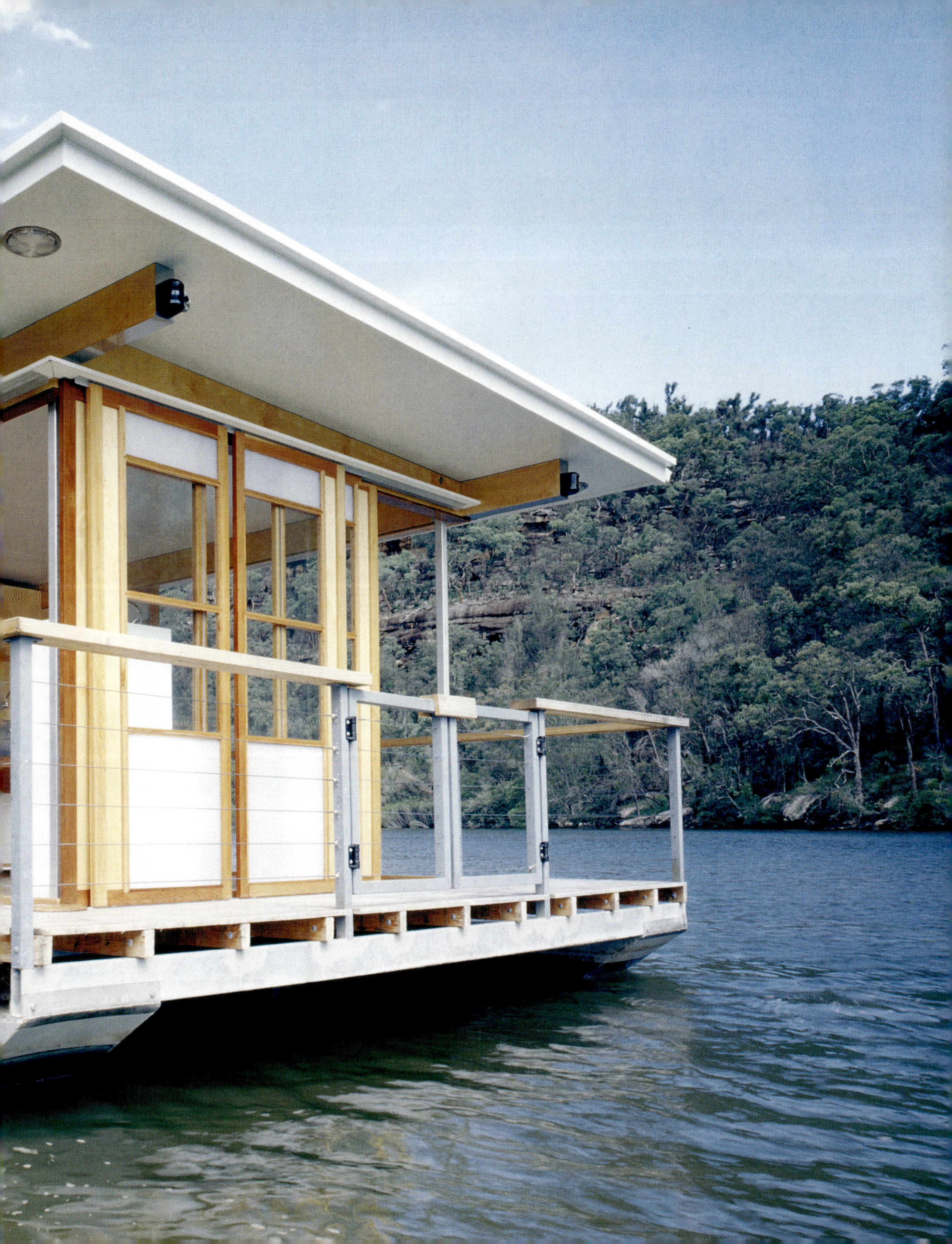

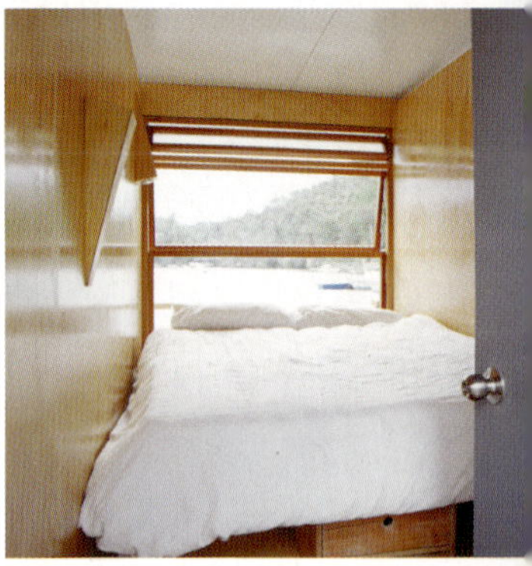

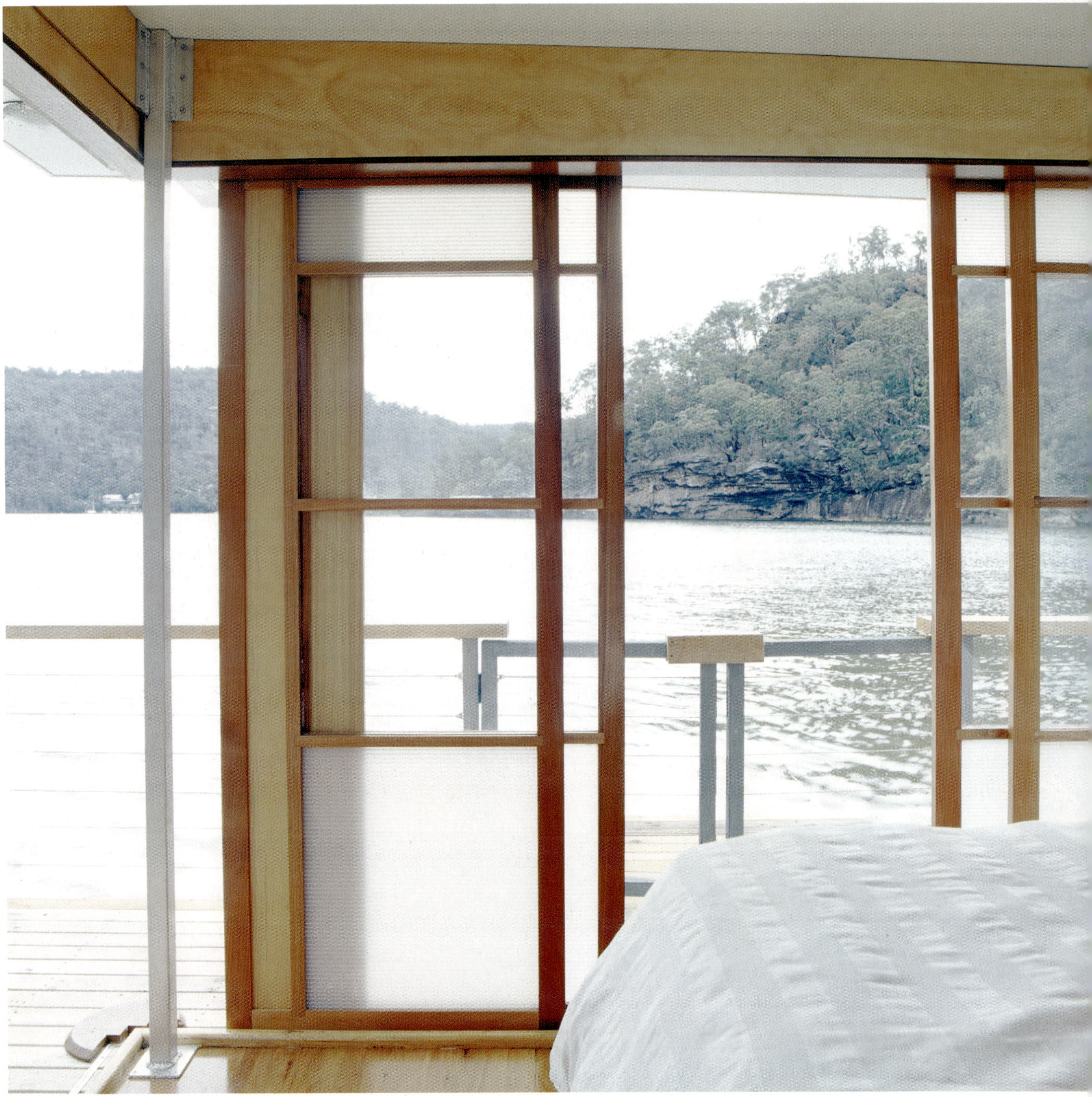

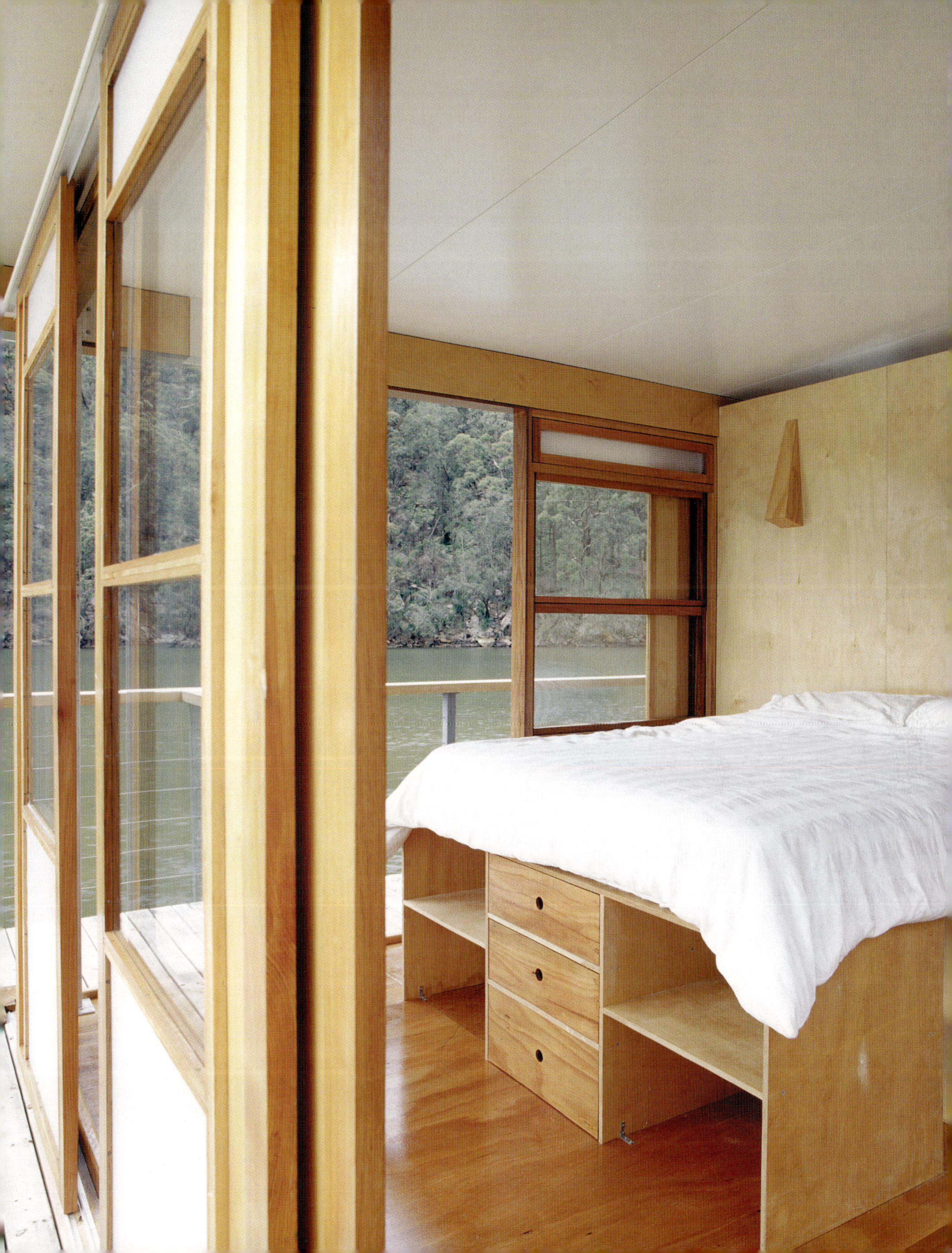

Solar Box > 861 sq. ft. / 80 m²

Driendl Architects
© Lew Rodin/Vienna, Austria

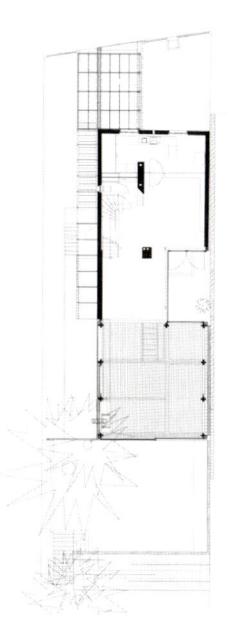

Ground floor

An erster Stelle stand beim Entwurf des Gebäudes, die Aussicht auf die umliegende Landschaft vollkommen auszunutzen. Dafür wurde eine offene Konstruktion errichtet, deren riesige Fenster einerseits den uneingeschränkten Ausblick nach draußen ermöglichen, andererseits die Innenräume mit Tageslicht durchfluten. Ein moderner Look, der zur Ausstattung und dem Avantgarde-Design des Hauses passt, entsteht durch die Kombination verschiedener Materialien – Glas und Aluminium harmonieren perfekt mit dem Steinboden der Terrasse.

To be able to enjoy the landscape around the house was the architect's main objective. He created a space open to the outdoors, with large windows allowing one to see the entire yard and, at the same time, let as much natural light in as possible. The combination of glass and aluminum, together with the stone used outside to cover the porch floor, creates a modern look that adapts to the décor and its avant-garde design.

Pouvoir profiter du paysage autour de la maison était le principal objectif de l'architecte. Il a créé un espace ouvert sur l'extérieur, avec de grandes baies vitrées permettant à la fois de voir le jardin dans son ensemble et de faire pénétrer un maximum de lumière naturelle. La combinaison du verre et de l'aluminium, conjuguée à l'utilisation de la pierre pour le sol du porche, crée un style moderne et une esthétique avant-gardiste qui s'adaptent parfaitement à l'environnement.

Het hoofddoel van de architect was de bewoners te laten genieten van het landschap rond het huis. Hij schiep een ruimte die open is naar buiten toe, met grote ramen die uitzicht bieden op de hele binnenplaats en tegelijkertijd veel daglicht binnenlaten. De combinatie van glas, aluminium en steen (buiten gebruikt voor de vloer van de veranda) ziet er modern uit, waardoor de buitenkant past bij de avant-gardistisch vormgegeven inrichting.

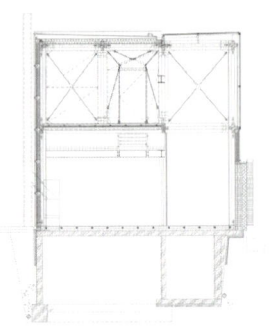

Section

Durch die großen Glasfenster wird das Gebäudeinnere sowohl mit Tageslicht als auch mit Frischluft versorgt.

Les grandes baies vitrées permettent à la maison de recevoir lumière naturelle et d'être facilement ventilée.

Besides letting in natural light, the large windows allow the home to be easily ventilated.

Behalve dat ze veel licht binnenlaten, zorgen de grote ramen ervoor dat het huis goed geventileerd kan worden.

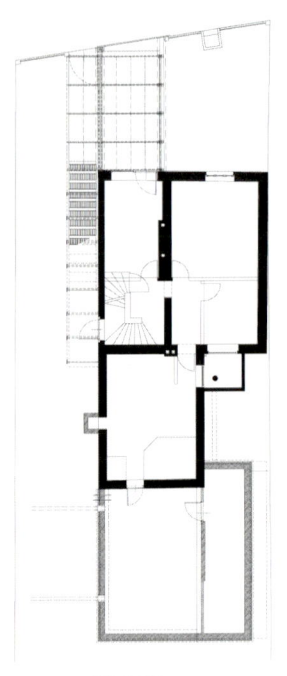

Basement

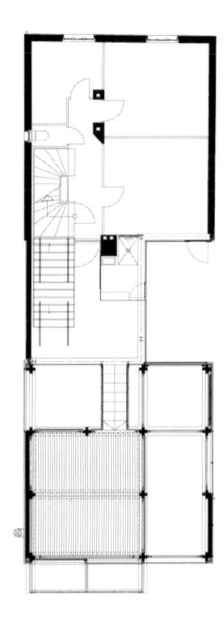

Upper floor

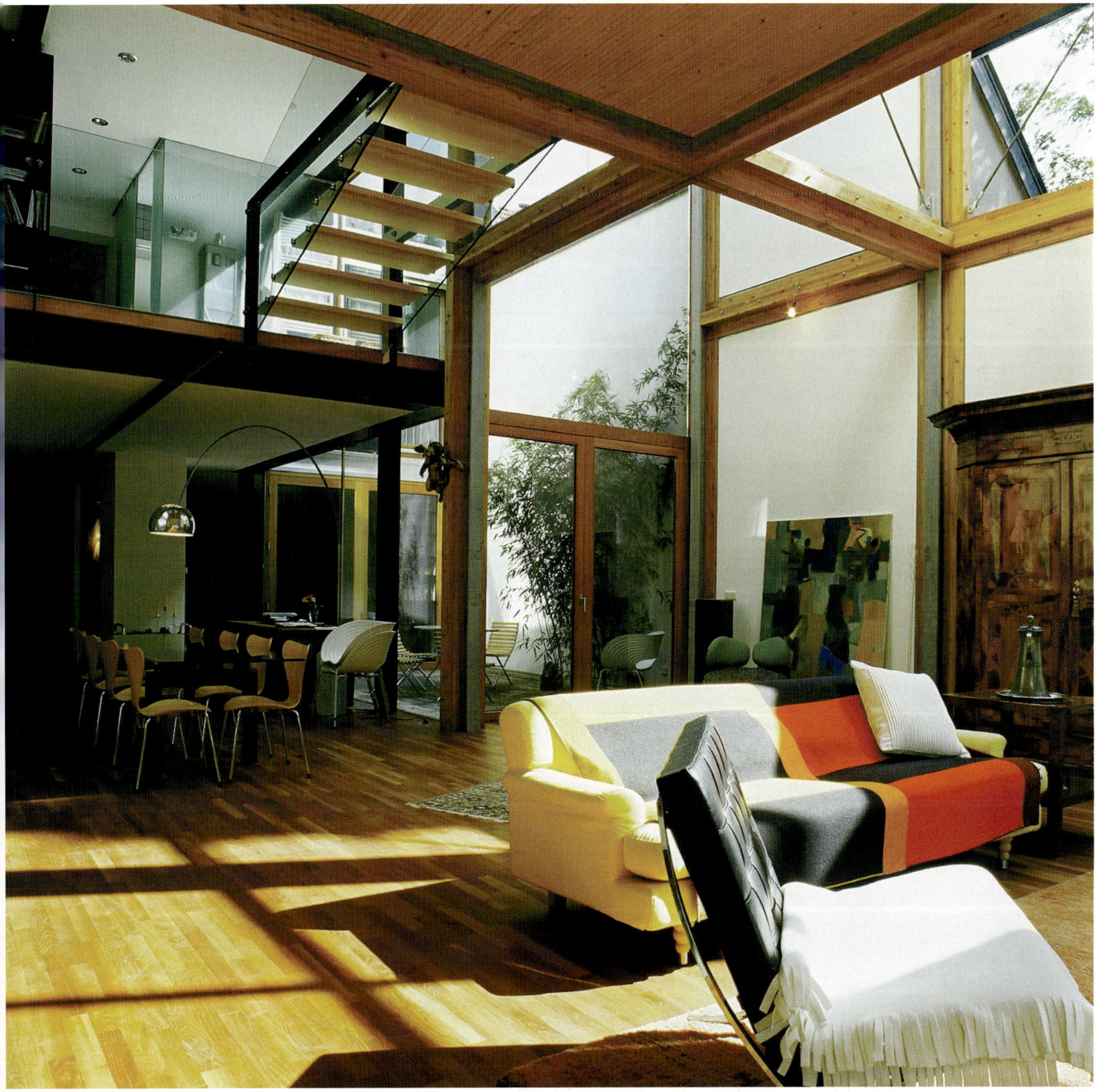

Das untere Stockwerk beherbergt die Wohnräume – die privaten Zimmer wie Schlafraum und Bad liegen in der oberen Etage.

Le niveau inférieur accueille les parties communes tandis que l'étage abrite les chambres et la salle de bains.

Downstairs is reserved for the common areas while upstairs private rooms such as the bedroom and the bathroom are found.

Beneden is gereserveerd voor de gemeenschappelijke ruimten, terwijl boven privéruimten zoals de slaapkamer en badkamer te vinden zijn.

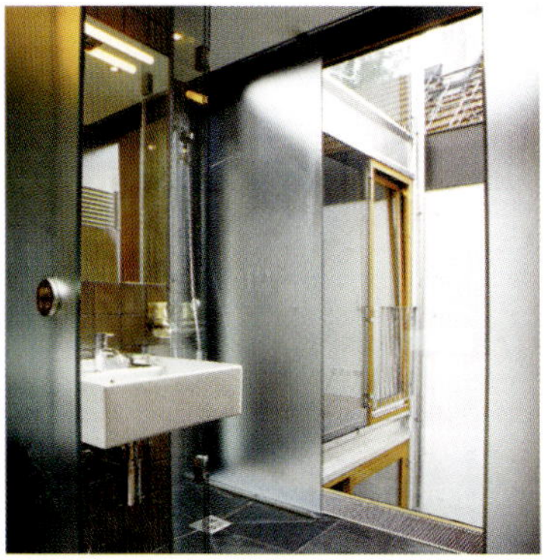

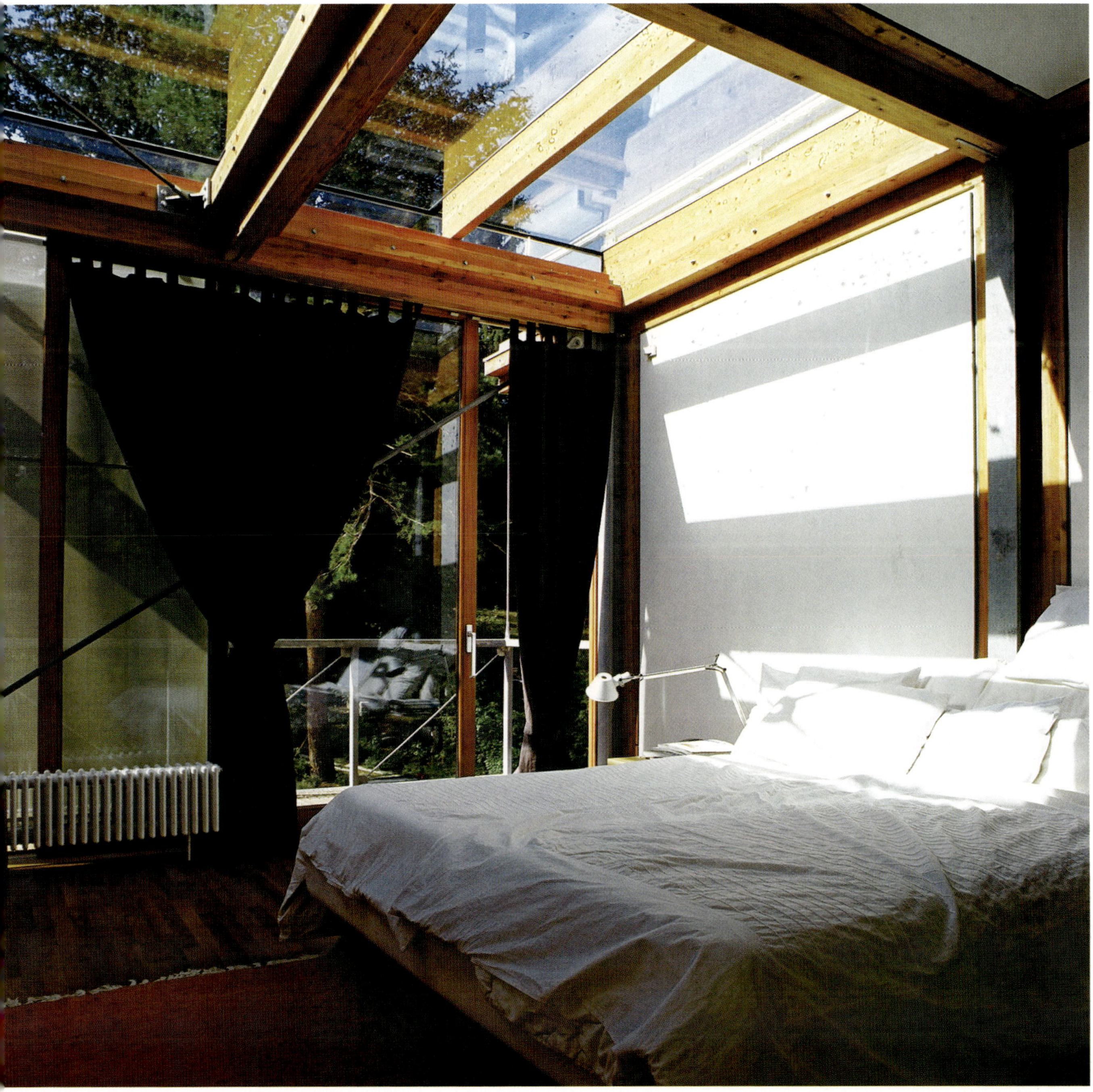

Locher Apartment > 969 sq. ft. / 90 m²

Spoerri Thommen Architekten
© Michael Freisager Fotografie/Zürich, Switzerland

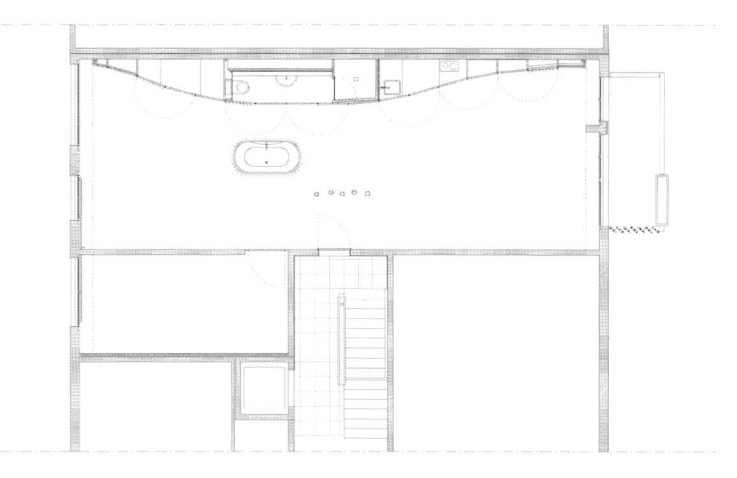

Floor plan

Dieses mitten in der Natur errichtete Haus zeichnet sich durch seine besonderen Dekorationsideen aus: In der Mitte des Gebäudes sind vier Baumstämme platziert. Außerdem werden durch das Spiel mit unterschiedlichen Materialien und Strukturen gezielt bestimmte Effekte erzeugt, die den individuellen Charakter der Wohnräume steigern. Die mit grünem Manchesterstoff bezogenen Wände suggerieren Nähe zur Natur und sorgen für eine warme und behagliche Atmosphäre.

This house was built in the middle of nature and the architect gave it a unique touch using four tree trunks in the middle of the home only for decorative purposes. However, this isn't the only thing that attracts attention in this apartment, as there is also a radical twist to the overall vision of a home: the use of fabric. The walls upholstered in green add to its contact with nature, while also giving it a touch of warmth and personality.

Cette maison construite en pleine nature possède un caractère unique, ne serait-ce que par les quatre troncs d'arbre à vocation purement décorative que l'architecte a placés au cœur de l'habitation. Le mur courbe est tapissé dans des nuances de vert, renforçant la proximité avec l'extérieur.

Dit huis is midden in de natuur gebouwd en de architect heeft er iets unieks van gemaakt door vier boomstammen in het huis zuiver voor decoratieve doeleinden te gebruiken. Maar dat is niet het enige wat de aandacht trekt in dit appartement. Wat dit huis ook heel anders maakt dan de meeste huizen, is het gebruik van textiel. De groen gestoffeerde muren dragen bij aan het contact met de natuur en geven het geheel bovendien iets warms en persoonlijks.

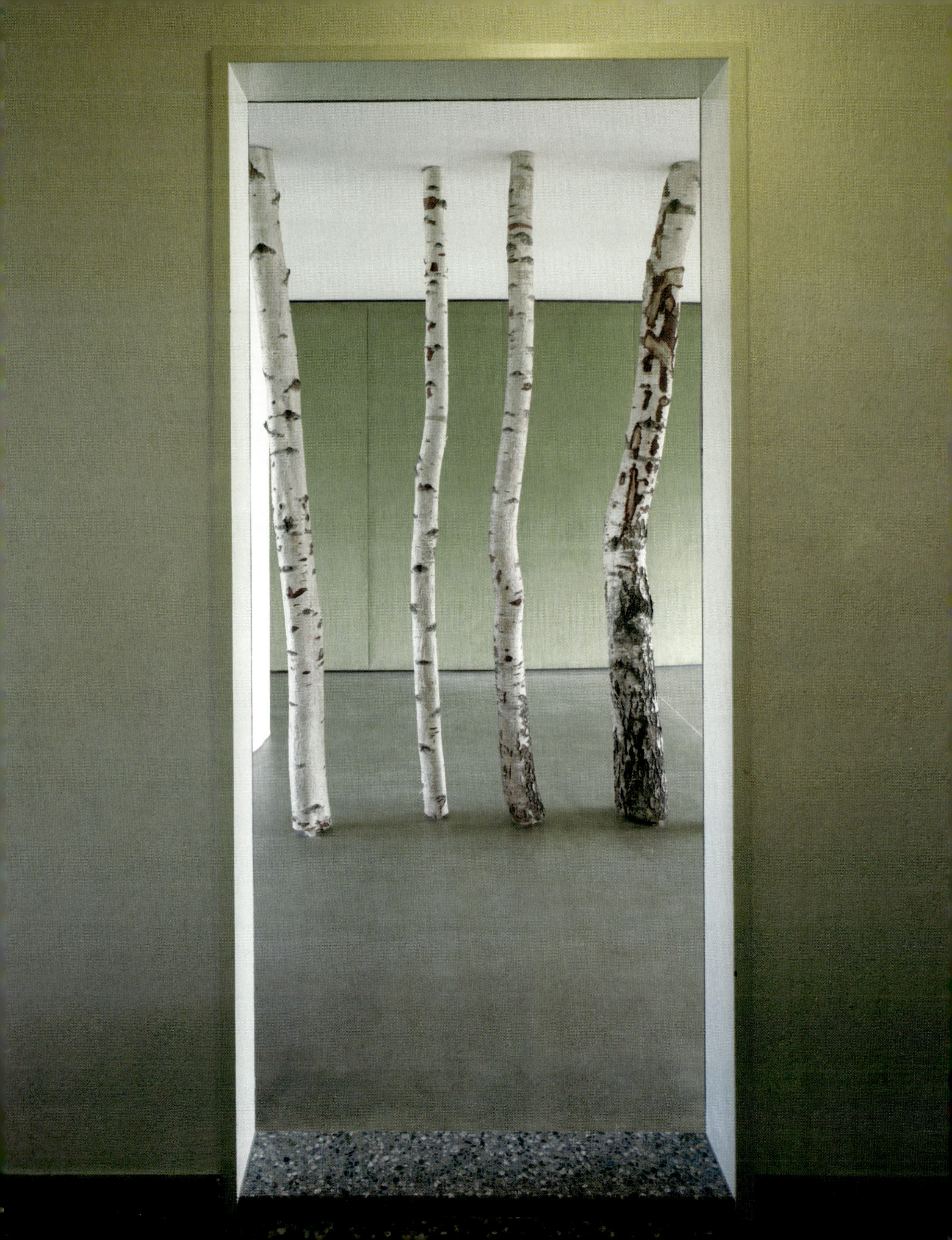

Badezimmer und Küche befinden sich in gesonderten Räumen und somit getrennt von den zur Entspannung genutzten Bereichen der Wohnung.

La salle de bains et la cuisine, dissimulées aux regards derrière le mur courbe, n'empiètent pas sur l'espace dédié à la relaxation.

The bathroom and kitchen are the two areas that are isolated from the other areas that are used more for relaxation.

De badkamer en de keuken zijn afgezonderd van de andere ruimten, die meer worden gebruikt om te ontspannen.

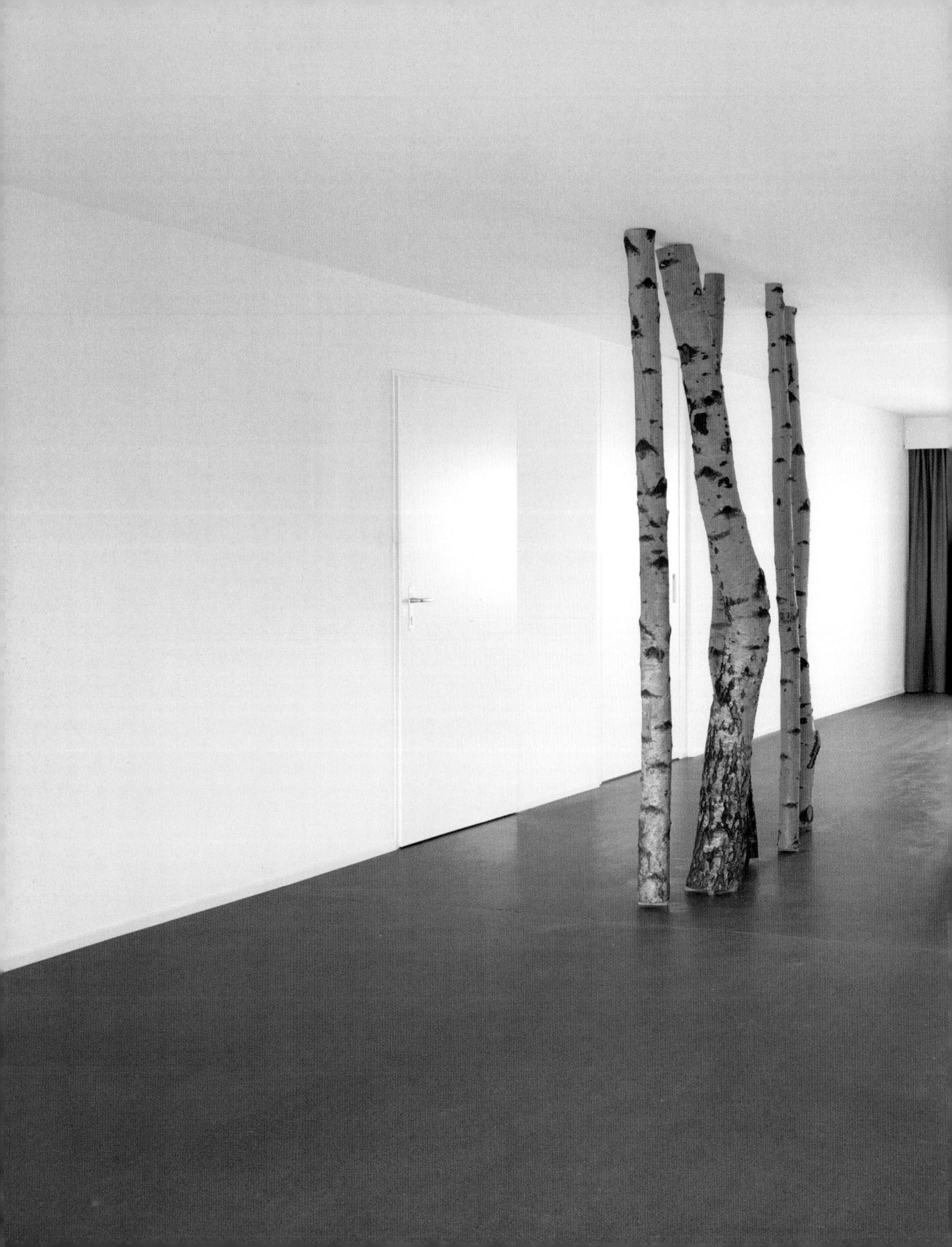

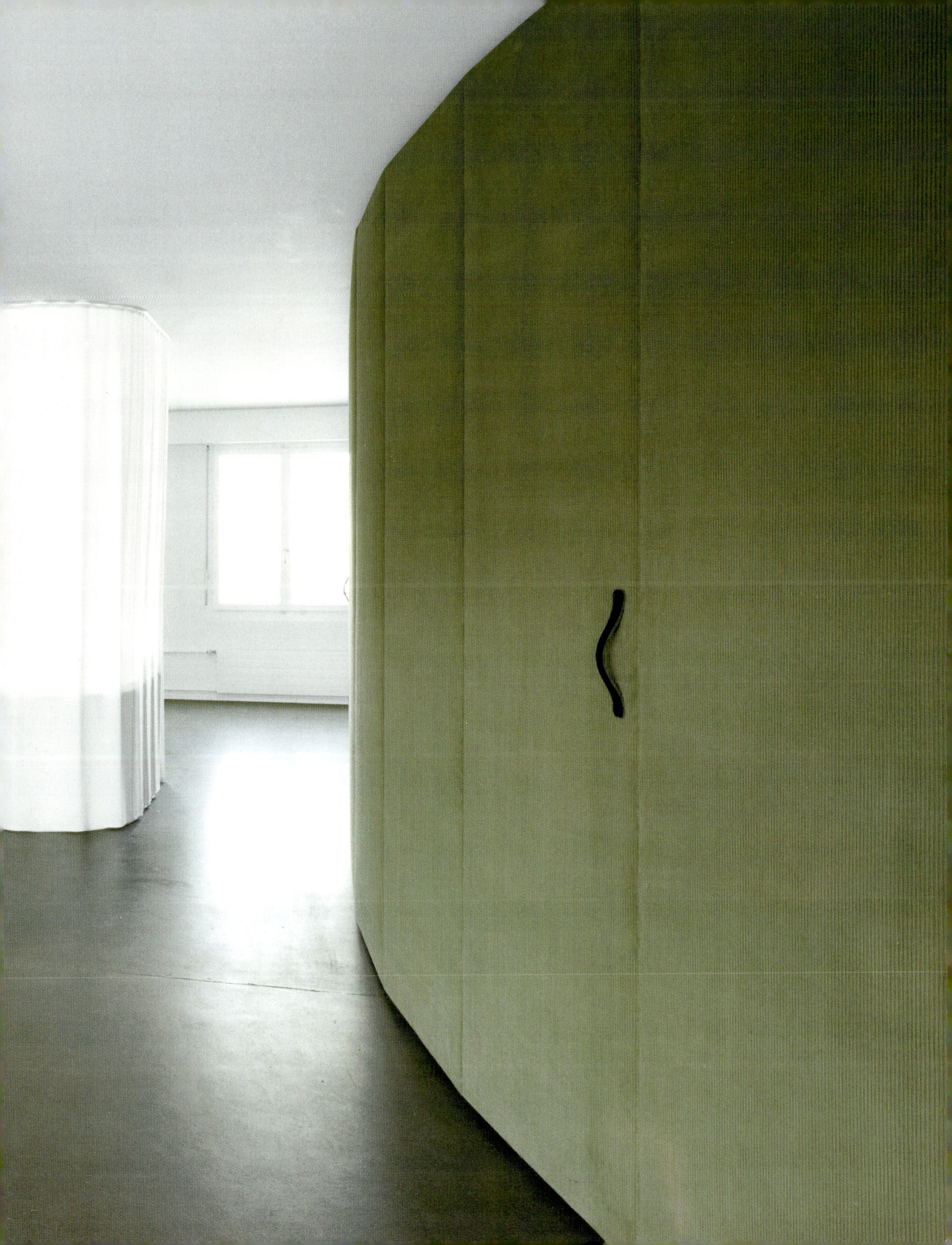

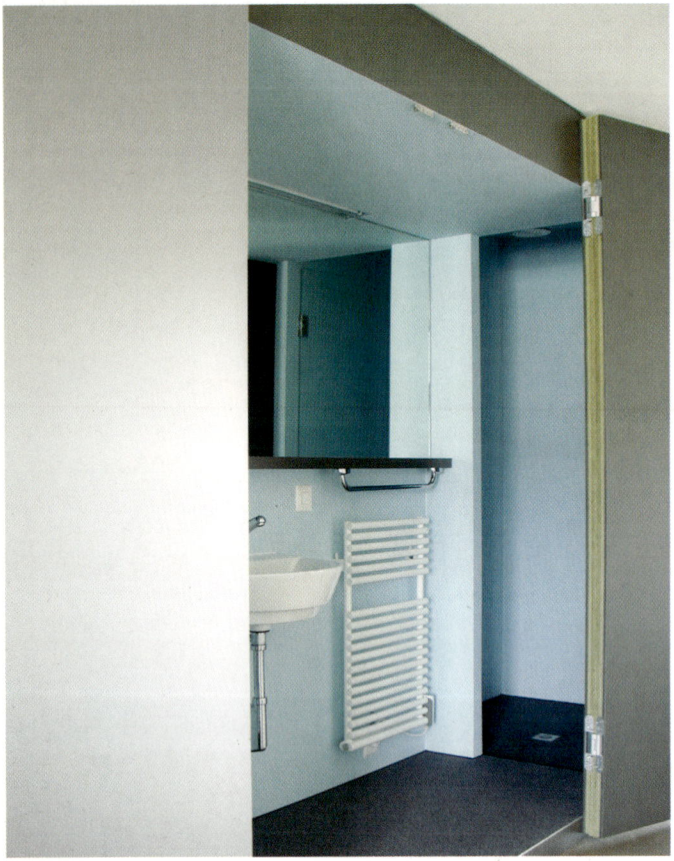
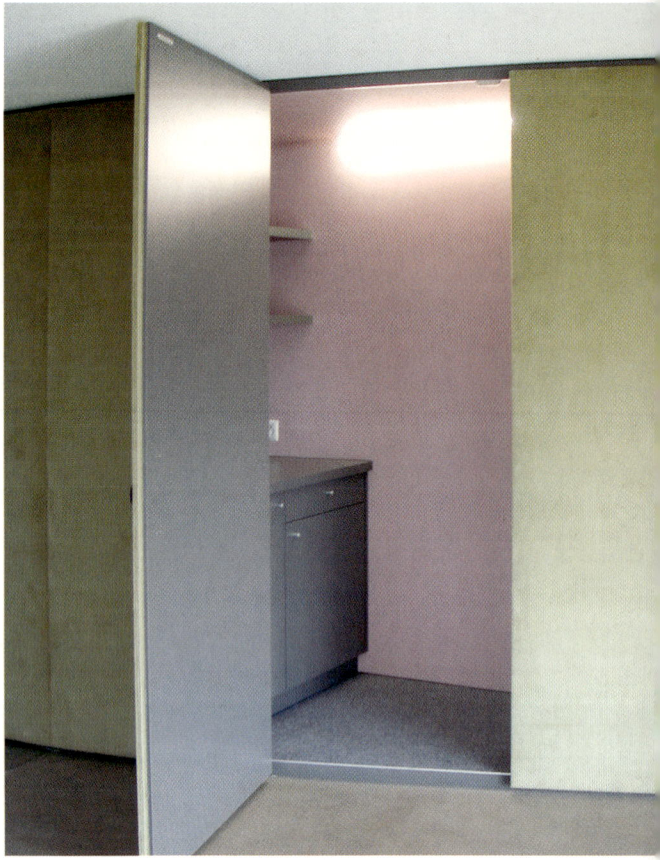
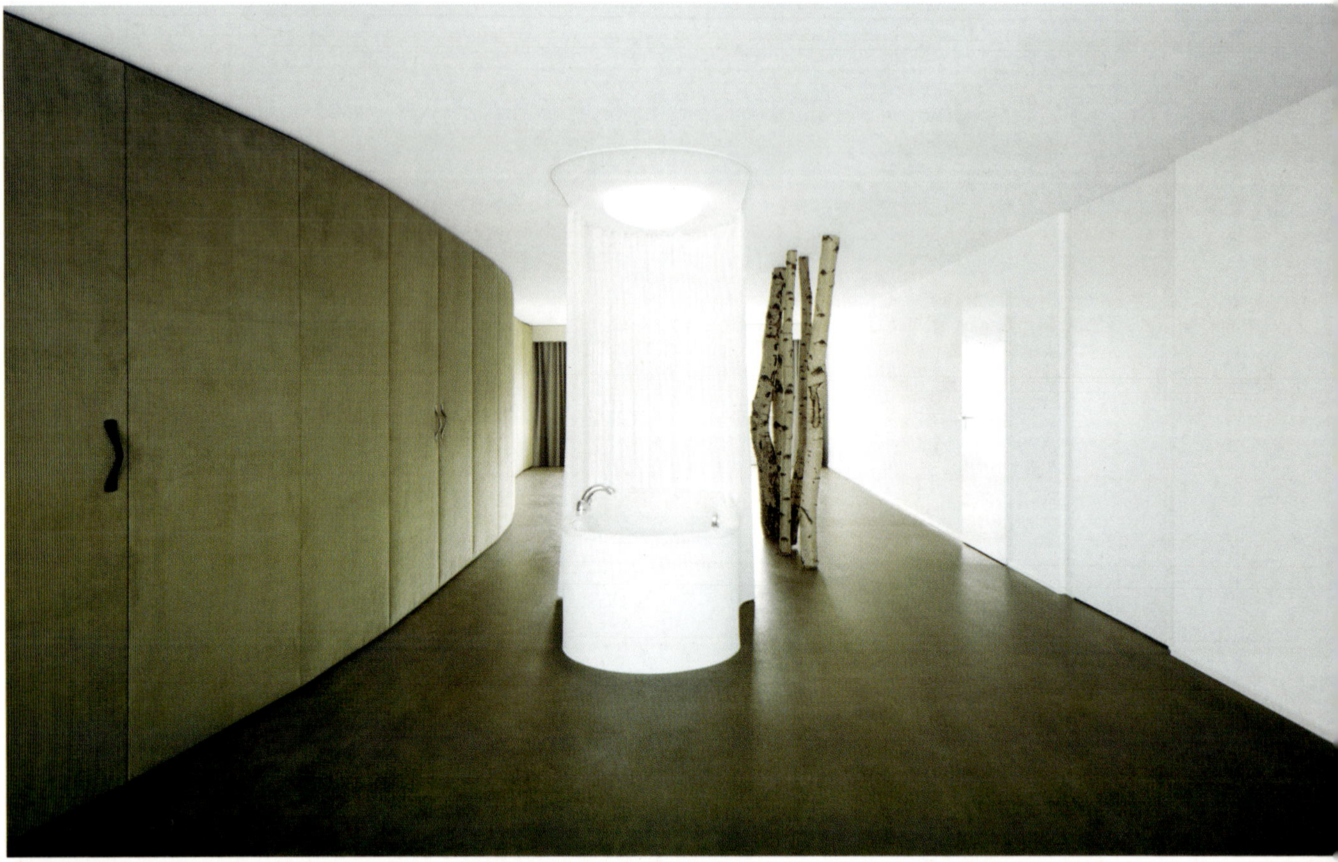

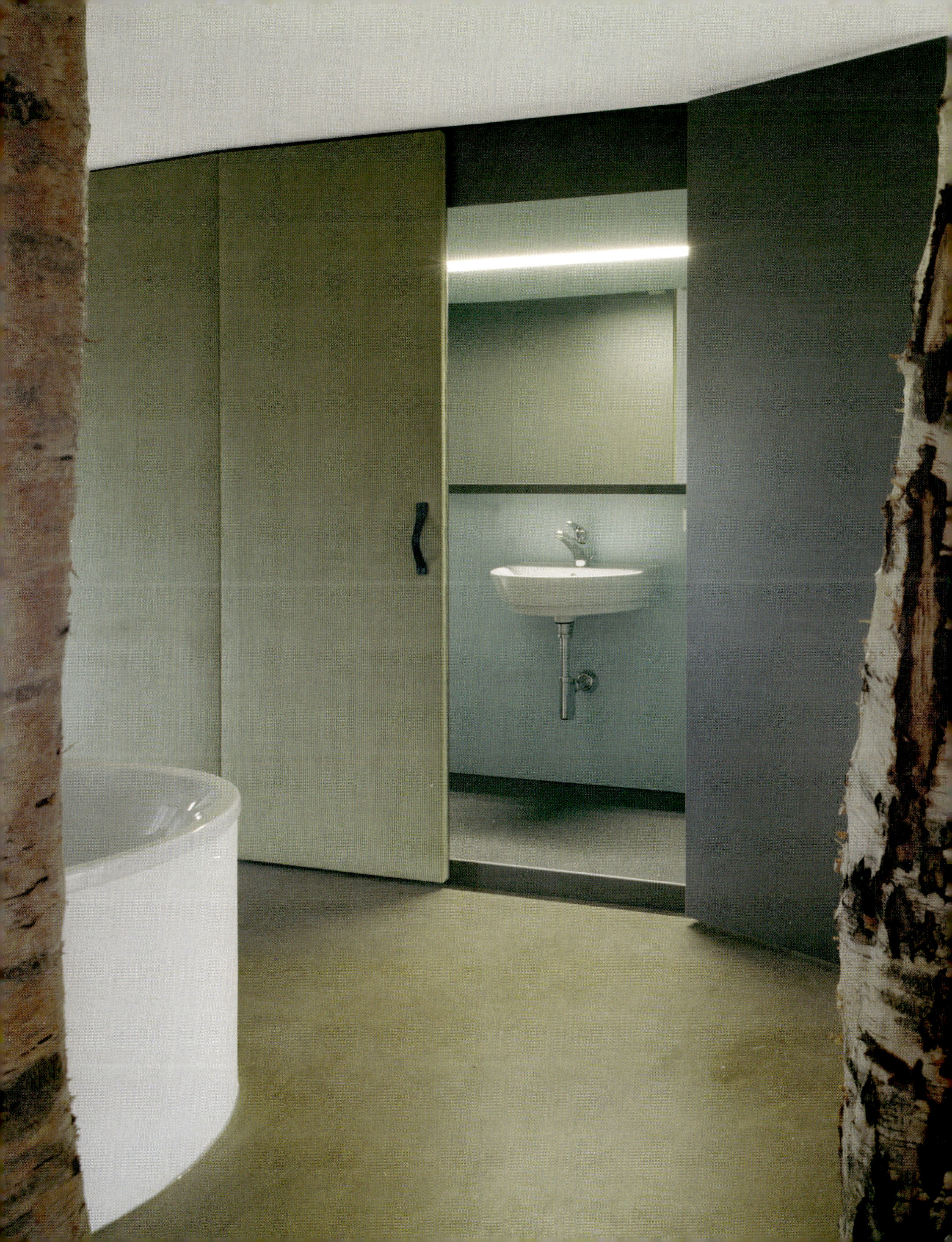

Hanse Colani Rotorhaus > 388 sq. ft. / 36 m²

Luigi Colani, Hanse Haus
© Hanse Haus GMBH/Oberleichtersbach, Germany

Die Idee des futuristischen Wohnens geht bei diesem Fertighausprojekt mit den höchsten Funktionalitätsansprüchen einher. Um den begrenzten Raum bestmöglich auszunuzten, wurde eine geniale Lösung gefunden: Ein drehbarer Zylinder wird in drei Funktionsbereiche – Küche, Bad und Schlafzimmer – eingeteilt, die je nach Bedarf „herbeigedreht" werden können. In diesem Projekt wird originelles Wohnen mit dem Bestreben vereint, auf minimalem Raum so viele Nutzungsmöglichkeiten wie möglich zu schaffen, ohne das Gebäude zu überladen.

In this prefabricated house functional nature and design combine to create a futuristic space. Since it's a small home, the architect had to find a practical solution; he decided to build a revolving cylinder divided into three areas – kitchen, bathroom and bedroom – so the inhabitants can use each room whenever they like. This gives it an original touch, but at the same time, serves the purpose of having as many things as possible in a small space without overloading it.

Dans cette maison préfabriquée, fonctionnalité et design se combinent pour créer un espace futuriste. L'architecte a dû trouver une solution pratique : il a construit un cylindre pivotant divisé en trois secteurs – la cuisine, la salle de bains et la chambre à coucher – que les habitants peuvent utiliser selon leurs besoins. Cela lui donne une personnalité originale et répond parfaitement au cahier des charges dont l'objectif était de réunir un maximum de possibilités dans un espace réduit, sans le surcharger.

In dit geprefabriceerde huis creëren functionele natuur en ontwerp samen een futuristische ruimte. Omdat het huis klein is, moest de architect een praktische oplossing vinden. Hij besloot een draaiende cilinder te bouwen, verdeeld in drie gebieden – keuken, badkamer en slaapkamer – die de bewoners naar eigen believen kunnen gebruiken. Hierdoor krijgt het huis iets origineels, maar kunnen bovendien veel functies in een kleine ruimte worden ondergebracht zonder die te vol te stouwen.

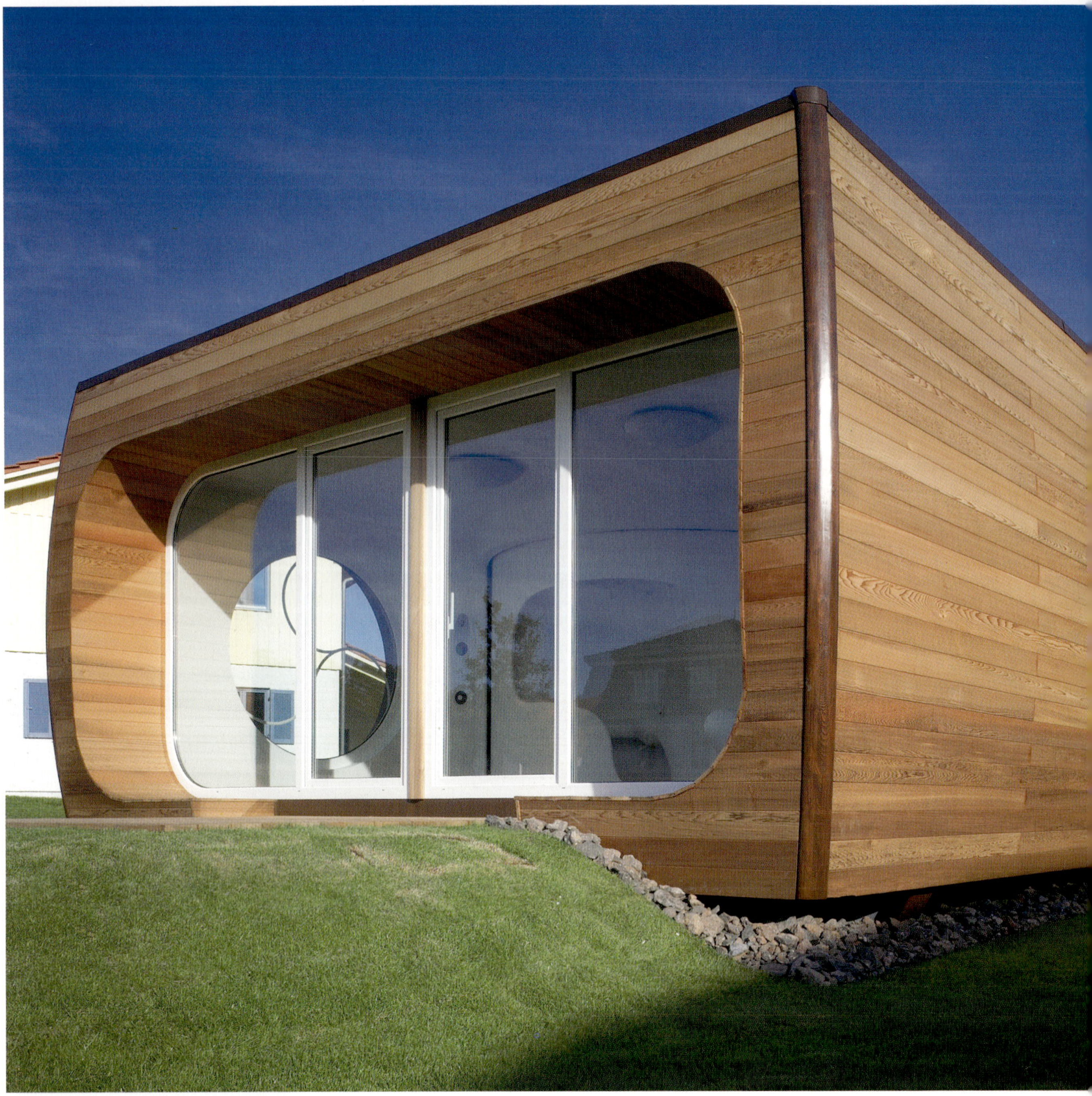

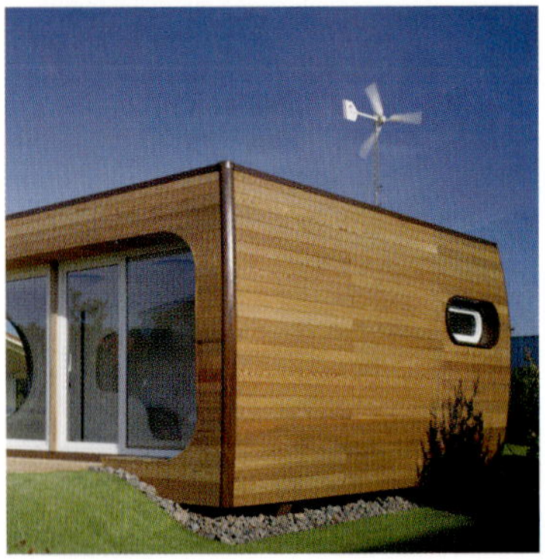

Das moderne Design der Innenräume bekommt durch die jeweils in einer anderen Farbe gestalteten Funktionsbereiche eine individuelle Note.

L'intérieur de la maison dégage une esthétique ultra-moderne, où chacun des espaces est matérialisé par une couleur spécifique.

The interior of the home has a modern design and each small area is painted with a different color.

Het interieur van het huis is modern en elke ruimte is in een andere kleur geschilderd.

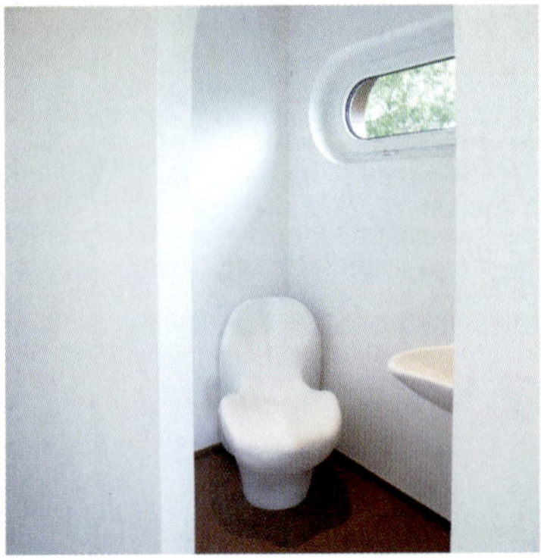

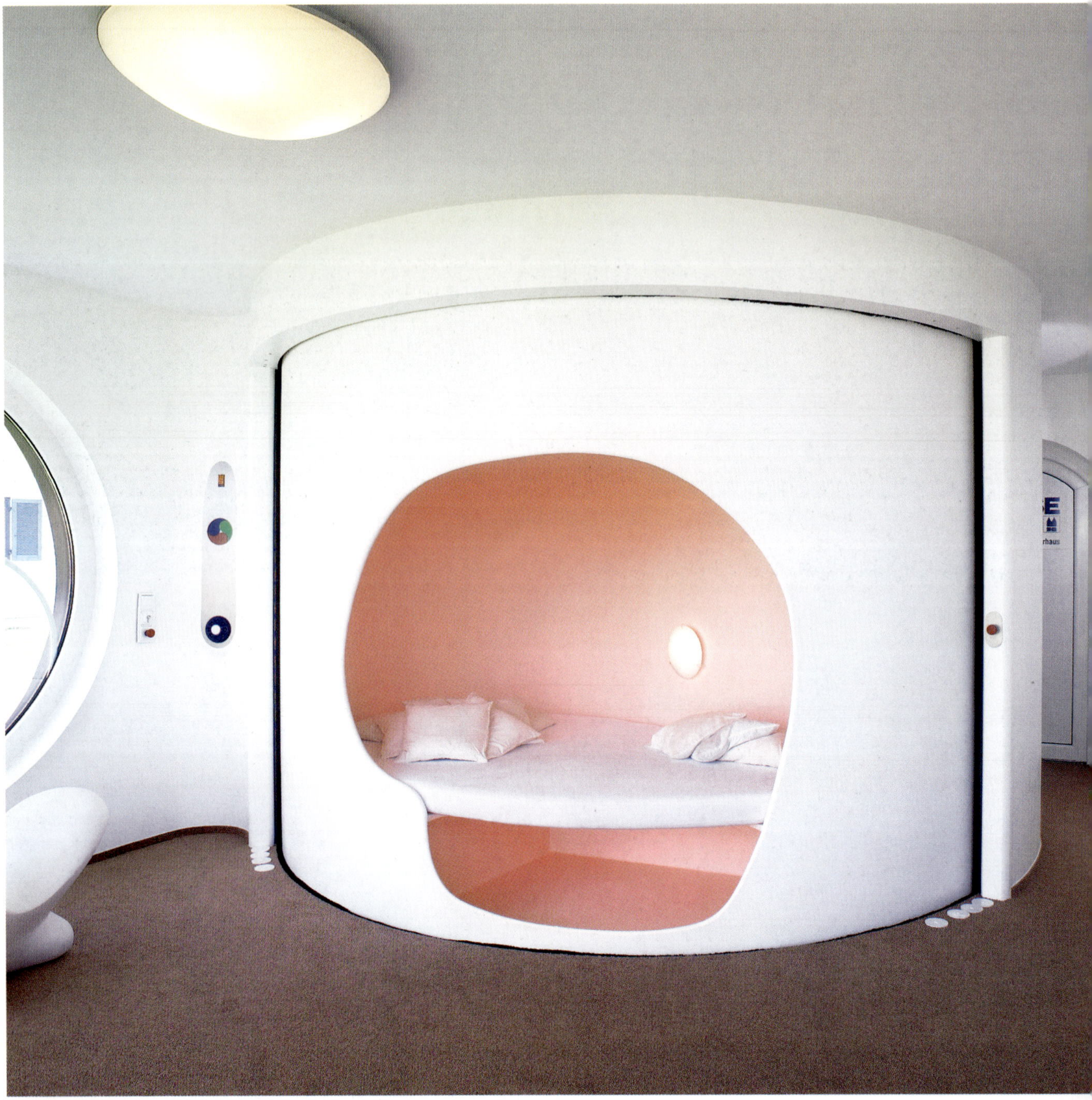

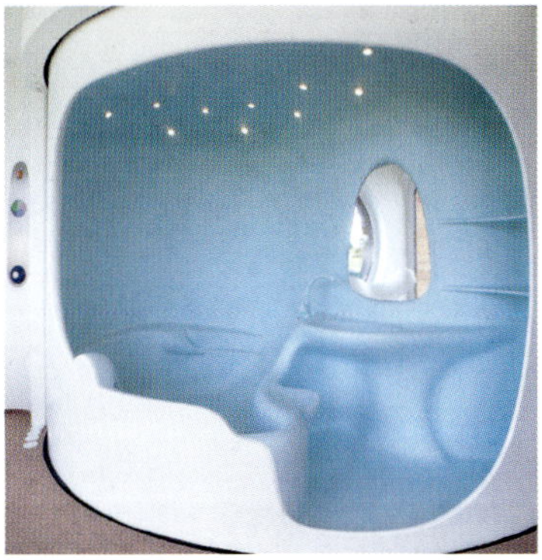
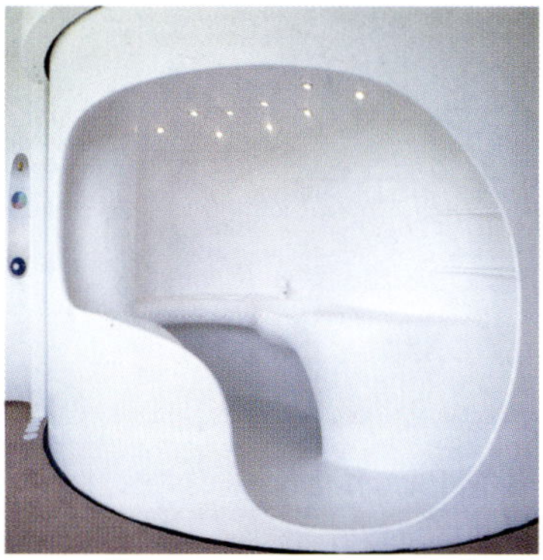
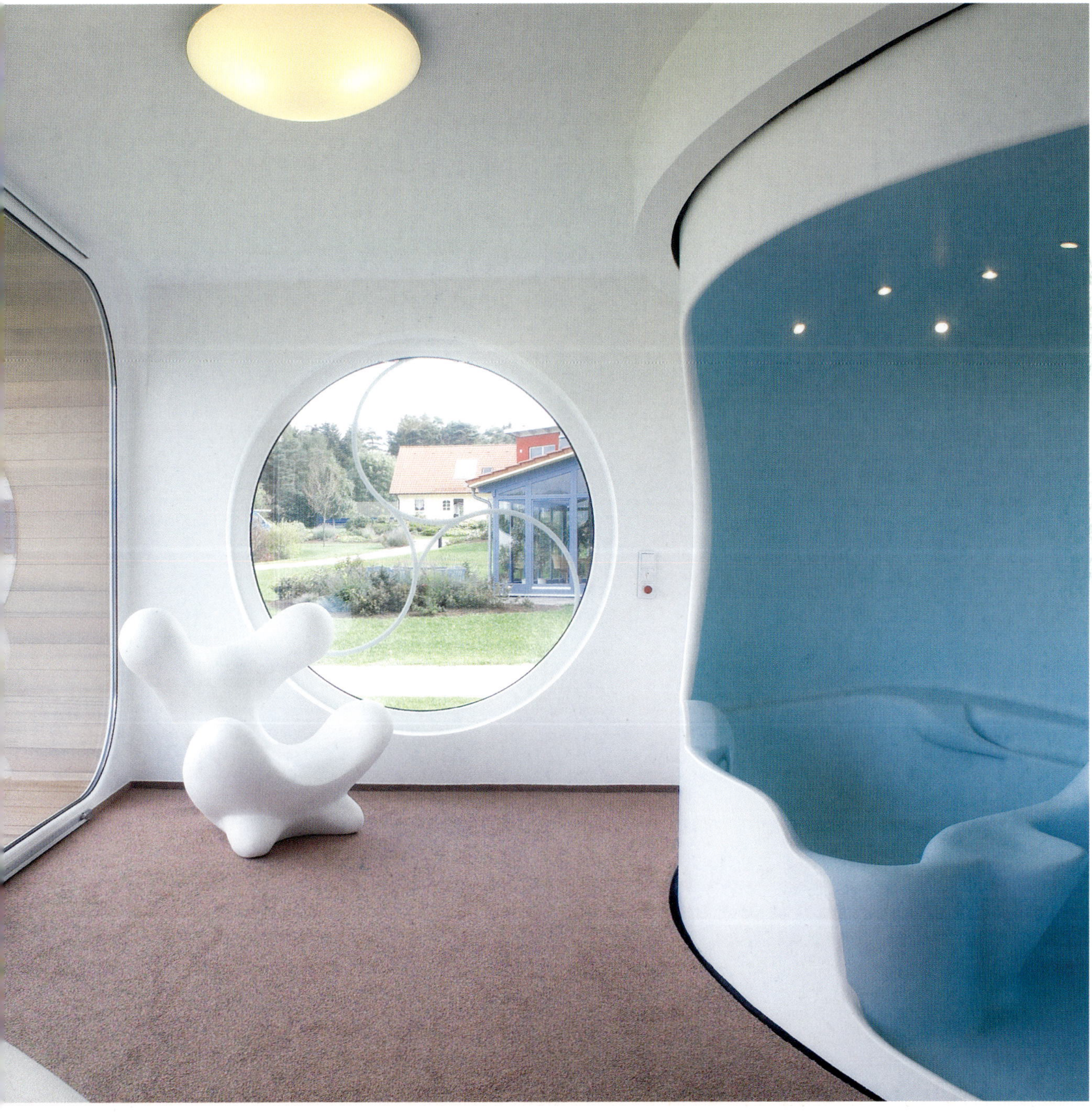

Study and Guesthouse > 1,141 sq. ft. / 106 m²

Loosen, Rüschoff & Winkler
© Oliver Heissner/Grossensee, Germany

Floor plan

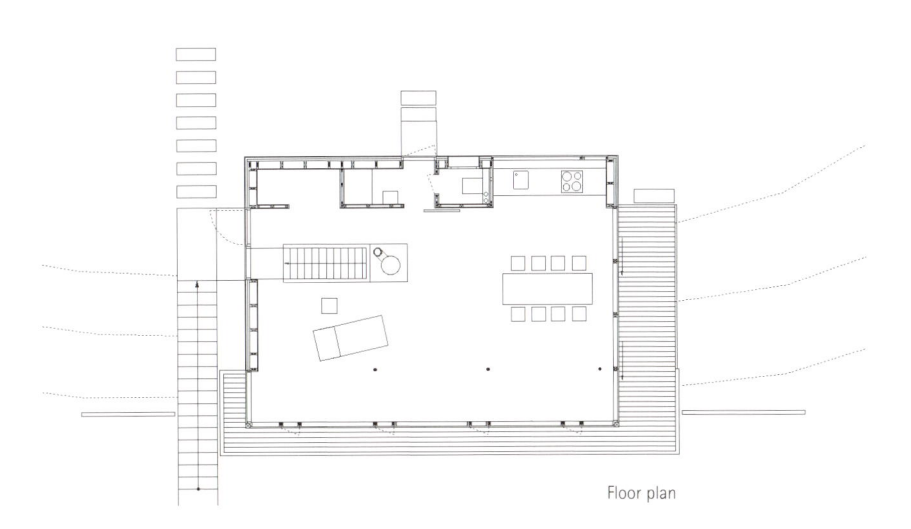

Bei der Gestaltung eines neuen Hauses können bereits existierende, nicht mehr genutzte Gebäudeteile in das Projekt einbezogen werden. In diesem Fall wurde das bereits vorhandene Erdgeschoss aufgestockt und durch eine neue Einteilung sowie eine Neugestaltung der Fassade an die neuen Bedürfnisse angepasst. Das Atelier sollte großzügig geschnitten und komfortabel sein. Das Dach ruht auf schlanken und dekorativen, im Gebäudeinneren sichtbaren Säulen.

When designing a new building an architect can make use of something that has already been constructed but is no longer useful. Here the ground floor is the part that already existed, and with just a little rehabilitation it was adapted to the new needs, thanks to a different arrangement and a new coat of paint. After all, the aim was to make it a large and comfortable study. The structure rests on some small columns which are strictly decorative.

Lors d'une rénovation, l'architecte peut se servir d'un élément n'ayant plus d'utilité mais déjà construit. Ici, le rez-de-chaussée est la partie préexistante. Il a subi une légère métamorphose pour répondre aux nouveaux besoins, grâce à un aménagement différent et une nouvelle couche de peinture. L'objectif était d'en faire un grand et confortable bureau. La structure comporte de nombreuses colonnes de bois, purement décoratives.

Bij het ontwerp van een nieuw gebouw kan een architect gebruikmaken van een bestaande, maar niet langer nuttige constructie. Hier vormt de benedenverdieping het deel dat al bestond, en met een kleine opknapbeurt is het aan de nieuwe behoeften aangepast: er kwam een andere indeling en het geheel werd opnieuw geschilderd. Het was de bedoeling er een grote werkkamer van te maken. De structuur rust op een paar kleine zuilen, die zuiver decoratief zijn.

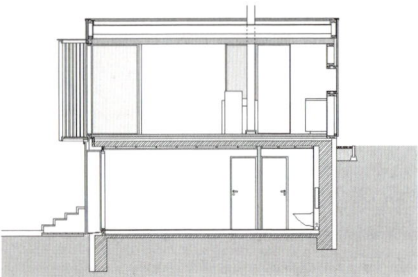

Section

Dank der Raumhöhe und der großen Fenster kann während der Arbeit die Aussicht nach draußen genossen werden.

La localisation du bureau fait qu'on peut y travailler dans le plus grand calme, sensation renforcée par la vue sur l'extérieur qu'offre la grande baie vitrée.

The height of the study makes it so one can work in peace aided by the view outside the large window.

Door zijn hoogte kan er in de werkkamer rustig gewerkt worden en is er een mooi uitzicht door het raam.

Floor plan

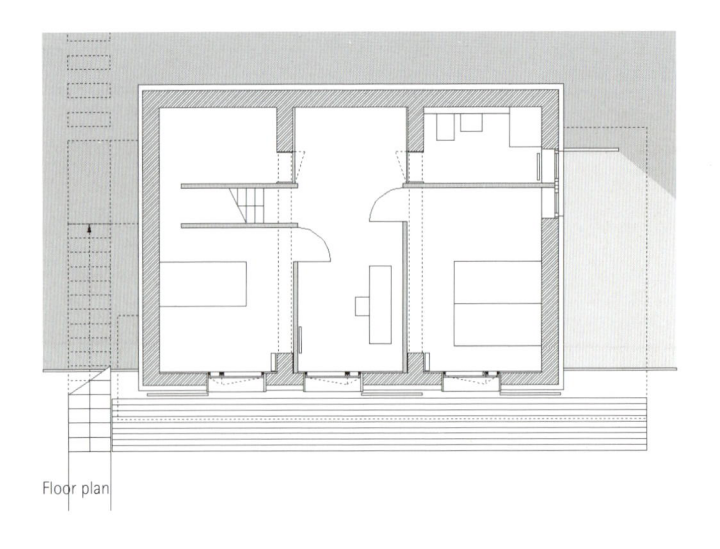

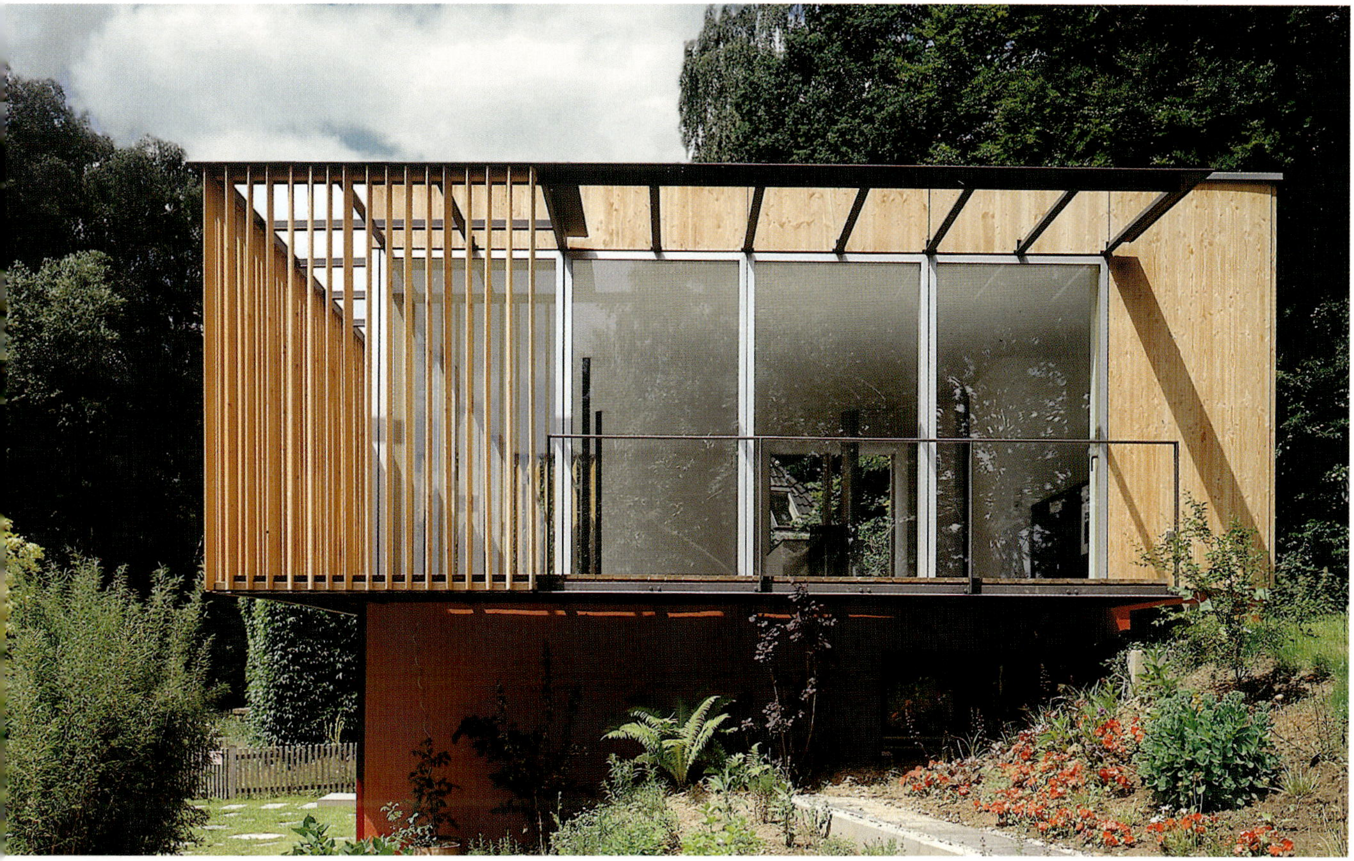
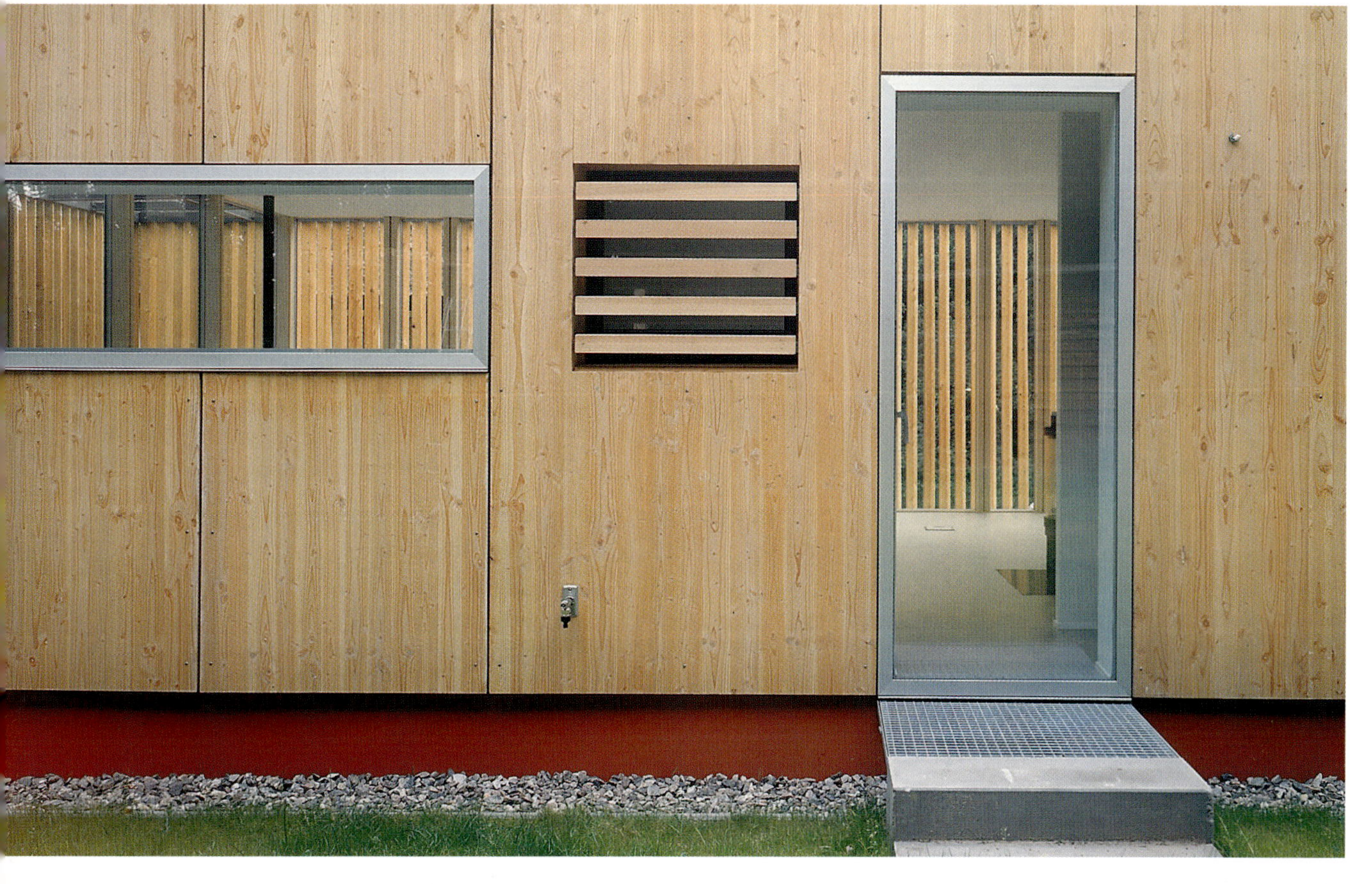

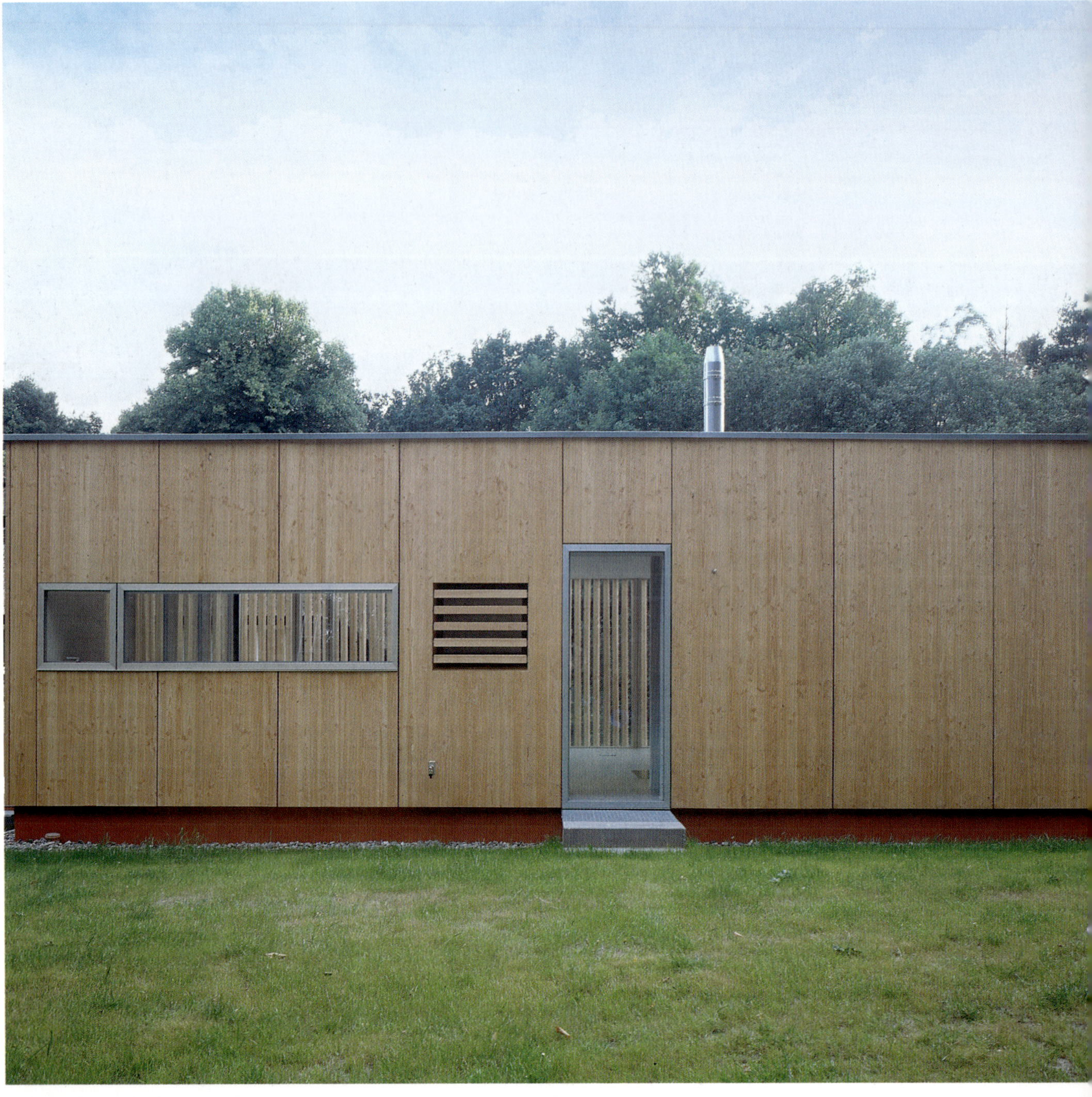

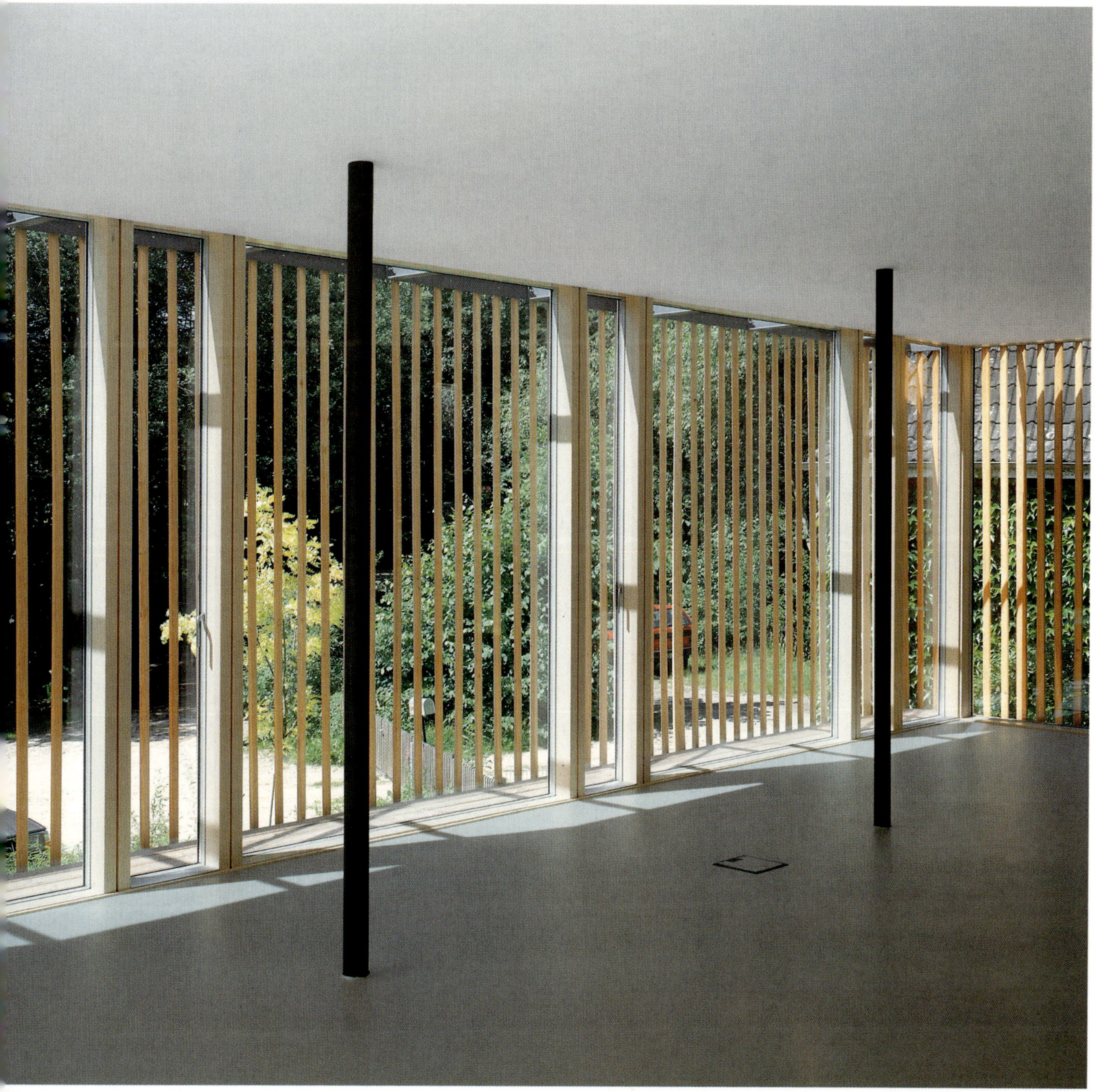

Dong Heon Residence > 710 sq. ft. / 66 m²

Seung H-Sang/Iroje Architects & Planners
© Muari Osamu/Namyangju-Gun, Korea

Floor plan

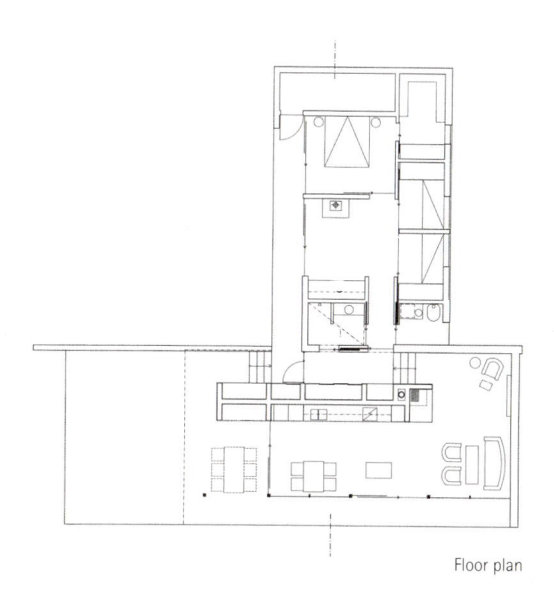

Bei der Konstruktion des Hauses entschied man sich für einen L-förmigen Grundriss. Die Besonderheit des Hauses ist das komplett aus Stahl gefertigte Tragsystem. Stahl – ein Baumaterial, das sich vor allem für Fundamente auf kompliziertem Baugrund eignet – erfreut sich beim Hausbau zunehmender Beliebtheit. Das Material zeichnet sich durch seine enorme Widerstandskraft aus: Es ist resistent gegen Termiten, Pilzbefall, Nagetiere sowie hohe Temperaturen und optimal geeignet, um ein rundum sicheres Zuhause zu schaffen.

The architect chose an L shape when building this house. What stands out about this home is that its entire structure is made of steel, a material that is being used more and more frequently. Steel is ideal for constructions where building a foundation is complicated. In addition, it is one of the most resistant materials – it is resistant to termites, fungus, rodents and is able to withstand high temperatures. In short, it is a material that makes for a very secure home.

L'architecte a choisi une forme en L pour la construction de cette maison. Une structure entièrement en acier, un matériau de plus en plus utilisé, notamment dans les cas où la construction de fondations est compliquée. Très résistant (aux termites, aux champignons et aux rongeurs), il supporte également de hautes températures. Bref, un gage de sécurité.

De architect koos voor een L-vorm toen hij dit huis bouwde. Bijzonder aan dit huis is dat zijn hele structuur van staal is, een materiaal dat steeds vaker wordt gebruikt. Staal is ideaal voor constructies waarbij het niet meevalt een fundering aan te leggen. Bovendien is het een zeer duurzaam materiaal. Het is bestand tegen termieten, zwam, knaagdieren en hoge temperaturen. Kortom, het is een materiaal waarmee een heel stevig en veilig huis gebouwd kan worden.

Elevation

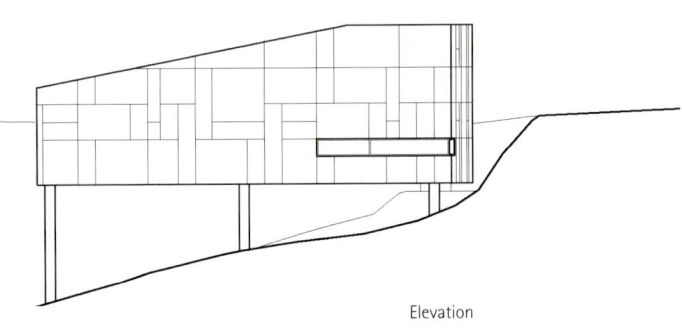

Dank der Stützpfeiler konnte das Gebäude an die unebene Umgebung angepasst werden.

Les piliers soutenant la structure permettent à la maison de s'adapter à son environnement.

The pillars supporting the structure allow the home to adapt to its surroundings.

De pijlers die de structuur ondersteunen, stellen het huis in staat zich naar zijn omgeving te voegen.

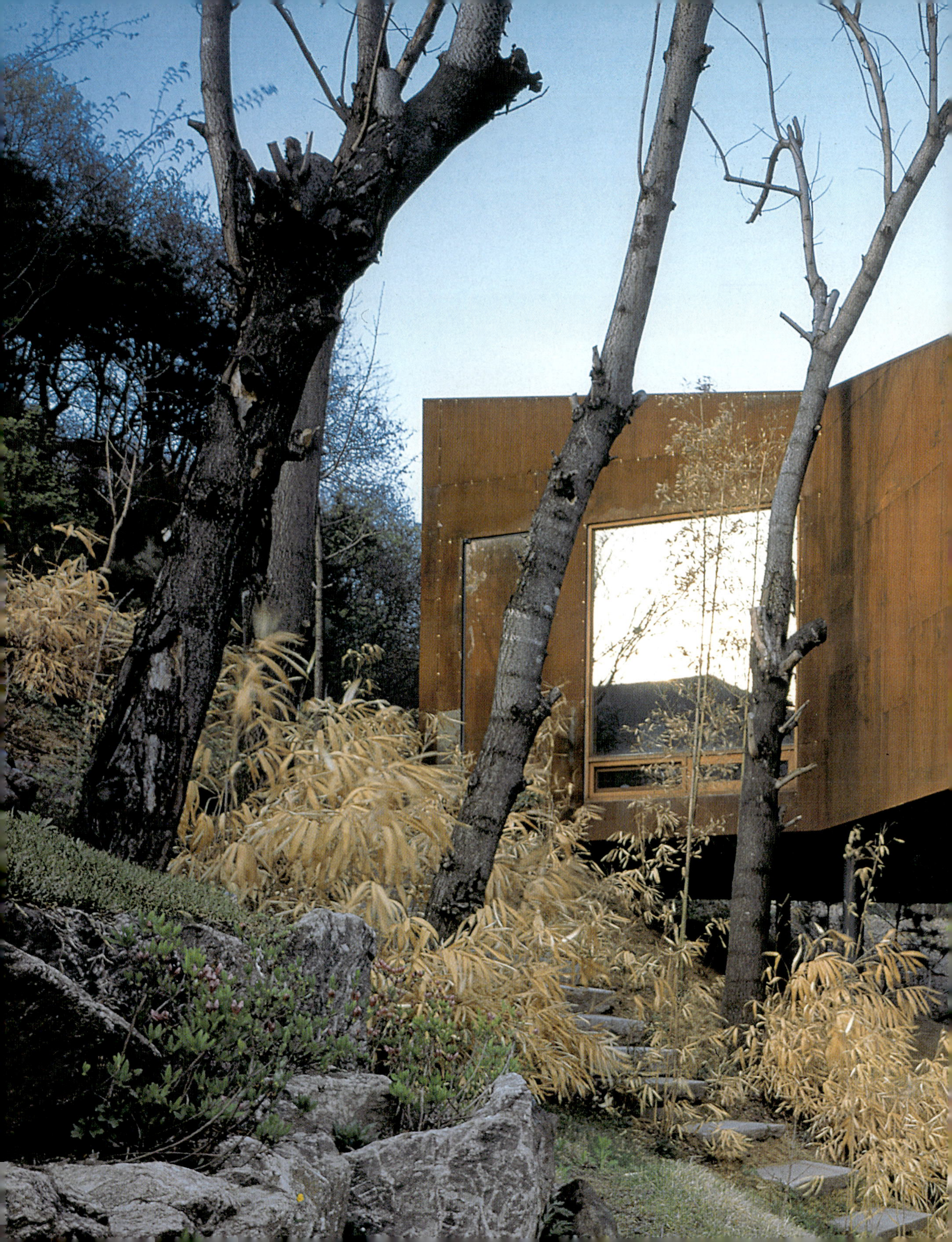

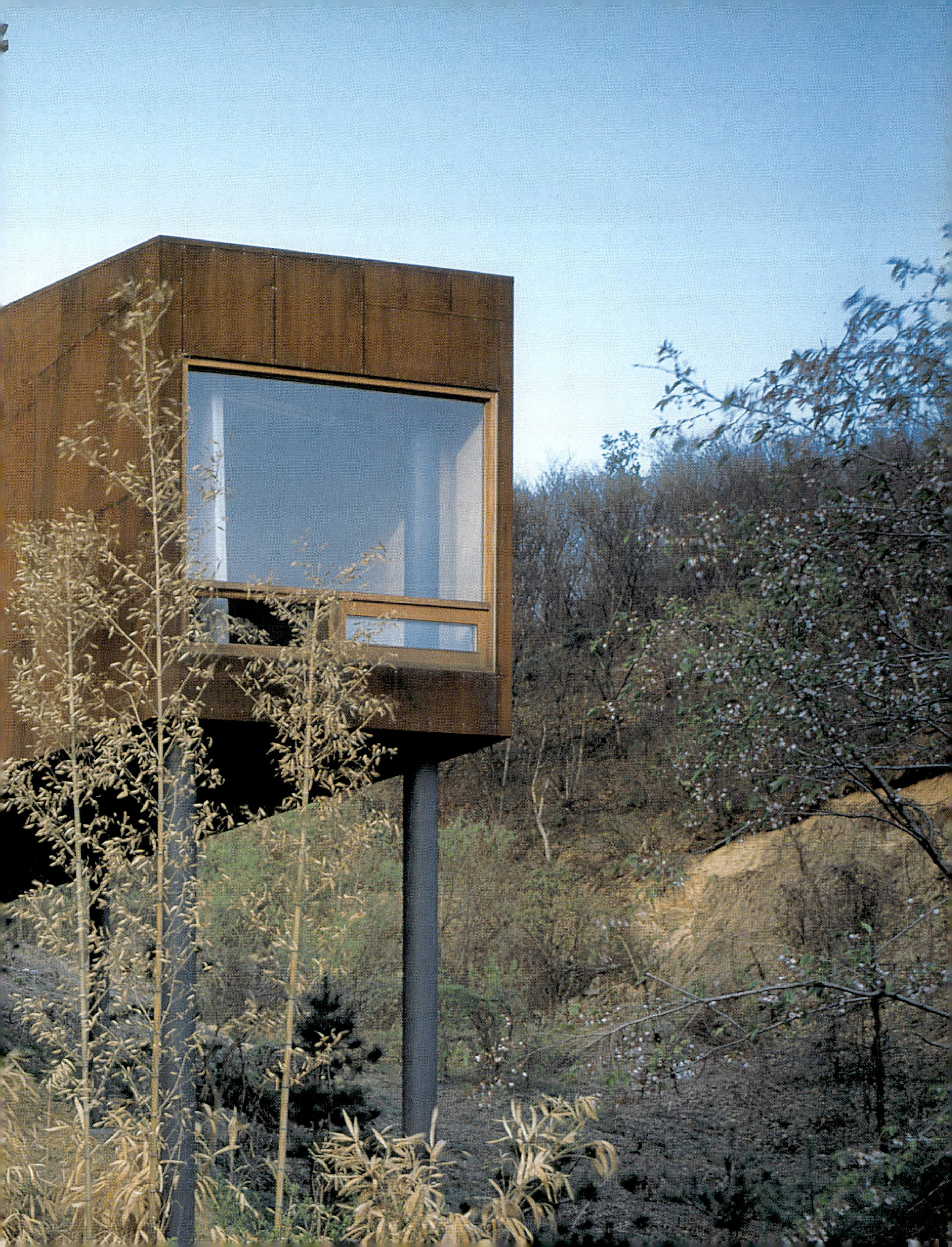

Layer House > 355 sq. ft. / 33 m²

Hiroaki Ohtani
© Kouji Okamoto/Kobe, Japan

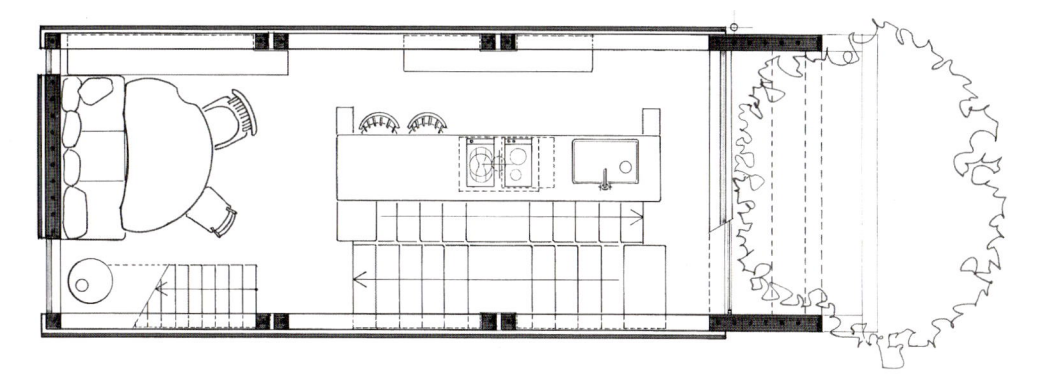

Floor plan

Es scheint fast unmöglich, auf einer Fläche von nur etwa 33 Quadratmetern zu wohnen. Mit modernen Designideen können jedoch alle Wohnbedürfnisse auch auf kleinstem Raum erfüllt werden. In einem Land wie Japan, in dem fast 130 Millionen Menschen leben, müssen schnelle und praktische Lösungen gefunden werden. Das innovative Gebäude besteht zu einem großen Teil aus Holz. In diesem Fall verleiht das Wärme ausstrahlende Material den Räumen eine heimelige Atmosphäre und lässt gleichzeitig das notwendige Tageslicht hinein.

It seems almost impossible to live in just 355 square feet spaces, but modern design makes it possible to have all the basic necessities in such a reduced space. In countries like Japan, with almost 130 million inhabitants, finding quick and practical solutions is a must. The Layer House is innovative with wood as the basic structure. It's a material that lends warmth to a room and, at the same time, lets in the light we need.

S'il semble difficile de vivre confortablement dans 33 m², le design contemporain permet de réunir tout l'équipement nécessaire dans un espace aussi réduit. Dans des pays comme le Japon, où la densité réelle de population atteint 1 600 habitants/km², trouver des solutions rapides et pratiques est une nécessité. La Layer House innove avec sa structure en bois. C'est un matériau qui apporte de la chaleur à une pièce et qui, en même temps, fait entrer la lumière dont nous avons besoin.

Het lijkt bijna onmogelijk om in een ruimte van net iets meer dan 30 vierkante meter te leven, maar moderne vormgeving maakt het mogelijk alle basisbehoeften in zo'n beperkte ruimte onder te brengen. In Japan, met bijna 130 miljoen inwoners, is het vinden van snelle en praktische oplossingen een noodzaak. Het Layer House is vernieuwend doordat hout is gebruikt voor de constructie. Het materiaal verleent de ruimte warmte en de constructie laat het het benodigde licht binnen.

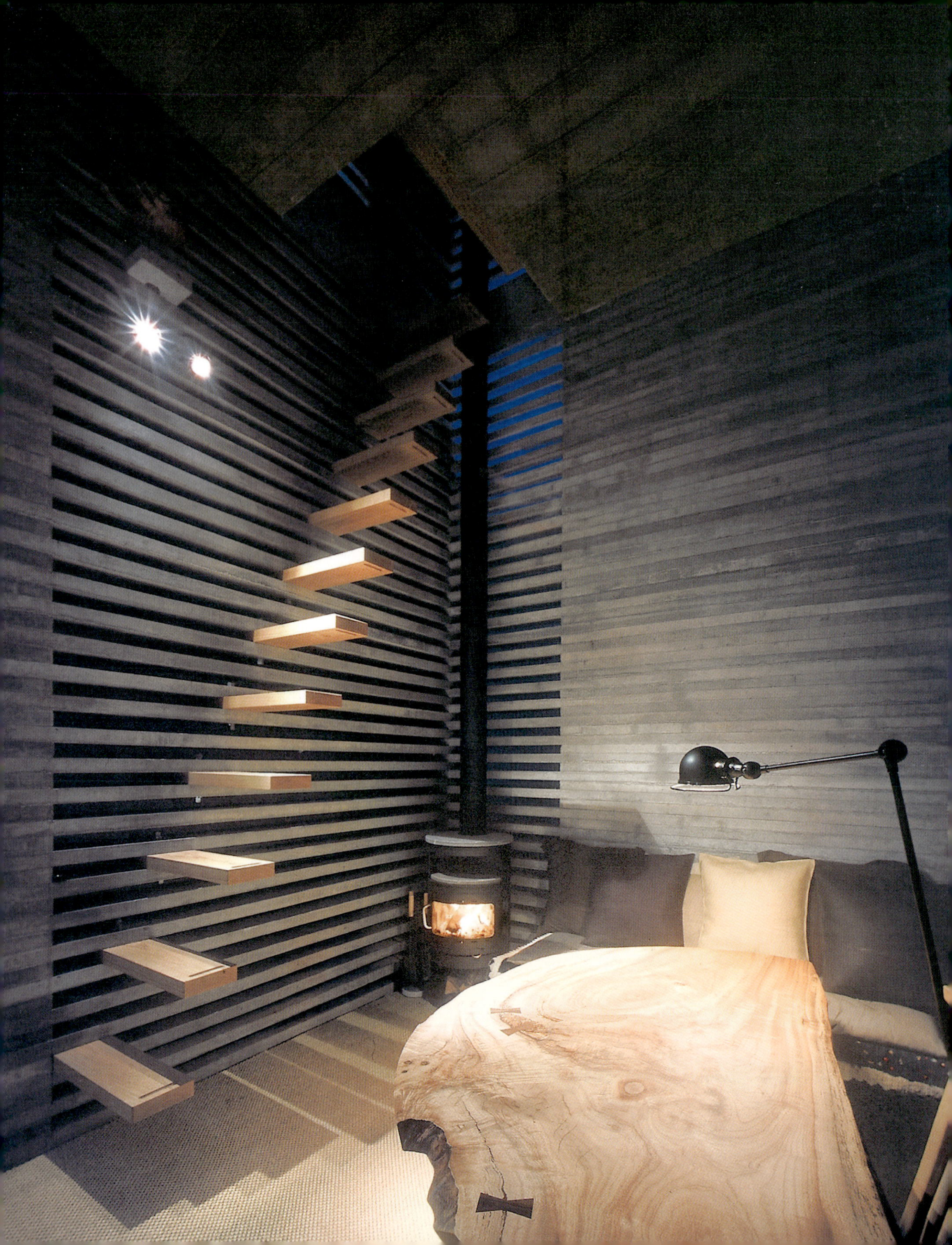

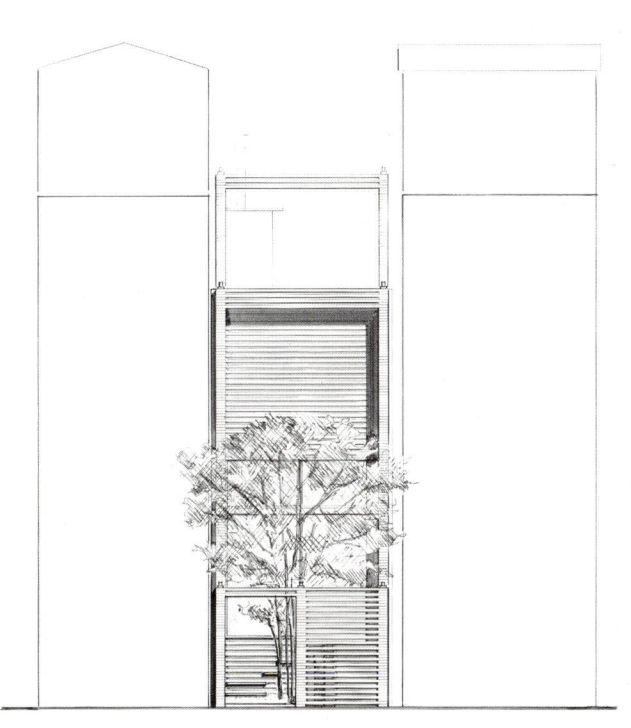

Elevation

Die unterschiedlichen Farben, Größen und Anordnungen der Regale verleihen dem Raum die nötige Individualität.

Shelves of different tones, sizes and arrangement give the room the personal touch it needs.

Les étagères aux tons, tailles et positionnements différents, apportent à chacune des pièces une touche personnelle.

Planken in verschillende tinten, maten en rangschikkingen maken de ruimte heel persoonlijk.

167

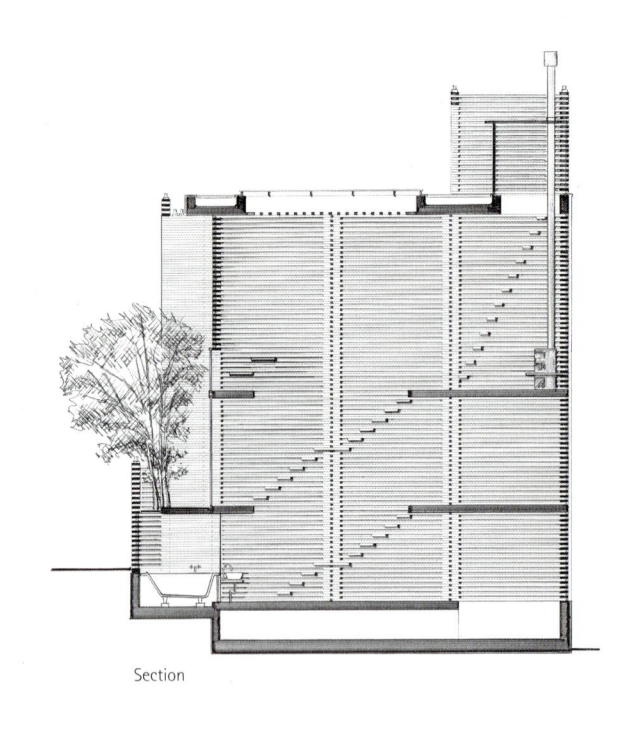

Section

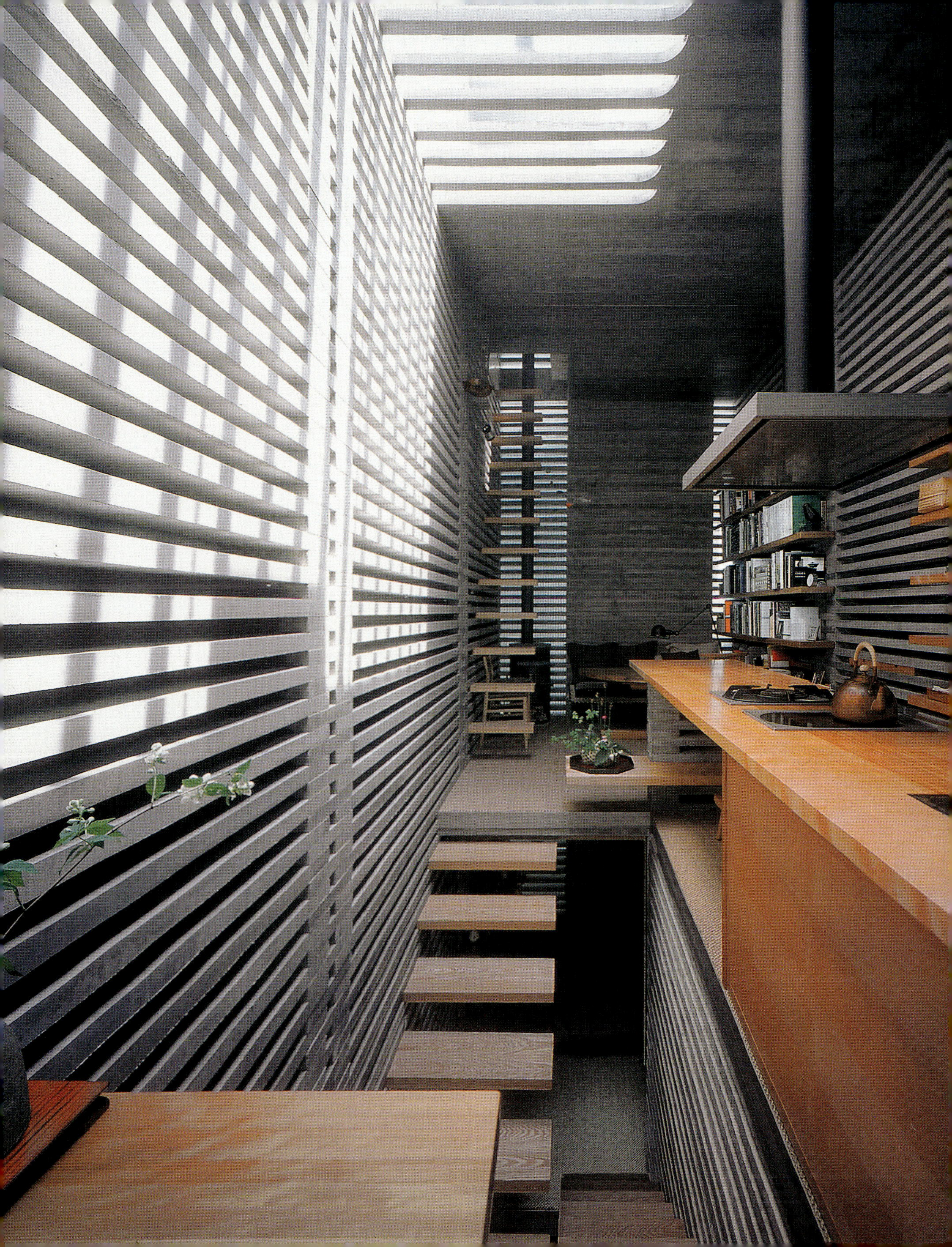

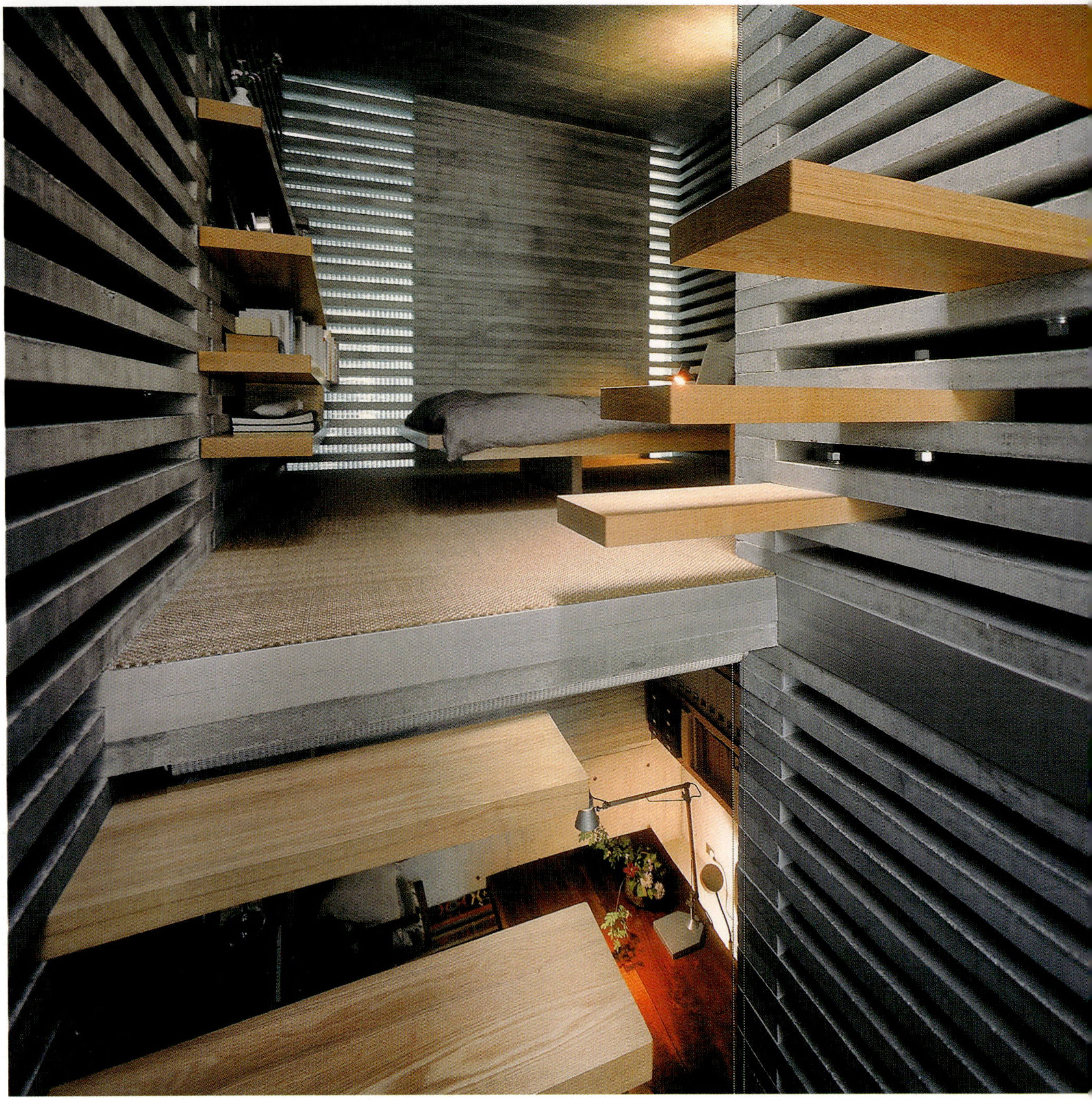

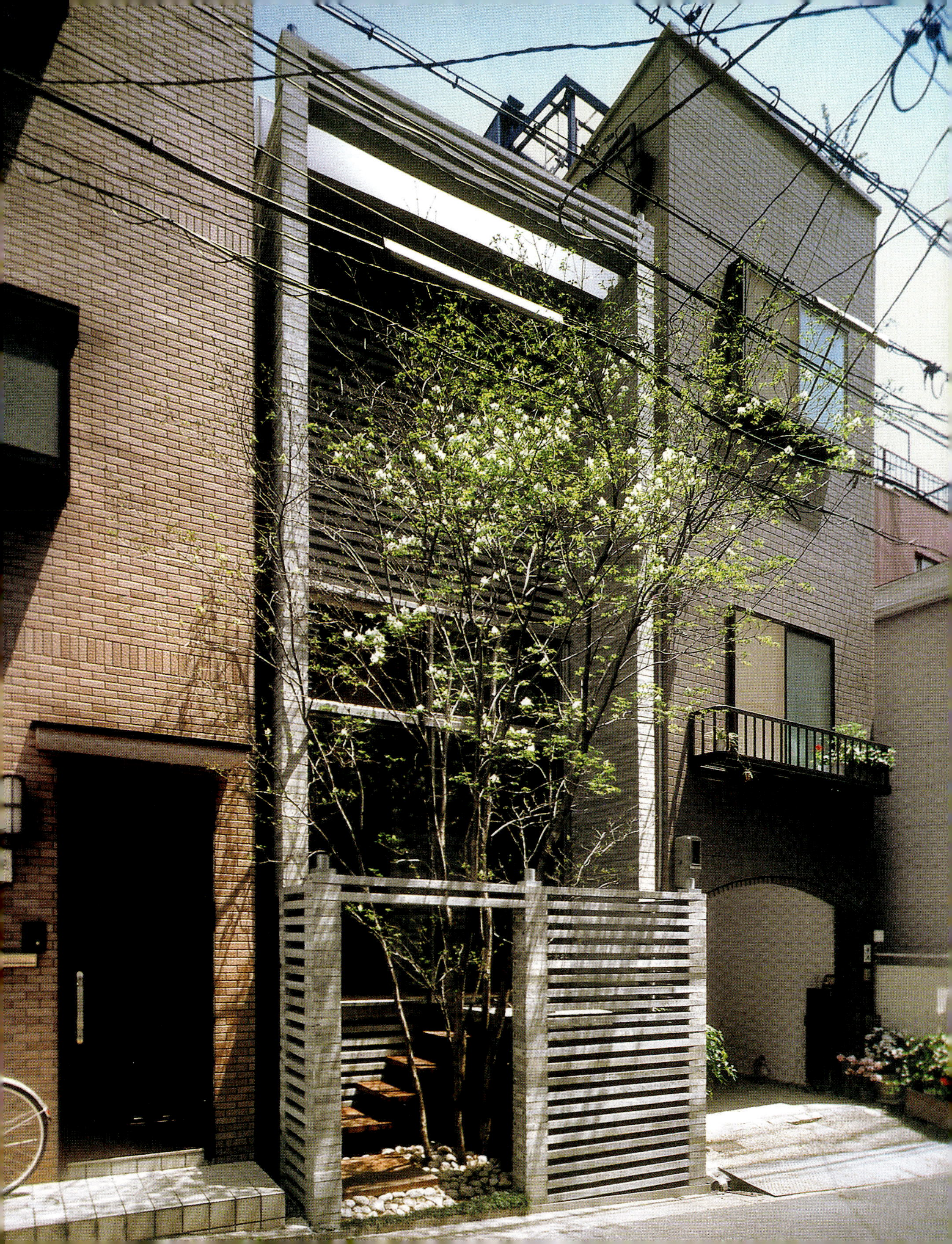

Chelsea Apartment > 570 sq. ft. / 53 m²

Rafael Berkowitz/RB Architects
© James Wilkins/New York, United States

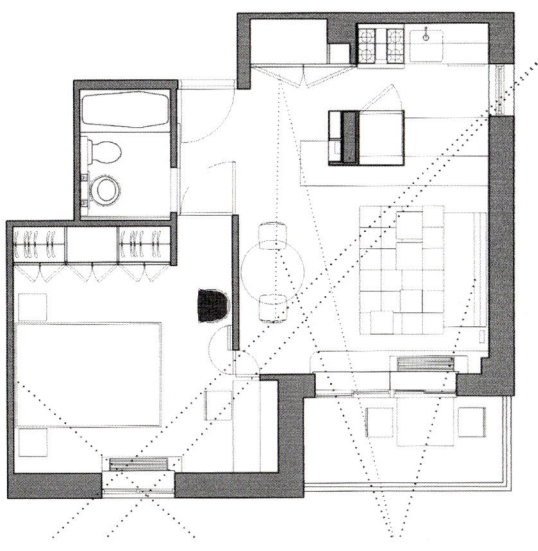

Floor plan

Modernes Design ist einer ständigen Weiterentwicklung unterworfen und passt sich stets an neue Trends und Bedürfnisse an. Mit schlichten und klaren Linien können der Raum besser genutzt und komfortable Bereiche geschaffen werden. Durch maßangefertigte Möbel können noch die kleinsten Winkel eines Hauses genutzt und der vorhandene Raum maximiert werden. In kleinen Wohnräumen ist das Licht ein maßgeblicher Faktor, vor allem weil es Räume größer wirken lässt. Ausreichend große und an den richtigen Stellen platzierte Fenster sind deshalb unverzichtbar.

Design has evolved over the years and today it adapts well to all styles and needs. Simple lines make better use of space while adding to personal comfort. Made to measure furniture can be adapted to any corner of the house and maximizes space. In small homes the most important thing is to find the lighting that will make the home look larger, and the windows are one of the most important elements in this respect.

Le design a beaucoup évolué ces dernières années et s'adapte désormais à tous les styles et tous les besoins. Des lignes simples permettent une meilleure utilisation de l'espace et ajoutent au confort personnel. Des meubles réalisés sur mesure permettent d'optimiser l'espace. Dans de petites maisons, l'éclairage est primordial pour amplifier la sensation de volume, les fenêtres constituant à cet égard les éléments les plus importants.

Design is door de jaren heen geëvolueerd en is nu helemaal aangepast aan alle stijlen en behoeften. Simpele lijnen maken beter gebruik van de ruimte en zorgen toch voor voldoende persoonlijk comfort. Op maat gemaakt meubilair kan aangepast worden aan elke hoek van het huis om alle ruimte te benutten. In kleine huizen is het belangrijk verlichting aan te brengen die het huis groter doet ogen. De ramen vormen in dit opzicht een van de belangrijkste elementen.

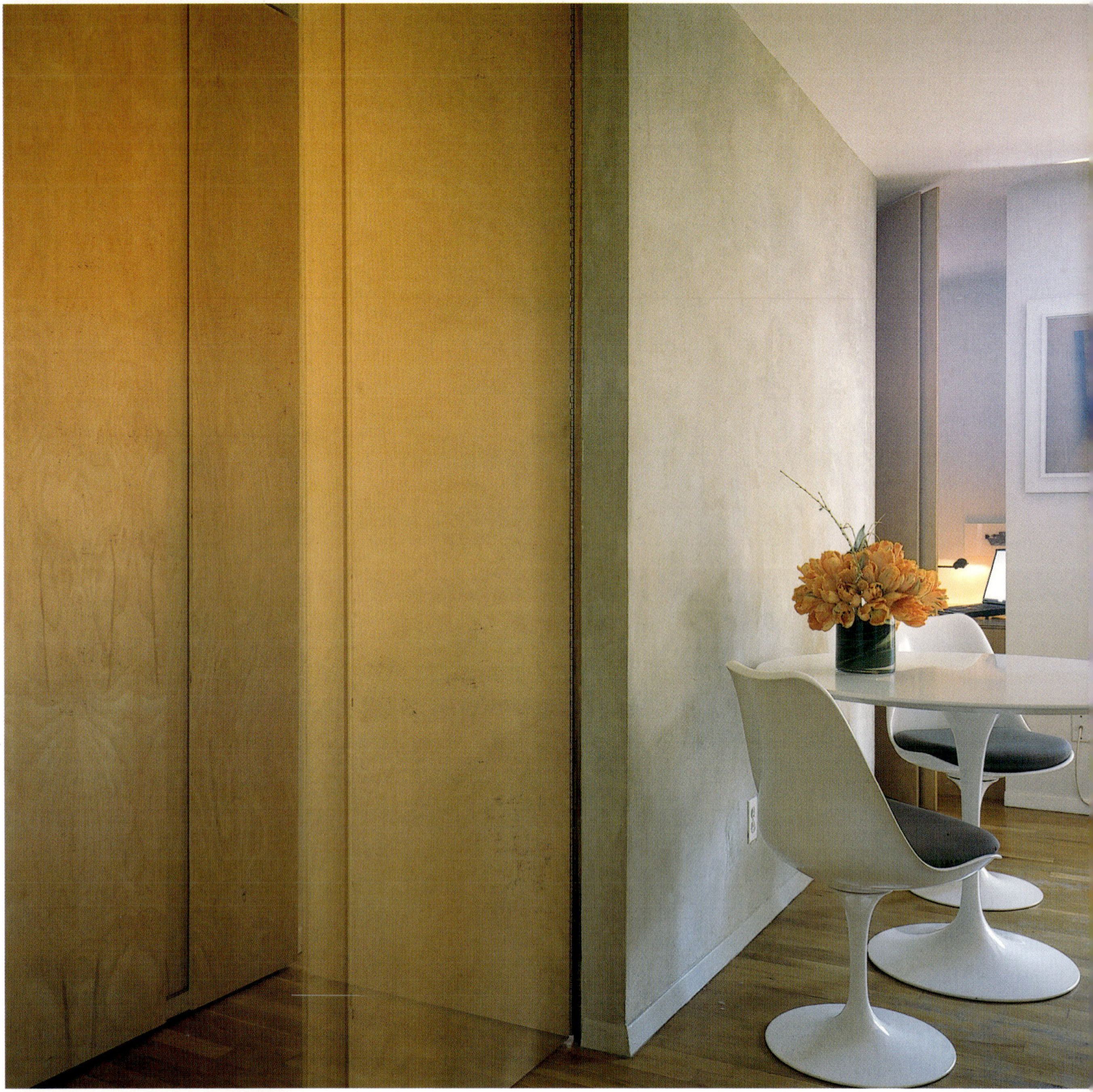

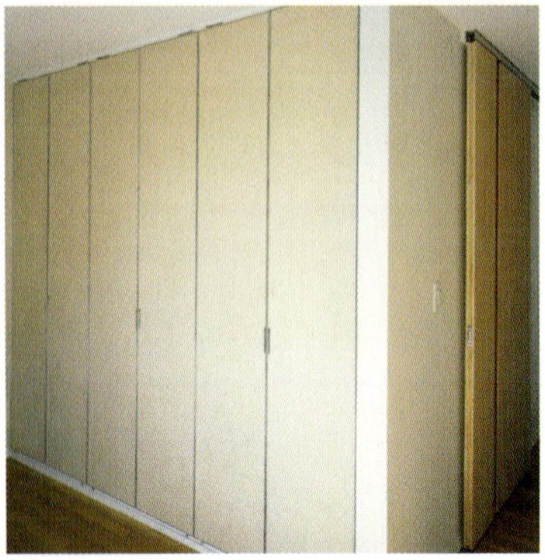

Durch die Nutzung eines einzigen Bereichs für verschiedene Zwecke kann der Funktionalitätswert von Wohnräumen erhöht werden, die dadurch auch moderner wirken.

Utiliser un même espace pour des fonctions différentes augmente la praticité d'une maison, la rendant d'autant plus moderne.

Being able to use a space for different purposes improves the home's functional nature, giving it a more modern feel.

Multifunctionele ruimten verbeteren de functionaliteit van het huis, waardoor het huis moderner aanvoelt.

BUILDING A NEW
DANIEL LIBESKIND
LAND ART
SENSATION
HERB RITTS

WEIAND
Milodon
NSS
INDUSTRIES
HAYS
FLOWMASTER
Mech
Rubb
WHEE
Architect
Jackson Pollock
BERLAGE
MODERN
move

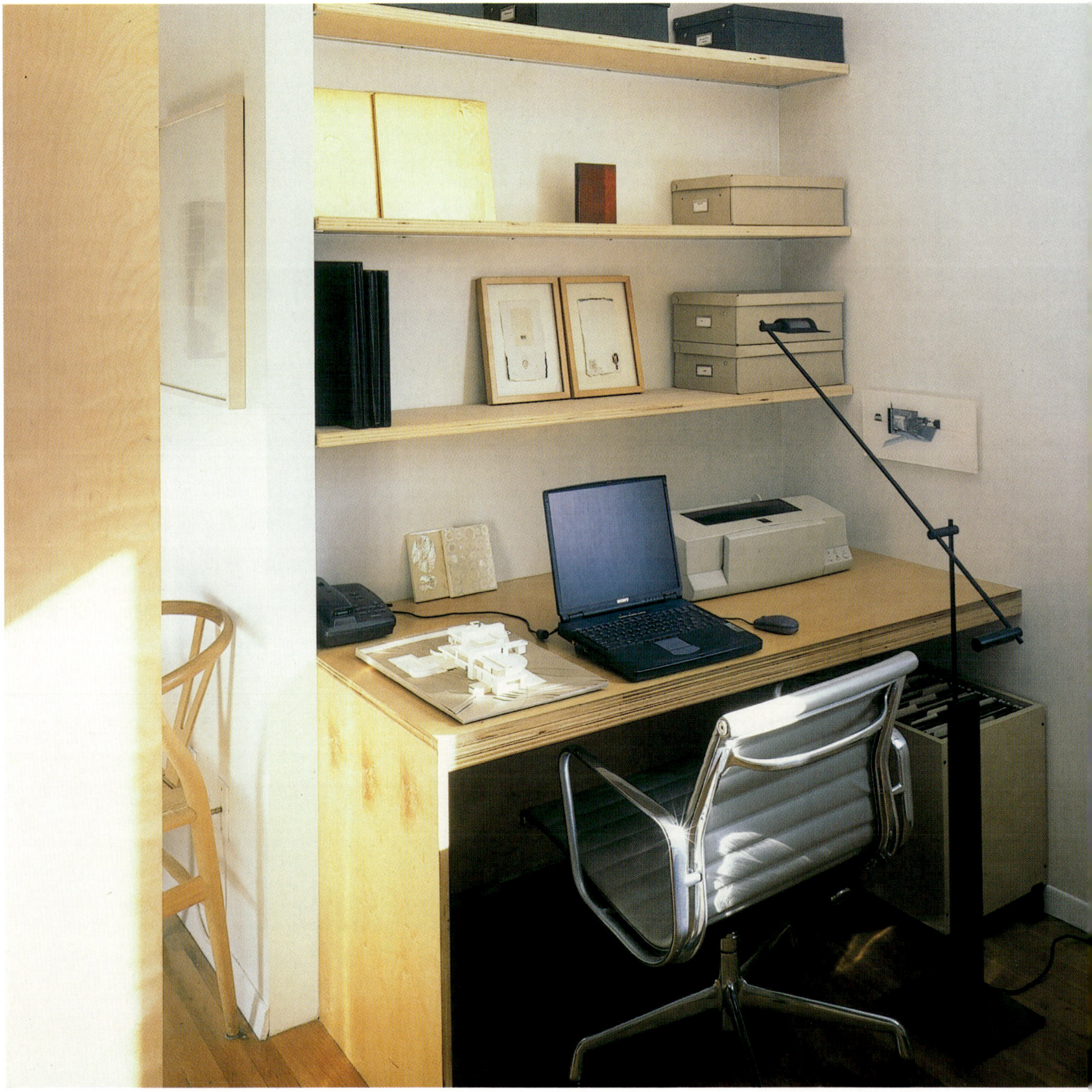

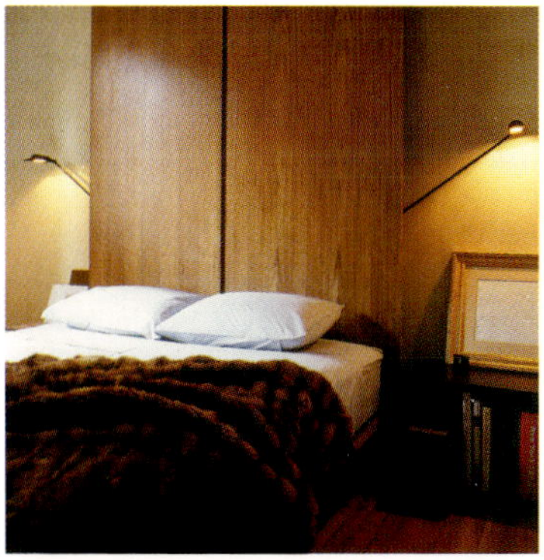

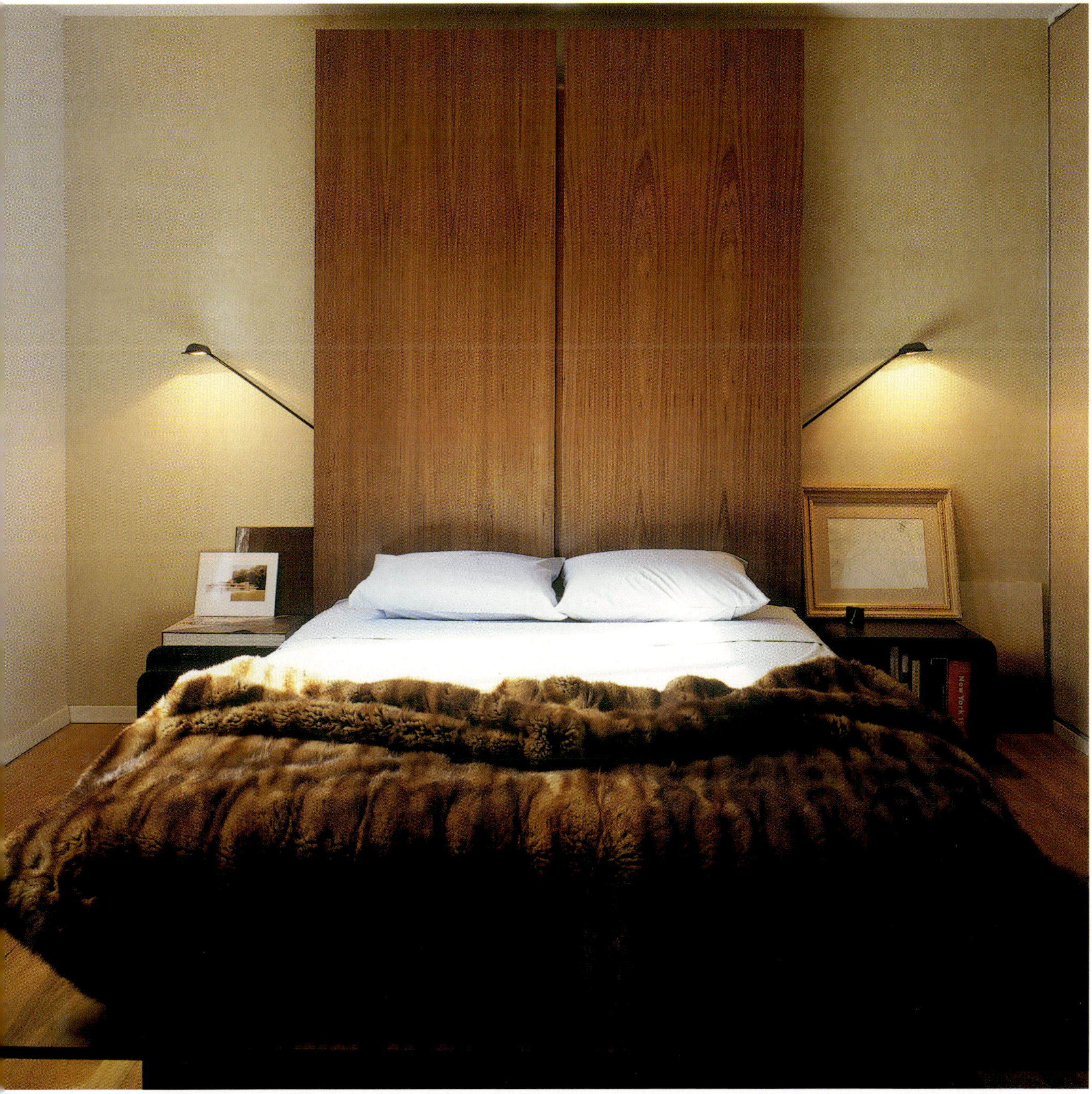

Kang Duplex > 1,399 sq. ft. / 130 m²

Shi-chieh Lu/CJ Studio
© Kuomin Lee/Taipei, Taiwan

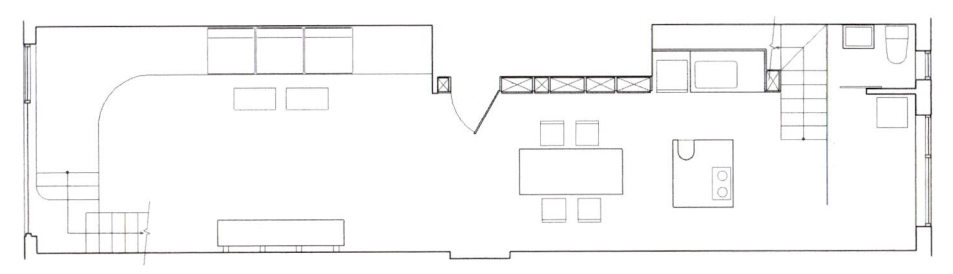

Ground floor

Die riesigen Fenster sind zweifellos der Hauptvorteil dieses Hauses: Im Wohnzimmer lassen sie den Ausblick auf die umliegende Landschaft zu, begünstigen die Nutzung des natürlichen Tageslichts und unterstützen die Belüftung des Raums. Um unangenehme Gerüche zu vermeiden, muss die Küche über eine ausreichende Belüftung verfügen. Die Treppe bildet eine weitere Besonderheit dieses Hauses. Da die Stufen untereinander nicht verbunden sind, lassen sie das durch die Fenster einfallende Licht in den Raum dringen und geben ihm somit Tiefe.

The large windows are one of the main advantages in this house. In the living room, they allow the landscape around the house to be admired, while also improving the use of natural light and ventilation. The kitchen is the area of the house that needs the best ventilation to avoid bad odors. The stairs are this house's special touch. The steps aren't interconnected, adding depth to the room with the main advantage that it doesn't break or obstruct the natural light coming through the windows.

Les grandes fenêtres sont un des atouts majeurs de cette habitation. Dans la salle de séjour, elles permettent d'admirer le paysage alentour, tout en améliorant l'apport de la lumière naturelle et la ventilation. L'escalier offre une touche particulière à cette maison : les marches ne sont pas reliées entre elles, ce qui ajoute de la profondeur à la pièce et ne fait pas obstacle à la lumière venant des fenêtres.

De grote ramen behoren tot de grooste voordelen van dit huis. In de woonkamer bieden ze uitzicht op het omliggende landschap, terwijl ze verder de ventilatie en lichtinval bevorderen. De keuken is de plek die in het huis de beste ventilatie nodig heeft, om nare luchtjes af te voeren. De trap vormt hier het pronkstuk. De treden zijn niet onderling verbonden, wat de ruimte diepte verleent en waardoor het daglicht dat door de ramen valt niet wordt onderbroken of tegengehouden.

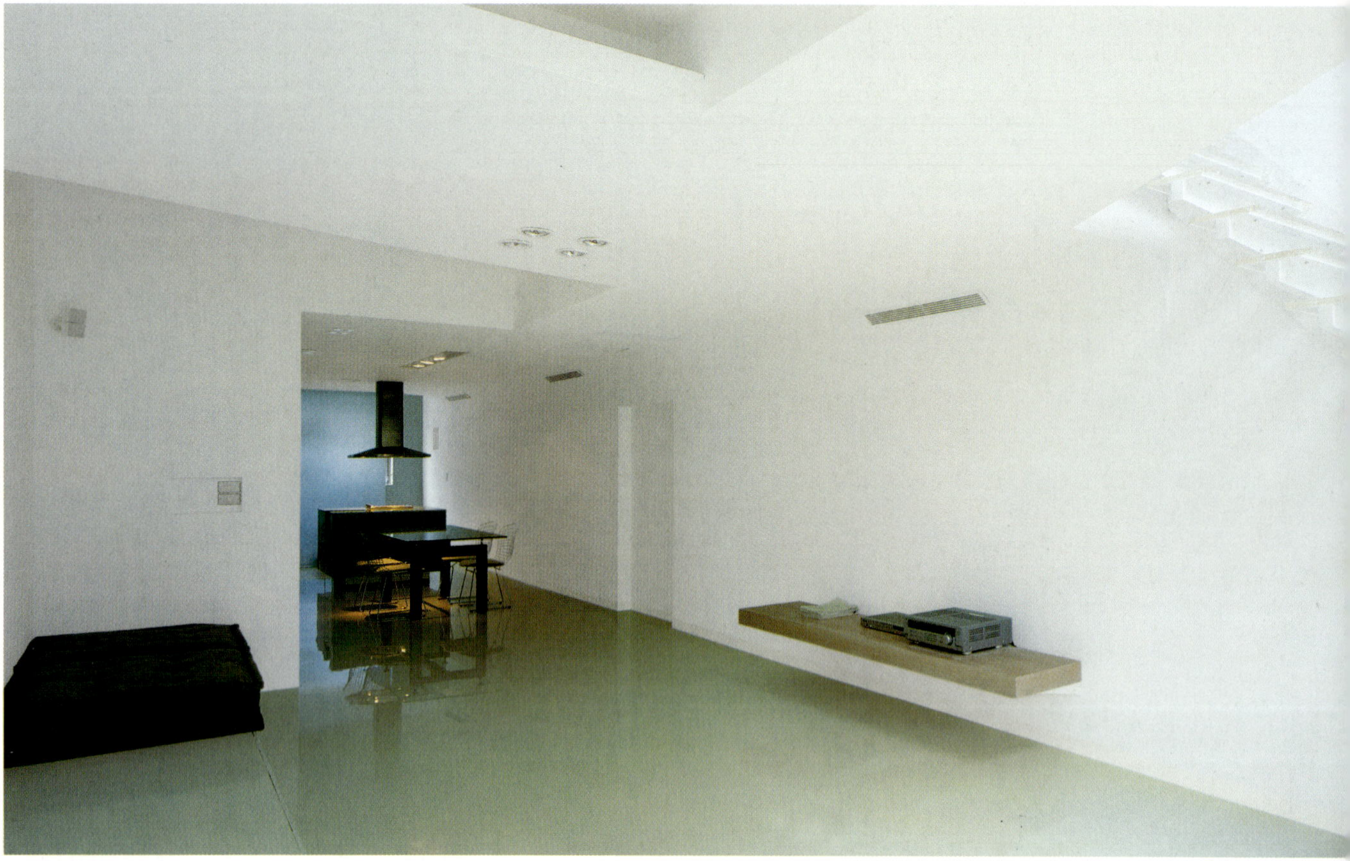

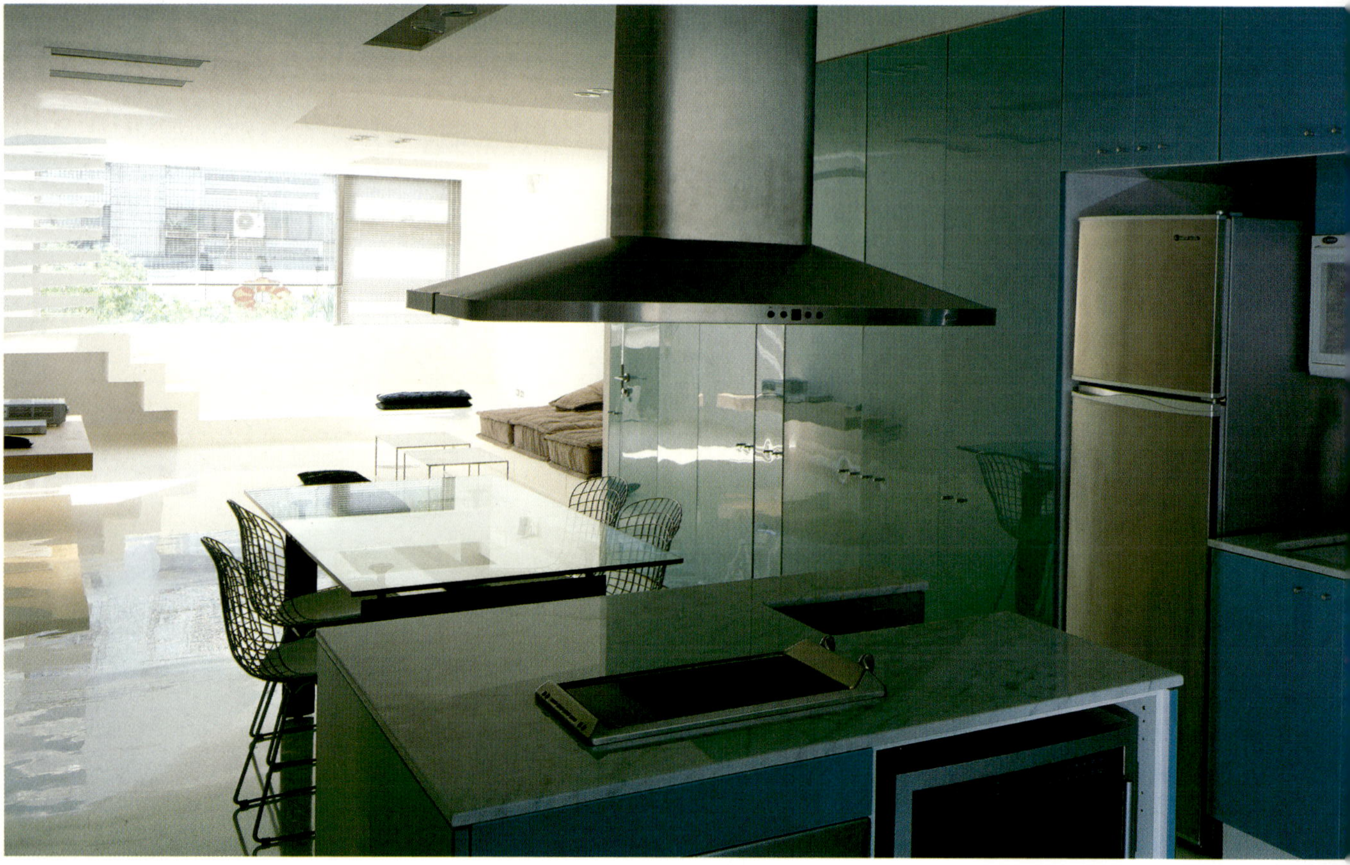

Die äußere Erscheinung des Gebäudes erfuhr mittels eines an der Rückseite eingefügten Milchglaspaneels eine grundlegende Umgestaltung.

Cet espace restreint a gagné en volume grâce à l'ajout d'un panneau en verre dépoli sur la façade arrière.

The narrow surface area of the space was given a makeover by introducing a frosted glass panel on the rear façade.

De krappe buitenkant van de ruimte kreeg een nieuw aanzien door de plaatsing van een matglazen paneel in de achtergevel.

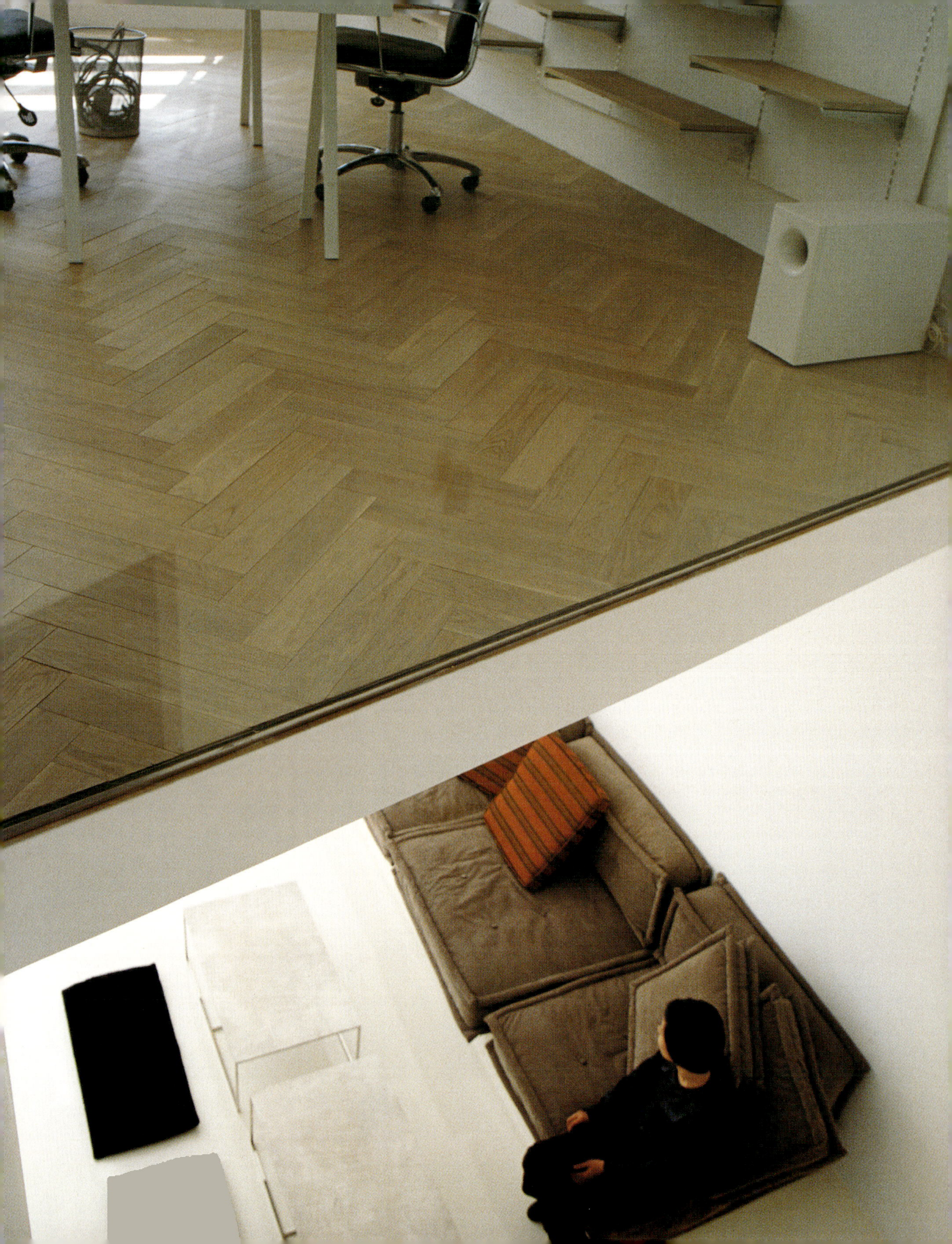

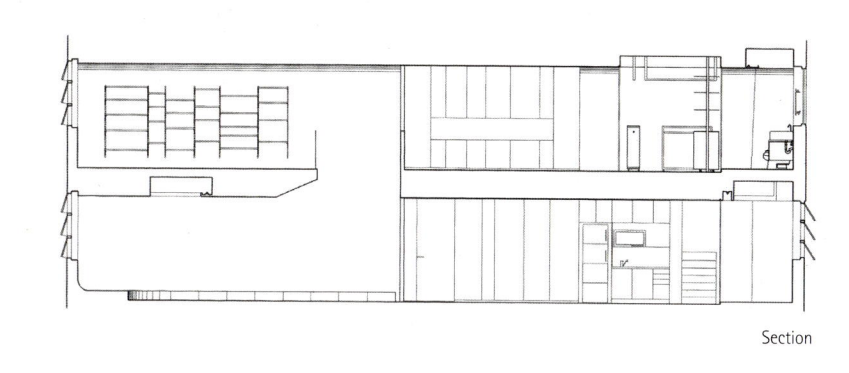

Section

Zig Zag Cabin > 269 sq. ft. / 25 m²

Drew Heath Architects
© Brett Boardman/Wollombi, Australia

Floor plan

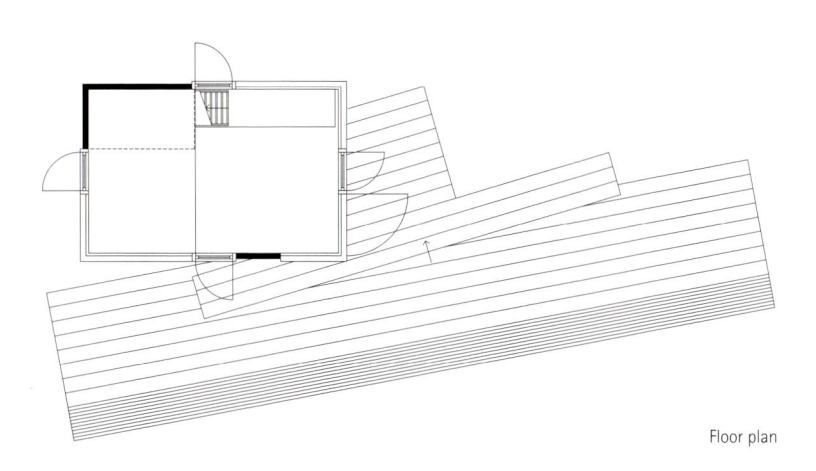

Es scheint fast unmöglich, alle Grundbedürfnisse des Lebens in einem so kleinen Raum zu erfüllen. Diese inmitten eines dichten Waldes errichtete und von Bäumen umgebene Hütte wurde für die zeitweilige Nutzung als Ferienhäuschen konstruiert. Das sich optisch perfekt in seine Umgebung einfügende Häuschen wirkt beinahe wie ein Baumhaus. Da es sich mitten im Wald befindet, kann das Ferienhaus nicht mit Strom versorgt werden. Daher spielte die Platzierung der Fenster, die eine riesige Zick-Zack-Form bilden, eine maßgebliche Rolle

It seems impossible to fit all basic necessities into such a small space. This house isn't made for everyday use, but seasonal occupancy: for weekends, vacations... in the middle of a dense forest, surrounded by trees. Integrated with its environment, it's like a cabin built on a tree-top. Building it in the middle of a forest implies that there won't be electricity. This is why the use and distribution of the windows is so important, and thus form a giant zigzag.

Il semblait impossible d'intégrer tous les éléments nécessaires au confort de base dans un si petit espace. Cette maison, située au milieu d'une forêt dense, n'est pas destinée à être habitée au quotidien, elle ne sert que pendant les week-ends ou les vacances. Parfaitement intégrée à l'environnement naturel, elle ressemble à une cabane construite à la cîme d'un arbre. Ne disposant pas de l'électricité, elle puise sa grande luminosité dans les nombreuses fenêtres, et leur distribution en forme de zig-zag.

Het lijkt ondoenlijk alle basisbenodigdheden in zo'n kleine ruimte te laten passen. Dit huis is niet gemaakt voor alledaags gebruik, maar voor seizoensbewoning: voor weekenden en vakanties midden in het bos. Het gaat op in zijn omgeving en lijkt wel een boomhut. Een huis bouwen midden in een bos impliceert dat er geen elektriciteit aanwezig is. Dat maakt het gebruik en de verdeling van de ramen erg belangrijk, die hier een zigzagpatroon vormen.

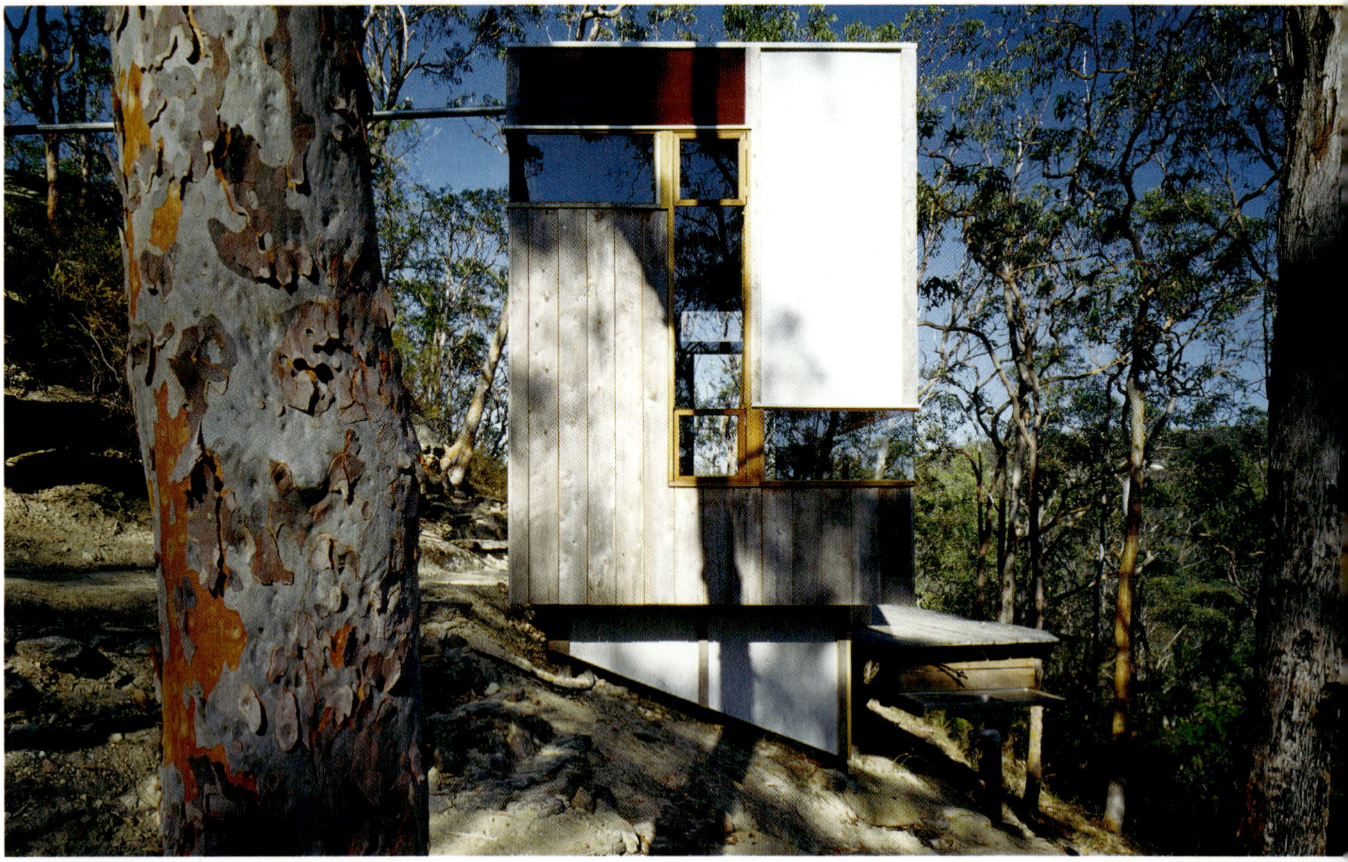

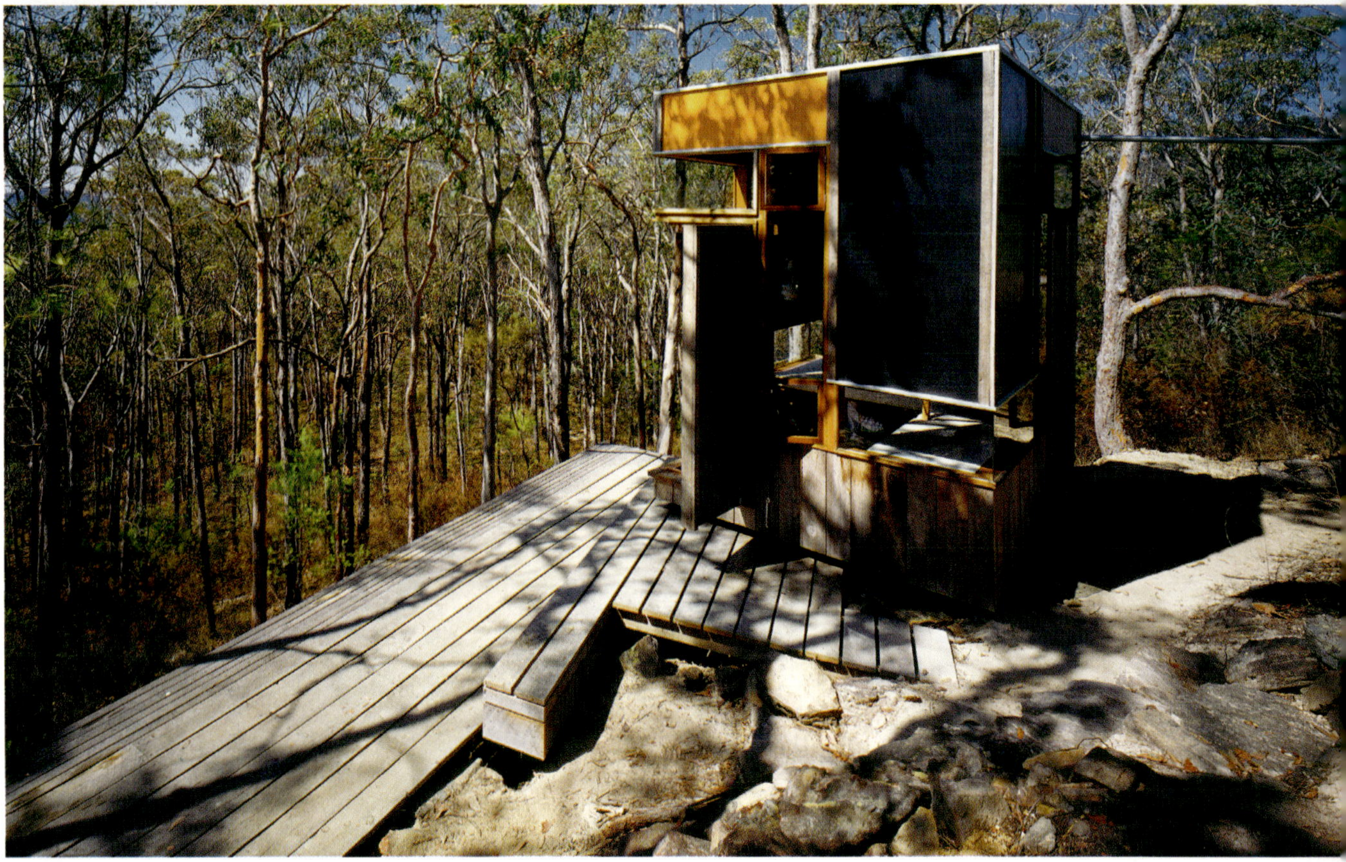

Der Ausblick durch die großen Fenster trägt zu einer entspannenden Atmosphäre im Hausinneren bei.

Les magnifiques vues procurées par les grandes fenêtres créent une atmosphère relaxante.

The views through the large windows fulfill the purpose for which the home was built: for well-being and relaxation.

Het uitzicht door de grote ramen biedt precies dat waarvoor het huis gebouwd is: welbevinden en ontspanning.

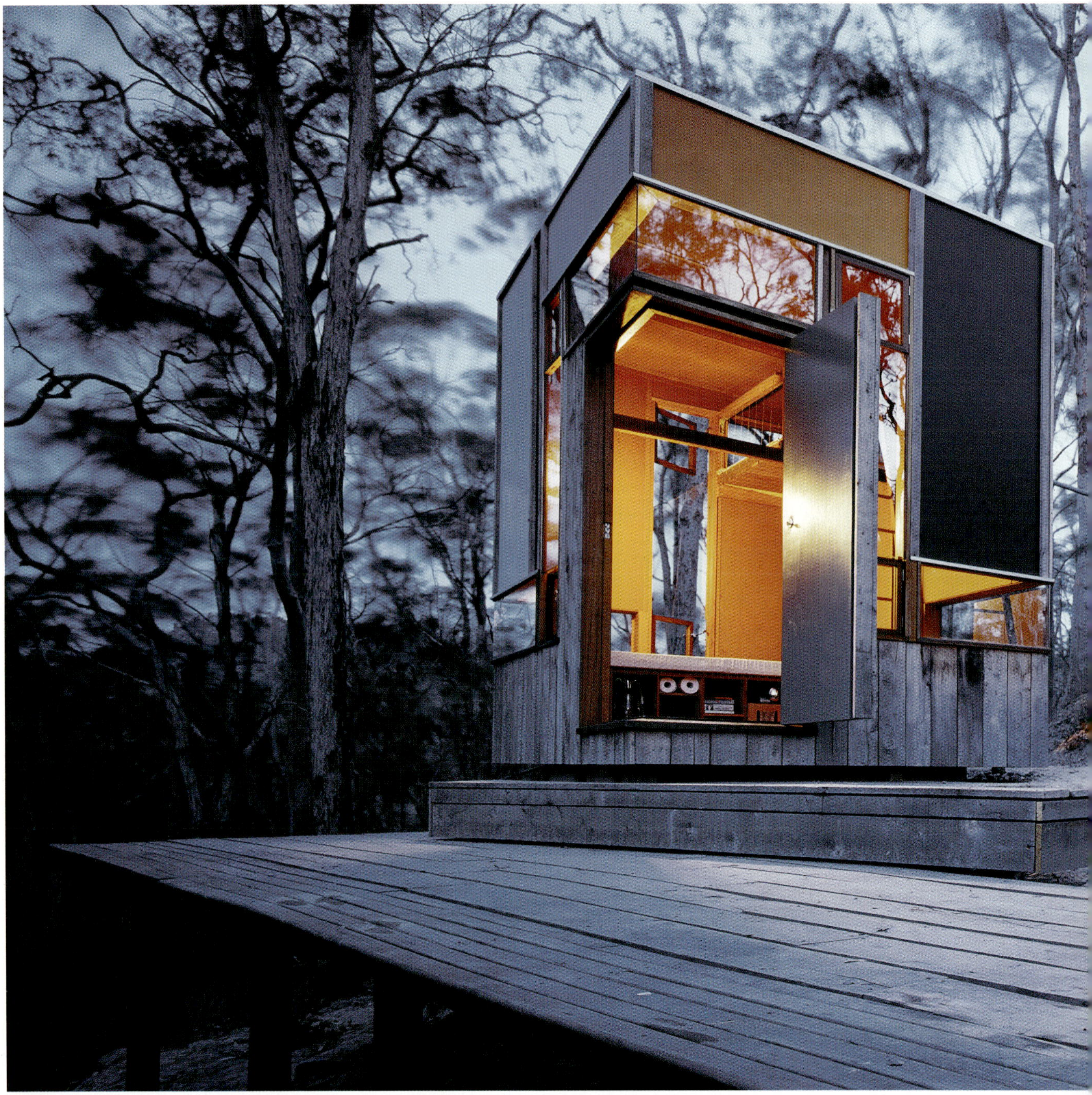

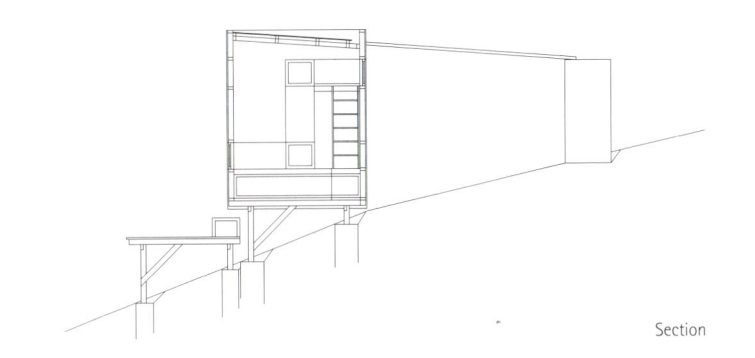

Section

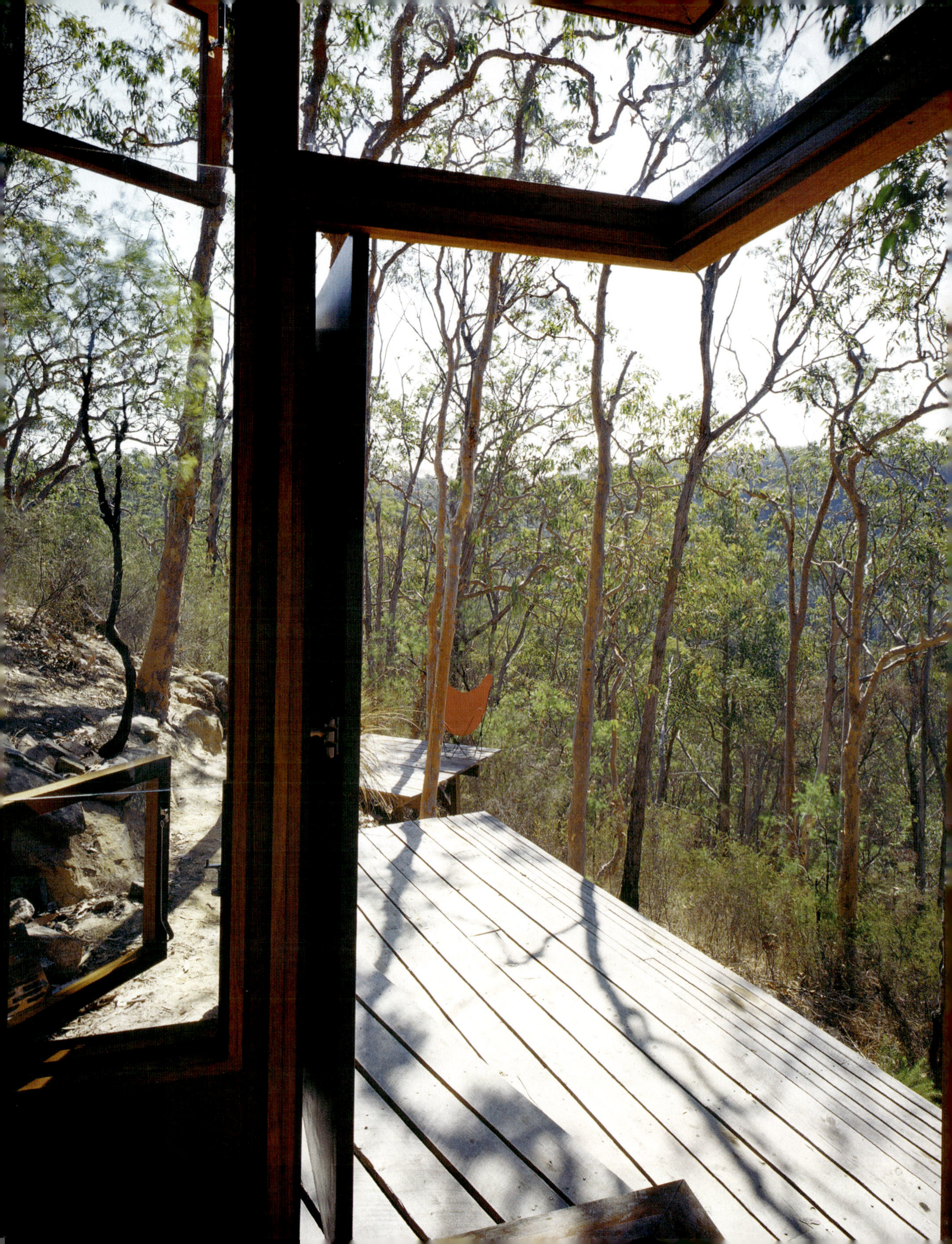

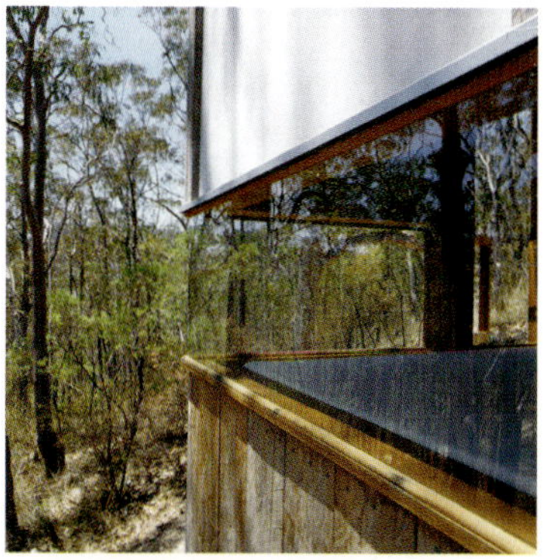

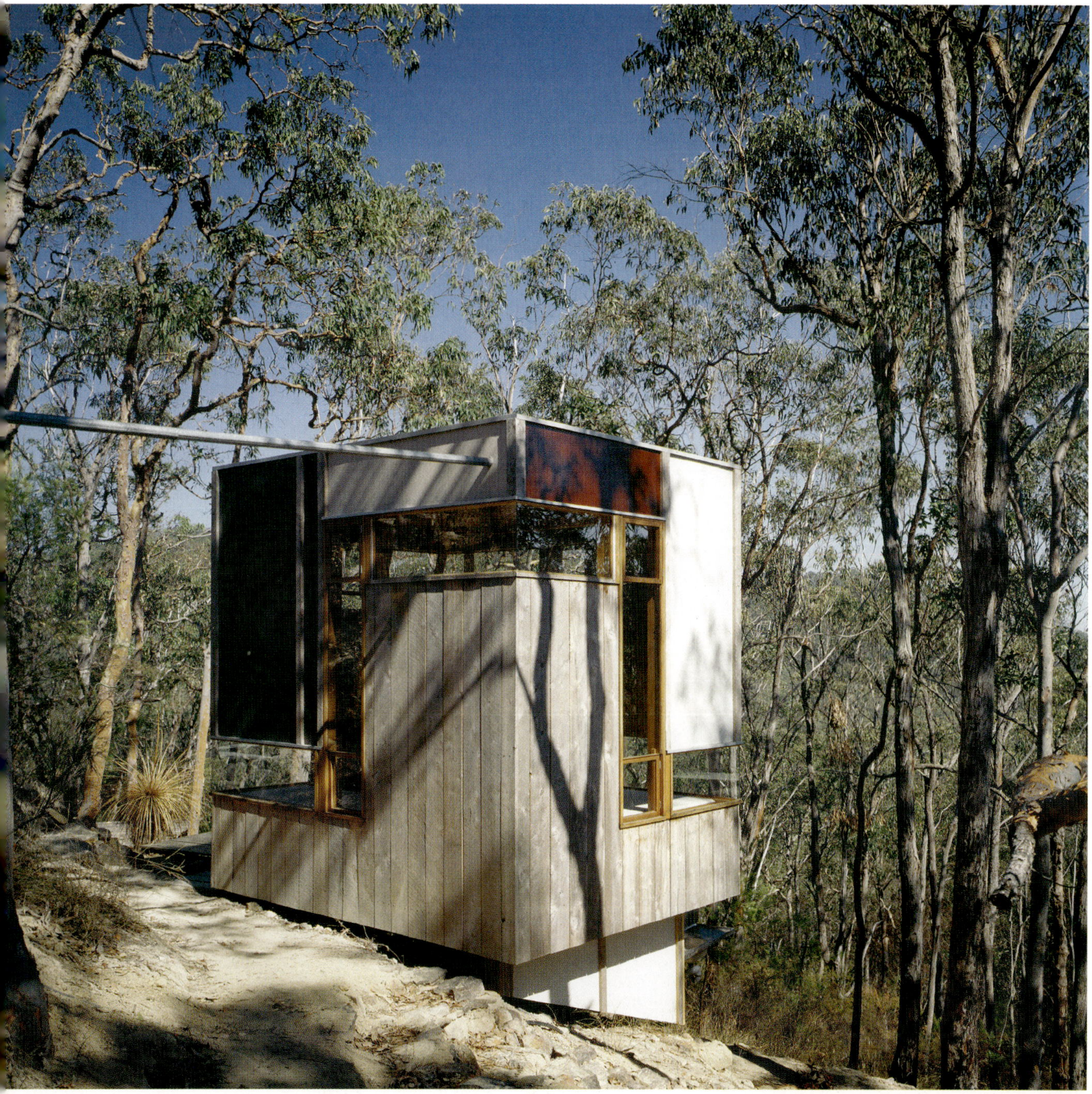

Natural Wedge > 915 sq. ft. / 85 m²

Masaki Endoh
© Luis Paulsen Lighting/Tokyo, Japan

Ground floor S=1:150	Second floor S=1:150

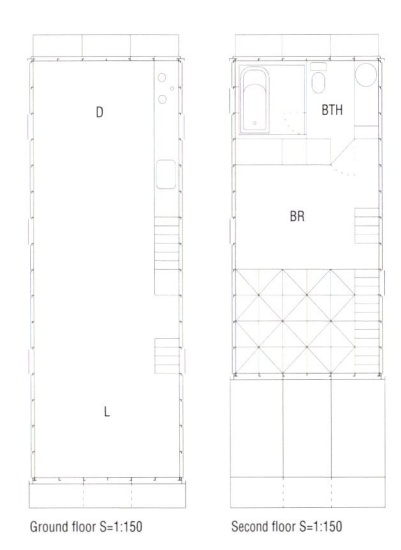

Floor plan

Modernes Design entwickelt sich im Laufe der Zeit weiter, es finden Anpassungen und Verbesserungen statt, neue Stile und Auswahlmöglichkeiten für jeden Geschmack entstehen. Das dreieckig geformte „Natural Wedge" (Natürlicher Keil) besteht hauptsächlich aus Metall. Um die kühle Ausstrahlung des Materials auszugleichen, wurde das Gebäude mit zahlreichen Fenstern ausgestattet. Eine warme Atmosphäre wird durch das Zusammenspiel von natürlichem und künstlichem Licht mit dem pastellgrünen Farbton der Innenwände geschaffen.

Design has evolved over the years, encouraging improvement and adaptation with the passing of time, the emerging decorative styles, and especially to individual personal tastes. The Natural Wedge is a triangular structure, basically made of metal, but since this is a pretty cold material, the architects decided to counterbalance it by installing various windows. Inside the home the walls are pastel green, which combined with natural and artificial light lends warmth to the room.

Le design a évolué au cours des années, s'améliorant sans cesse et s'adaptant aux modes successives, aux nouveaux styles décoratifs, et surtout aux attentes et goûts des individus. Natural Wedge est une structure triangulaire, essentiellement faite de métal, mais puisque c'est un matériau relativement froid, les architectes ont décidé de le contrebalancer en installant des fenêtres. À l'intérieur de la maison, les murs sont habillés de vert pastel lequel, combiné avec les différentes sources de lumière, apporte de la chaleur à la pièce.

Design is in de loop der jaren sterk ontwikkeld. Huisontwerpen zijn met hun tijd meegegaan en aangepast aan nieuwe interieurstijlen en persoonlijke smaken. De Natural Wedge is een driehoekige structuur, hoofdzakelijk van metaal gemaakt. Aangezien metaal een nogal koud materiaal is, besloten de architecten als tegenwicht verschillende ramen te plaatsen. De muren in het huis zijn pastelgroen en verlenen de ruimte in combinatie met natuurlijk en kunstlicht de nodige warmte.

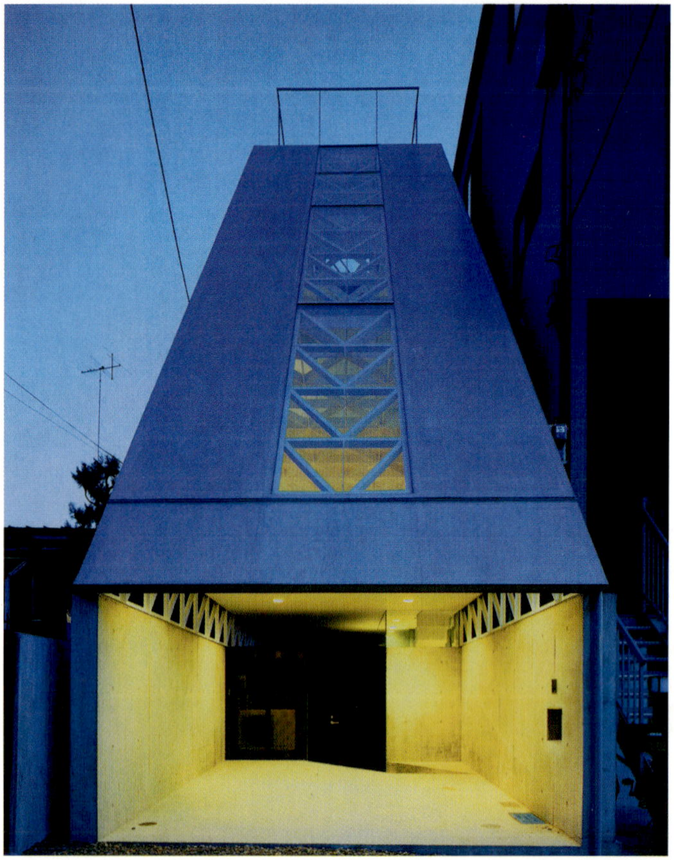
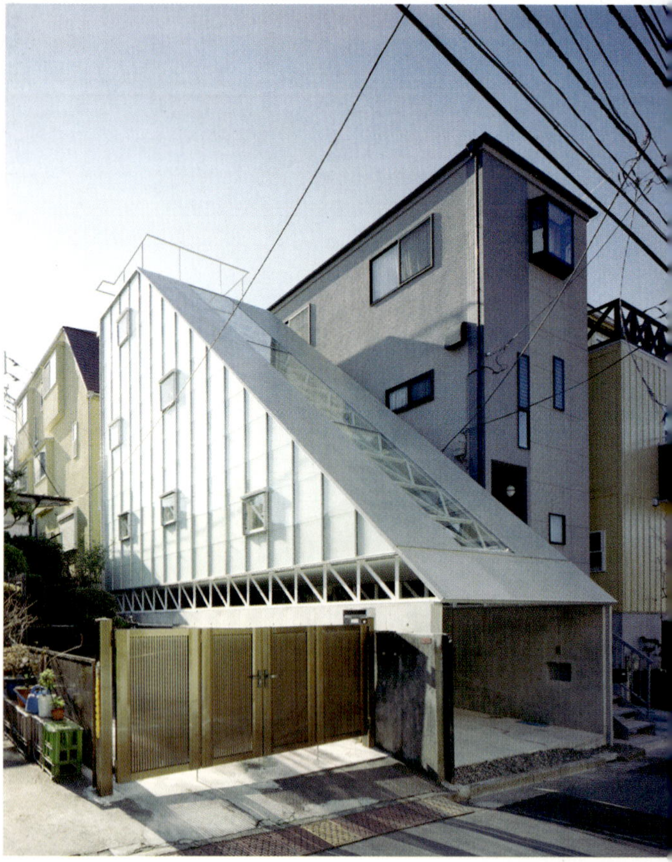
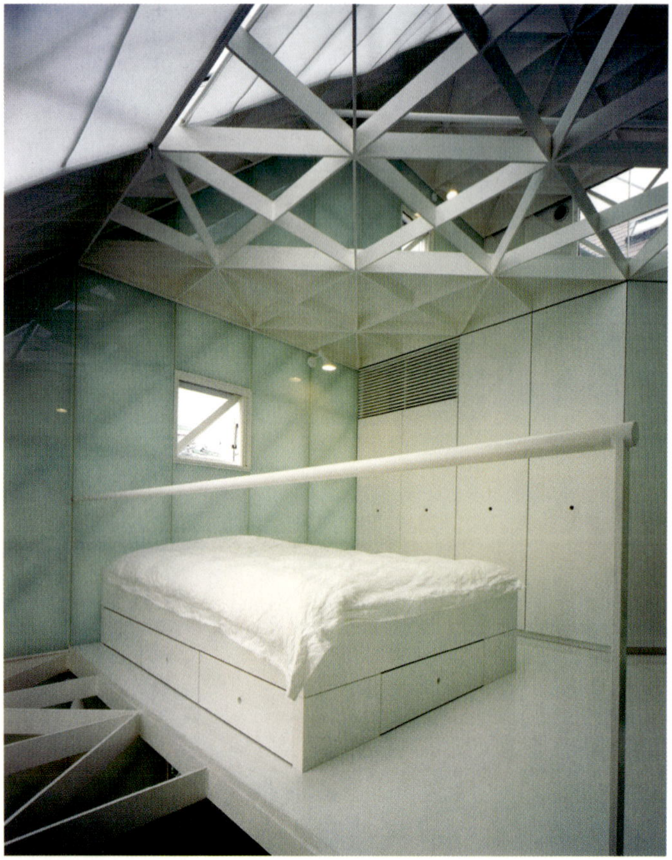
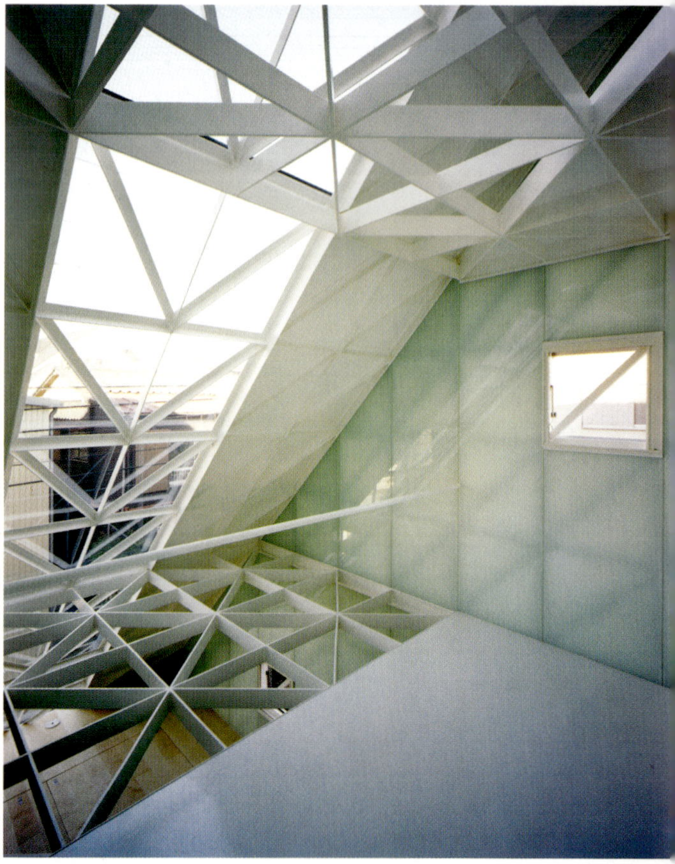

Ein reizvolles Spiel mit dem Licht entsteht durch einen Mix aus natürlicher und künstlicher Beleuchtung. Die Größe der Wohnräume wird durch die dreieckige Grundform erheblich verändert.

Le mélange des éclairages naturel et artificiel permet de jouer avec la lumière. La structure triangulaire change considérablement la taille des pièces.

Mixing natural and artificial illumination allows one to play with the light. The triangular structure changes the size of the rooms considerably.

Hier wordt met licht gespeeld door zowel daglicht als kunstmatige verlichting een rol toe te kennen. De driehoekige structuur verandert de afmetingen van de kamers aanzienlijk.

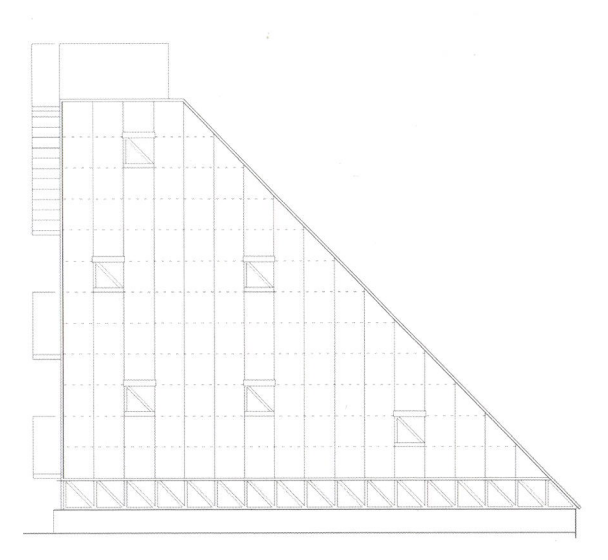

Elevation